中國學術思想 研究輯刊

十二編

林慶彰 主編

第13冊

《中庸》的中和思想研究

張佑禎 著

《孝經》孝治思想研究

林佩儒 著

花木蘭文化出版社

國家圖書館出版品預行編目資料

《中庸》的中和思想研究　張佑禎 著／《孝經》孝治思想研究
林佩儒 著 — 初版 — 新北市：花木蘭文化出版社，2011〔民
100〕
目 2+132 面＋目 2+98 面；19×26 公分
（中國學術思想研究輯刊 十二編；第 13 冊）
ISBN：978-986-254-655-0（精裝）
1. 中庸　2. 孝經　3. 研究考訂
030.8　　　　　　　　　　　　　　　　　100015771

ISBN-978-986-254-655-0

9 789862 546550

中國學術思想研究輯刊
十二編　第十三冊　　　　　　　　ISBN：978-986-254-655-0

《中庸》的中和思想研究
《孝經》孝治思想研究

作　　者　張佑禎／林佩儒
主　　編　林慶彰
總 編 輯　杜潔祥
出　　版　花木蘭文化出版社
發 行 所　花木蘭文化出版社
發 行 人　高小娟
聯絡地址　新北市永和區中正路五九五號七樓
　　　　　電話：02-2923-1455／傳真：02-2923-1452
網　　址　http://www.huamulan.tw 信箱 sut81518@gmail.com
印　　刷　普羅文化出版廣告事業
封面設計　劉開工作室
初　　版　2011 年 9 月
定　　價　十二編 55 冊（精裝）新台幣 90,000 元

《中庸》的中和思想研究

張佑禎　著

作者簡介

張佑禎，台灣新竹縣人，1984 年生，2010 年畢業於東吳大學哲學研究所，以哲學研究與教學為志，曾任國科會補助之「英文中國哲學讀書會」研究助理。相關攻讀領域為「中國哲學史」、「倫理學」、「價值論」、「社會哲學」、「政治哲學」、「先秦儒家哲學」、「先秦法家哲學」、「宋明哲學」、「當代新儒家哲學」、「儒家倫理學比較研究」等，主要關懷主題為「如何能符合社會的基本生存？」、「傳統價值理想是否有助社會的基本生存？」等，著有〈從務力的社會觀論韓非子國富兵強思想〉等論文。

提　　要

　　本文闡釋「中和」在《中庸》的意義，與蘊含之價值理想，並嘗試建構以「中和」為基礎之價值理論，進而呈現中和思想之現代意義。「中和」在《中庸》包含人倫思想與形上思想，從人倫思想，「中」代表行為最適當之狀態，「和」代表人際關係和諧，此是繼承孔子而來；從形上思想，「中」代表宇宙根本，「和」代表普及天下之道理，在人而言，「中和」意味著人的本性及符合節度之情感；此為子思學派所發展。

　　中和思想涉及之形上本根，指出客觀價值根源。中和思想涉及之人性價值論，指出主體價值根源，表現主體價值需求；順著價值根源，規範內在動機，並將善道推向外在世界，指出在內外具體情境的實踐。宋明理學亦持續探討此種人格典範。

　　中和思想要求外、內符合價值善，並通向宇宙整體，此是高度價值要求，表現出價值理想，在缺乏價值判斷的現代社會，中和思想可標舉價值評判標準，其價值理想可作為現代社會的人格典範。

目

次

第一章　緒　論

第一節　研究動機與目的

一、動　機

　　生活在現代社會中的人，重視經濟生產所帶來的利益，但相對缺乏道德理想的價值追求，近代許多學者提倡傳統之價值理想，以面對此種現象，而傳統的價值理想為何？是否能真的用於現代社會的現象？此問題引發本文作者探討價值理想的興趣。而儒家經典《中庸》裡的中和思想，則含有這種價值理想，引發作者探討此題目的興趣。

　　現代是資本主義盛行的時代，生活在現代社會的人，受此風氣的影響，追求物質欲望的滿足，重視財貨與資金等帶來的經濟價值，但相對缺乏人與人間的道德規範，例如人們為求取個人自身的經濟利益，而忽略他人的利益，然而在物質欲望的滿足之外，還有一些人與人間的道德規範，可作為價值的追求，此是現代人所不足的，而這種人與人之間的道德價值，會不會是在中國傳統思想中備受肯定的《中庸》，及其中和思想所構成的價值觀呢？

　　中國傳統儒家的思想，闡述人內在的道德本性，其中儒家的經典《中庸》，曾指出「天命之謂性」，將人的本性與形而上根本的天聯繫，指出人世間理想的道德價值，《中庸》也有云：

　　　　中也者，天下之大本也，和也者，天下之達道也。
《中庸》在闡述中和思想時，指出天下最根本與最理想的大道，是為最理想

的價值面向，探討此種最理想的道德價值面向，是否有助於現代人，反省過度重視個人物質欲望的現象？而中和思想中最理想的道德價值又是什麼呢？此是本論文的探究動機所在。

二、目　的

1. 探討這個題目的目的，是希望釐清「中和」在《中庸》文本中的意義。
2. 而「中和」的概念，呈現理想的價值面向，本論文也期望了解這個理想的面向為何，進而建構以「中和」為基礎的價值理論。
3. 生活在現代社會中的人，相對缺乏理想的價值理念，在此也期望呈現中和思想的理想價值觀，在現代社會中諸多層面所具有的意義，以及中和思想應用在現代社會的可能性。

第二節　研究方法與範圍

一、方　法

　　李賢中曾說到：「方法的要素有：確立的目標、達成目標的歷程及歷程中的規則。」〔註1〕由此觀之，方法含有目的，與操作的歷程及其規則，而在此希望能了解「中和」概念在《中庸》的意義，也期望呈現「中和」所蘊含之最理想的價值理論，並期望呈現中和思想應用的可能性，由此出發，來思索操作的方法。在此將借用基源問題研究法、文獻回顧、歷史方法、系統論、架構對比法，及創造的詮釋學中「當謂」與「創謂」的層次，以進行探討。

（一）基源問題研究法

　　勞思光說到：「所謂『基源問題研究法』，是以邏輯意義的理論還原為起點，而以史學考證工作為助力，以統攝個別哲學活動於一定設準之下為歸宿。」〔註2〕勞思光提出的基源問題研究法，是認為某個學派的思想理論，是要回答某一個基源問題，而此基源問題，是從許多論證中推論，而推論亦須有材料的根據，所以勞思光也認為，這項工作需要史學考證的材料輔助，勞思光也

〔註1〕　李賢中，《墨學——理論與方法》，台北市：揚智文化，2003年，頁38。
〔註2〕　勞思光，《新編中國哲學史》，台北市：三民，2004年，頁14。

說到：「如此弄好的材料，終究要通過理論的鑄造，而繫歸於一定的基源問題之下。那是不會成為零星片斷的。」〔註3〕勞思光所提出的基源問題研究法，具有顧及客觀性與系統性的優點，在此將借用此種研究方法的長處，也就是掌握《中庸》的基源問題，《中庸》云：

> 致中和，天地位焉，萬物育焉。

可見達到「中和」，天地萬物都能各安其位，這種秩序可謂最高的價值，而如何才能建立如此之秩序呢？要如此必須「致中和」，但何謂「中」？何謂「和」？又如何能「致」？依據這些內容，做基源問題的思索，此基源問題目前的設想是，《中庸》「中和」的概念中，最理想的價值理念是什麼？並檢視《中庸》文本內容，而以《中庸》文本中諸多的概念為根據，以說明在此的基源問題，而《中庸》涉及種種形上概念，與聖人君子性格的概念，以論述中和思想的理想價值理念，而《中庸》形上概念與聖人本性形構的價值理論，與中和思想的關係為何？《中庸》的形上概念為何？其所述之聖人本性為何？其用於現代社會的可能性何在？在設想基源問題後，也將以這些問題為主要問題，在本文後面各章說明，而《中庸》形上概念又涉及「天」、「道」、「誠」等概念，人的本性涉及「性」、「中」、「和」、「誠」等概念，這些概念的意義為何？在此也以此等概念為較次要的問題，在文中各小節說明，並使各個相關的問題，藉由基源的問題，而達較有系統的連接。

（二）文獻回顧

除了以《中庸》一文作根據外，在此也將以文獻回顧的作法，回顧近代諸多學者的相關研究，作為相關的參考憑據。近現代有許多學者，如徐復觀與勞思光等，對《中庸》作相關的詮釋，並有不同詮釋結果，本文將回顧近代學者的研究，以了解近代學者對中和思想的研究現況，以作為探討中和思想理想價值理念的根據。

（三）歷史方法

在此欲了解《中庸》「中和」的概念，及《中庸》作者所面對的問題，因此參考對象，應該不只是相關的文獻，還須參考《中庸》其歷史背景，以作為探討依據，而周桂鈿在作研究方法舉例時，曾提出「歷史方法」，他說到：

〔註3〕勞思光，《新編中國哲學史》，台北市：三民，2004年，頁15。

「把所要研究的哲學思想和哲學體系放在當時歷史背景中去分析，與當時的政治、經濟、文化、科技結合起來研究，又要在哲學發展的歷史過程中，與前後哲學進行比較，來給它定位……哲學的歷史發展過程，與理論完善的邏輯發展過程是相一致的。」〔註4〕周桂鈿舉出此種方法，說明某一學派的理論，與其歷史背景一致，可見了解某一學派所蘊含的理論，也須要放在歷史背景作探究。而有許多學者經過探究，認為《中庸》與思孟學派相關，倘若《中庸》一文與思孟學派的學者相關，則可將《中庸》放在子思、孟子的戰國時代，以進行探討，馮達文等指出：「孔子的弟子與再傳弟子，這些『早期儒家』人物則已開始致力於為『仁學』建構形上學。他們把『仁學』與天道、性命貫通起來，即體現了這一努力方向。」〔註5〕根據馮達文等人的話，當時代的儒家學者，已面對如何將道德推向理想的天道，以及如何指向天命之性等問題，在此亦參考馮達文等所說，從孔子弟子與再傳弟子所處的相關歷史背景，來探討《中庸》作者當時所要處理的問題，進而思索《中庸》的形上概念為何？其與中和思想的關係何在？其所指之聖人君子的性格為何？並藉此探討「中和」的概念，所蘊藏之理想的道德價值理念為何。

（四）系統論

《中庸》一文，於先秦之後仍具有影響力，尤其中和思想，直到宋明時代都有許多學者探討，在此將探討《中庸》一文中和的概念，所蘊含理想的道德價值理念為何，並期望了解其用於現代社會的可能性，因而在此也將觸及先秦之後，研究中和思想的學者，參考他們對中和思想的探討，以求更全面看待中和思想的發展，而周桂鈿在進行研究方法舉例時，提到「系統論」，他說：「把中國哲學看成一個大系統，把中國哲學中一個問題的發展過程看作大系統中的一個條系統，即縱的分系統，把一個哲學家、一個哲學體系、一個哲學學派、一個時代的哲學看作大系統中的一個塊系統，即橫的分系統。」〔註6〕周桂鈿認為這樣的研究方法，可避免研究的片面性，在此將借用這種方法中，縱的分系統，來探討中和思想，也就是以中和思想為中國哲學的一個條系統，來思索其發展，以避免探討的片面，而後世探討中和思想的學者甚

〔註4〕　周桂鈿，《中國哲學研究方法論》，太原：山西教育出版社，2006年7月，頁149。

〔註5〕　馮達文、郭齊勇等，《新編中國哲學史》，台北市：洪葉文化，2005年，頁84。

〔註6〕　周桂鈿，《中國哲學研究方法論》，太原：山西教育出版社，2006年，頁153。

多，如朱子即曾經從其道德修養工夫，探討未發與已發的中和思想，在此將觸及宋儒之二程、朱子，以及明儒王陽明、劉蕺山等對中和思想之探討，透過他們的探究，以求對《中庸》「中和」的價值理念，有較全面的把握。

（五）架構對比法

《中庸》一文中，包含許多重要的概念，而構成《中庸》的理論結構，在此欲探究中和的概念中，所蘊含理想的道德價值理念，也需要從《中庸》一文整體的理論結構，來探索中和思想於其中的定位，李賢中在探討學者們研究墨學的方法時，曾提及「架構對比法」，說到：「所謂架構對比法，是採用已十分系統化的理論架構作為設準，依此既定的架構或觀念範疇為單元，從墨學中找出相應的思想內容來加以對比，由於原本的架構已有其系統性，故在研究成果上也可呈現墨學思想的系統性。」〔註 7〕在此將借用此種方法，以既定的理論架構為單位，並找出《中庸》文本中的概念思想來作對比，呈現《中庸》的理論系統，進而探討中和思想於其中的定位，張岱年在其《中國哲學大綱》中，曾將中國哲學分為宇宙論、人生論、致知論，宇宙論又含本根論、大化論等，人生論含天人關係論、人性論、人生至道論等，在此將借用張岱年的理論區分，作為架構單位的依據，而以《中庸》的思想對比，呈現其理論系統，以說明中和思想在其中的定位，而徐復觀也說：「中庸上篇之所以出現，主要是解決孔子的實踐性地倫常之教，和性與天道的關係。」〔註 8〕徐復觀又說：「因為下篇的主要目的，不僅是在進一步解決性與天道的問題；而且也是進一步解決天道與中庸的問題。」〔註 9〕根據徐復觀的話，《中庸》內含有關形上本根的天道，與道德價值本性的人性論，以及實踐道德理想的實踐方法論，在此將從《中庸》內容的重要概念，與這三方面的理論架構對比，《中庸》開始也說：

> 天命之謂性，率性之謂道，修道之謂教。

從形上本根方面，《中庸》涉及「天」與「道」等概念，《中庸》又云：

> 喜怒哀樂之未發謂之中，發而皆中節謂之和。

> 下篇又說：自誠明謂之性，自明誠謂之教。

〔註 7〕 李賢中，《墨學——理論與方法》，台北市：揚智文化，2003 年，頁 31。
〔註 8〕 徐復觀，《中國人性論史先秦篇》，台北市：台灣商務，1969 年，頁 110。
〔註 9〕 徐復觀，《中國人性論史先秦篇》，台北市：台灣商務，1969 年，頁 146。

從人性論，《中庸》涉及喜怒哀樂未發之「中」、發而中節之「和」與「誠」等等概念，《中庸》亦有云：

> 誠者天之道也，誠之者人之道也。

可見「誠」的概念，亦與本根論的天道，和人倫道德的實踐方法相關，在此將由《中庸》此等概念，與此三方面的理論架構比較，以呈現《中庸》的理論結構，並思索中和思想在此整體中的定位，進而探討中和思想蘊含的道德價值理念。

（六）創造的詮釋學方法

現代化社會相當重視物質經濟面向，而被當做是有價值的，但是否有其他價值面向呢？例如是否有其他理想的道德關懷，以為理想價值面向呢？倘若有，這便是現代化社會相對欠缺的，面對此等問題，亦可藉由傳統精神文化作回應，在此將借用傅偉勳創造的詮釋學，其中「當謂」與「創謂」的層次，作為回應方法，傅偉勳談論「當謂」層次時說：「判定原思想家的義理根基以及整個義理架構的本質，依此重新安排脈絡意義、層面義蘊等等的輕重高低，而為原思想家代為說出他應當說出的話。」〔註10〕由此觀之，探究時一方面在了解思想家的義理根基，又要反思原作者應當會說出的觀念，在此，將依據徐復觀與馮達文等人主張，將《中庸》定位在與子思學派相關，從子思學派的先秦時代為探討的依據，來探討中和思想，倘若真能了解「中和」的概念中，所蘊藏的理想價值理念為何，甚至肯定其確實為最理想的價值信念，則要進一步從子思學派的時代，抽出其所蘊含之價值理想，傳達給相對欠缺此信念的現代人，而傅偉勳談「創謂」層次時說：「還要徹底解消原有思想的內在難題或實質性矛盾，如此救活原有思想，同時又能百尺竿頭更進一步，剋就思想的突破與創新一點，特為原思想家完成他所未能完成的創造性思維課題。」〔註11〕可知除了要了解思想，亦要面對其內在難題，而中和思想既是高度的道德理想，要落實於現代社會，有其困難度，而在此亦要反思這種困難的可能回應，期望藉由現代語言的傳達，來給與欠缺理想性的現代人，另一種價值選擇的可能方向，從此選擇的角度，來思索中和思想應用的可能性。

〔註10〕傅偉勳，《學問的生命與生命的學問》，台北市：中正書局，1998年，頁238。
〔註11〕傅偉勳，《學問的生命與生命的學問》，台北市：中正書局，1998年，頁239。

二、範　圍

　　本文將探討《中庸》中和思想之價值理想，並期望理解中和思想應用於現代社會之可能性，在此將以《中庸》文本，爲主要研究範圍，並以《中庸》有關「中和」的概念，爲主要探究對象。在此也將參考專家學者們對《中庸》之註解，並以《禮記正義》與朱子《四書章句集注》，爲主要參考依據。在此也將探討《中庸》中和思想之價值理想，對後世的有關發展，因此也將參考幾位宋明理學家，對中和思想的相關探討，並以二程之《二程遺書》、朱子之《四書章句集注》、王陽明之《傳習錄》，以及劉蕺山的《學言》等，對中和思想的探討，爲主要參考對象，再以他們對中和思想的相關探討爲輔助，以求了解《中庸》中和思想之價值理想，與其相關發展，以及其應用於現代社會之可能性。

第三節　相關研究成果回顧

　　《中庸》的中和思想，蘊含的價值理想爲何？在此先回顧近年來對《中庸》之相關研究成果，藉由他們《中庸》詮釋的觀點，以作爲探究此問題之依據。在此先回顧錢穆、唐君毅、勞思光、徐復觀等幾位學者的詮釋觀點，並參考近代出土文獻中有關戰國儒家之研究，藉由他們之詮釋，以爲探討此問題之憑據。而在此，則大致將此等詮釋結果分爲兩類，其一，是認爲《中庸》具有天人觀，亦即形而上思想與人倫思想，並認爲此種天人觀，是孟荀後之儒家所有，其二，是以爲《中庸》具有形而上與人倫思想，亦即具有天人觀，此是戰國期間孔子弟子，例如子思學派所具備。而筆者大致先以後者，爲主要參考依據，亦即同意《中庸》具備人倫與形而上思想，並與孔子與子思學派相關，以此種詮釋觀點，爲探討起點，以進行問題之探討。

一、《中庸》天人觀是孟荀後之儒者所有

（一）《中庸》形上思想為融合儒道之作

　　《中庸》內含形而上思想，以及人倫思想，而構成其天人關係，而對於《中庸》所具備之天人觀，錢穆則以爲，此乃是戰國晚期到秦漢年間，結合儒家與老莊道家的結果。對於先秦的形而上思想，錢穆以爲，是道家所具有的特色，《中庸》雖爲儒家之經典，但其兼具人倫與形上之思想，乃是融合儒

家與老莊而來。《中庸》開頭即有曰：

> 天命之謂性，率性之謂道，修道之謂教。

《中庸》涉及天道與本性，可見其具備形而上思想，《中庸》亦多次引用孔子所言，論述人倫思想，如《中庸》引孔子所曰：

> 君子之道四，丘未能一焉：所求乎子以事父，未能也；所求乎臣以事
> 君，未能也；所求乎弟以事兄，未能也；所求乎朋友先施之，未能也。

由此言論可知，《中庸》涉及人倫關係之思想，亦可見《中庸》兼具人倫與形上思想，對此傾向，錢穆提及：「故易傳與戴記之宇宙論，實為晚周以迄秦皇漢武間儒家所特創，又另自成為一種新的宇宙論。此種新的宇宙論，大體乃采用道家特有之觀點，而又自加以一番之修飾與改變，求以附合儒家人生哲學之需要而完成。」〔註12〕又曰：「孔孟乃從人文界發揮天人合一，而老莊則改從自然界發揮。更下逮易傳中庸，又匯通孔孟老莊，進一步深闡此天人合一之義蘊。」〔註13〕錢穆認為，《小戴禮記》中的〈中庸〉，所表現之宇宙觀，為道家特有，而《中庸》之天人觀，則是匯通老莊之作品。

（二）《中庸》本性實踐是結合孟荀之作

《中庸》具備天人觀，對此，唐君毅則認為，《中庸》並非錢穆所謂之匯通道家，而是結合孟荀思想之優點，亦即結合孟子之性善論，與荀子道德實踐的理論而成。唐君毅曾說：「然荀子未能識其誠心守仁、守義所本之人性，為一至善之性；孟子即心言性，不自耳目之官之欲言性，則亦未嘗言此心之性，能運用一切非心之耳目之欲，以及不中理之心之中，更歷盡曲折，而超化之，以成一純一無已之表現。」〔註14〕唐君毅認為，《中庸》承接孟子性善論，而論天命之性，使實踐工夫之根本，解決荀子之不足，並承接荀子之勉力實踐思想，以說明本性如何表現，解決孟子之不足，可見唐君毅以為，《中庸》為綜合孟荀之優點而成。

（三）《中庸》為天人感應說之作

《中庸》含形而上與人倫思想，對此，勞思光以為，此並非承接孟子之

〔註12〕錢穆，《中國學術思想史論叢》，台北市：東大，1970年，頁261。

〔註13〕錢穆，《中國學術思想史論叢》，台北市：東大，1970年，頁283。

〔註14〕唐君毅，《中國哲學原論原性篇》，台北市：台灣學生，1989年，頁82。

所說，而是漢代「天人感應」說之產物。勞思光以為，《中庸》「天命之謂性」的思想，與孟子「盡心知性知天」之思想，並不相同，因而《中庸》並非繼承孟子之思想，《中庸》有曰：

　　　　道也者，不可須臾離也。

勞思光曾對此解釋：「此亦見此處所說之『道』字兼有心性論與形上學之成份。形上學在先秦哲學中，主要見於道家學說。〈中庸〉將心性與形上問題混而言之，正可見其時代非儒道嚴格對峙之時代，而兩家學說混合之時代，此即漢初是也。」〔註 15〕又說：「其與〈中庸〉『天命之謂性』之說不同旨趣，即在於〈中庸〉取形上學立場，孟子則取心性論立場。形上學重視『有或無』，故必以『實體』觀念為根本；心性論重視『能和不能』，故以『主體』或『主宰性』為根本。」〔註 16〕由此觀之，勞思光以為，《中庸》形而上思想的傾向，並非先秦儒家所有，而是孟荀之後的兩漢才有。形上思想在先秦，主要是道家之學說，至兩漢儒道混合，並有天人相感應之風潮，因而漢儒有強調形上思想的傾向，《中庸》也是此種傾向的作品，此與孟子重視主體之人的傾向不同，《中庸》具有人倫與形上思想之天人觀，但此乃是漢儒天人感應之作，而非承接孟子之學。

二、《中庸》含戰國儒者之天人觀

（一）子思承接孔子發展天人觀

　　《中庸》內含人倫思想與形上思想，徐復觀以為，此種天人觀，乃是子思繼承孔子之學，加以發展，而與形上之天相連，此並非漢儒所作，亦非結合孟子與荀子思想之優點，而是先秦子思與先秦子思學派所作。此天人觀亦非匯通先秦儒家與道家而作，而是承接孔子的思想，亦即承接儒家思想。徐復觀曾提及：「《中庸》一書，既經常仁、知並稱，與《論語》相同，而以智、仁、勇為三達德，尤與《論語》相符合。至孟子則發展而為仁義禮知之四端，至董仲舒則發展而為仁義禮知信之五常，遂成為儒家之定格。」〔註 17〕徐復觀以三達德與四端為例，以為《中庸》的思想傾向與《論語》相近，如在《論語・憲問》，孔子曰：

〔註 15〕勞思光，《新編中國哲學史（二）》，台北市：三民，2004 年，頁 61。
〔註 16〕勞思光，《新編中國哲學史（一）》，台北市：三民，2004 年，頁 187。
〔註 17〕徐復觀，《中國思想史論集》，上海：上海書店出版社，2004 年，頁 59。

仁者不憂，知者不惑，勇者不懼。

《中庸》引孔子曰：知仁勇三者，天下之達德也，所以行之者一也。
因此《中庸》乃是繼承孔子思想而來，而孟子論四端，則有更多發展，因此，
徐復觀認爲，《中庸》是繼承孔子的思想，亦在孟子之前，亦在與孟子同期之莊
子之前，而非匯通儒家與道家莊子的思想，亦非孟子之後之漢儒所作。徐復觀
又提及：「錢先生之言中和，也與其言誠一樣，都是外在的，而不是內發的，把
《中庸》以人爲中心而推向宇宙的，說成以宇宙爲中心，而以自然來比附於人，
使《中庸》全書之精神脈絡不明。」〔註18〕徐復觀以爲，《中庸》以人爲中心，
論及人內在根源之性，並推向形而上宇宙之天，此是以人爲中心，與勞思光所
謂形上學爲中心的說法不同。徐復觀並提及：「實今日之中庸，原係分爲兩篇。
上篇可以推定出於子思，其中或雜有他的門人的話。下篇則是上篇思想的發展，
它係出於子思之門人，即將現中庸編定成書之人。」〔註19〕由此觀之，徐復觀
以爲，《中庸》乃是子思與子思學派，繼承孔子人倫道德之思想，加以發展，而
論述道德內在根源之人性，而推向形而上之天，此天人觀並非結合孟荀，亦非
匯通老莊道家的自然宇宙論，亦非漢儒思想的作品。

（二）孔子弟子承接孔子發展天人觀

透過近年來的出土文獻，可知孔子弟子時代，亦即先秦已討論形而上思
想，因而有學者說明，孔子弟子承接孔子道德人倫之思想，進而往形上思想
發展，《中庸》之天人觀，亦爲先秦儒家之子思學派的思想，其繼承孔子道德
人倫之思想，並發展形而上思想，此類思想由後來之孟荀發展，因而不可說
《中庸》匯通老莊道家特有的形上思想，亦非結合孟荀的思想，亦不是漢儒
天人感應說的思想。馮達文等，即曾以 1993 年湖北荊門出土的竹簡爲例，說
明戰國時期孔子弟子，例如子思學派，已建立形而上的思想，形上思想並非
先秦道家獨有。而《中庸》的天人觀，則被認爲與孔子弟子之子思學派有關，
馮達文等提及：「這批新出土的古籍記錄了子思的史蹟且思想與〈中庸〉相近，
因而它們與子思之學關係密切，這是可信的。」〔註20〕由此觀之，《中庸》之
天人觀，乃是與孔子弟子之子思學派有關，因此，《中庸》之天人觀，乃是與

〔註18〕徐復觀，《中國思想史論集》，上海：上海書店出版社，2004 年，頁 68。
〔註19〕徐復觀，《中國人性論史先秦篇》，台北市：台灣商務，1969 年，頁 103。
〔註20〕馮達文、郭齊勇等，《新編中國哲學史》，台北市：洪葉文化，2005 年，頁 90。

孔子弟子有關，乃是先秦儒家之天人觀，此兼具道德人倫與形上思想的天人觀，亦非如錢穆所說，匯通儒道，而是繼承孔子再作發展，亦非結合孟荀的作品，亦非漢儒天人感應說的產物。

在此回顧近年來對《中庸》之相關研究，略分兩類，其一是《中庸》之天人觀，是孟荀之後才具備，其思想甚至是天人感應說的傾向，其二是《中庸》的思想，與先秦孔子弟子之子思學派相關，他們繼承孔子道德人倫的思想，並發展形而上思想。第一類以爲《中庸》天人觀，是孟荀前之先秦儒家所沒有，而出土文獻，則有根據可說明孟荀前之儒家，有近於《中庸》之天人觀，因而第二類之說明有可信度，本文將以第二類詮釋爲主要依據。本文將探討《中庸》中和思想之價值理想，以及其應用於現代之可能性，在此則採取第二類說法，亦即視《中庸》與子思學派有關，其內容包含人倫思想，以及涉及「性」、「天」等形而上思想，此種天人觀乃是承接孔子思想，並發展形而上思想，以探討《中庸》中和思想之價值理想，以及其用於當代社會之可能性。

《中庸》內含人倫思想與形上思想，《中庸》的中和思想，亦含人倫及形上思想，亦即天人觀，《中庸》曾引孔子所言：

> 故君子和而不流，強哉矯！中立而不倚，強哉矯！

> 《中庸》並有曰：中也者，天下之大本也；和也者，天下之達道也。

由此言論看來，《中庸》的中和思想，論及君子在人倫關係中表現之樣貌，並論及宇宙形而上之根本，可見中和思想亦蘊含人倫思想與形上思想，即含有天人觀，此與《中庸》之人倫與形上思想相同。在回顧近年來諸多學者對《中庸》的詮釋之後，在此也以中和思想與子思學派相關，即是承接孔子人倫思想，並發展形上思想，由此爲起點，以探究《中庸》中和思想之價值理想，以及其用於當代社會之可能性。

第二章　中和思想的背景及其發展

第一節　中和思想的社會背景

　　《中庸》所談論的中和思想，是極度理想的價值理念，而在《中庸》提出中和思想之前，亦可找到中和思想的相關概念，在此將探討中和思想的社會背景，來了解《中庸》的中和思想。而依本文的看法，中和思想的社會背景，乃是由客觀具體的經驗，而逐漸發展至普遍性的思維，直到子思所處的春秋戰國時代，又有了更加高度的思維。

　　《中庸》首章曾經提到：

　　　　喜怒哀樂之未發謂之中；發而皆中節謂之和。中也者，天下之大本

　　　　也；和也者，天下之達道也。致中和，天地位焉，萬物育焉。

《中庸》的作者，將中以及和的概念，與人人皆有的喜怒哀樂做連結，並與這個世界的根本，以及世界最普遍通行之道理作連結，而達到中和之道，就能使天地萬物得以繁育，從這個世界的根本，一直到世間的天地萬物，從此段言論看來，《中庸》的作者闡釋中和思想時，已經反應相當高度的思維，有學者認為，《中庸》的作者所處的社會環境，已經促使《中庸》的作者，有了相當高度的思維。南宋儒者朱子，在其所作之《四書章句集注》中曾經說到：「子思子憂道學之失其傳而作也。蓋自上古聖神繼天立極，而道統之傳有自來矣。其見於經，則『允執厥中』者，堯之所以授舜也；『人心惟危，道心惟微，惟精惟一，允執厥中』者，舜之所以授禹也。」〔註1〕朱子認為，《中庸》

〔註1〕　〔宋〕朱熹撰，《四書章句集注》，台北市：大安，1996年，頁19。

一書乃是子思所作，子思作《中庸》一書的原因，在於子思擔憂三代以前的堯、舜，所傳授之道學失傳，因而著作《中庸》一書，而堯、舜時代所處的社會環境，是較原始的社會環境，在此先由較原始的社會環境，來探討中和思想的社會背景。

一、重具體經驗的原始社會背景

朱子注解《中庸》時又曾經說到：「故雖上智不能無人心，亦莫不有是性，故雖下愚不能無道心。二者雜於方寸之間，而不知所以治之，則危者愈危，微者愈微，而天理公卒無以勝夫人欲之私矣。」〔註2〕從此說法來看，朱子認為，堯舜所傳授的道學中，所提到的道心與人心，與天理、人欲的概念相關，天理是朱子思想中相當重要的概念，也是具普遍性的概念，然而，朱子所說的天理，如此普遍性的概念，是否是原始社會所俱備的？對此，董根洪曾經說到：「夏商以前的堯舜尚處在新石器時代的末期，是真正的遠古時期，這時人類的思維尚處於原始思維狀態，尚未有顯足的理性思維能力，抽象概括水平尚低下，人們的思維意識尚處於混沌不分的經驗層次……。」〔註3〕從董根洪的話看來，堯、舜時代所處的社會背景，難以有極高度普遍性的思維，因此，要將堯、舜的說法，與朱子所說之高度普遍的概念連繫，是有問題的。

原始社會對中和概念的思維，乃是在具體經驗層次，而依本文的看法，古中國的環境背景，可為影響中和思想發展的因素之一。原始時代的社會背景，所提及之中和概念，又意指為何呢？徐儒宗曾經提到：「我國的先民自謂我國在地域上『居天下之中』，故號稱中國。然而，『自我中心的錯覺』並非我國先民所獨有，其他許多古老民族都曾認為自己居於世界的中心。例如古代埃及人和巴比倫人都曾稱自己所處之地為世界中心……。」〔註4〕根據徐儒宗的說法，世界許多古老的民族，如古中國人等，常常以自己所處之地為世界的中心，以自己所處的地域為中心的想法，可以為中字原始概念的其中一種意義，而他們的社會背景，乃是由於他們生活環境的範圍有限，並以其所在地為世界中心。此種說法是依據具體的經驗，而且是世界許多民族容易有的經驗，董根洪又曾經說到：「當人類文明有所發展但尚未相當發展，人類自

〔註2〕 〔宋〕朱熹撰，《四書章句集注》，台北市：大安，1996年，頁19。
〔註3〕 董根洪，《儒家中和哲學通論》，濟南：齊魯書社，2001年，頁30。
〔註4〕 徐儒宗，《中庸論》，杭州：浙江古籍出版社，2003年，頁404。

身的力量相對薄弱，為了更好地在自然面前求得生存發展，這時的人類重視人際的協調、群體的和諧，這正是古中國、古希臘等早期文明古國都重視和諧思想的深層原因。」〔註5〕依據董根洪所述，世界許許多多古老民族為求生存下去，並由於自身力量的不足，重視人際間的和諧，若是如此，便可能使古中國等原始民族，產生以自己所在為中心的想法，以及和諧的想法，他們的社會背景，在於自身力量不足等因素，需要在和諧的人際關係下求生存，而影響中和思想較原始的發展。

　　由於生存環境背景的關係，使中國古老民族的中和思想，有持續發展較為有利的條件。許多民族常以自身所在為中心，而影響「中」之概念的發生，而古中國的環境，亦影響中國和諧觀的發展，以及「和」之概念的發展，而世界許多古老民族所處的地理環境，較不利於和諧思想的發展，對此，董根洪曾經解釋到：「如果說大陸溫帶型的氣候環境構成中和觀念萌生的自然土壤，那麼誕生於地中海東北部愛琴海諸島的古希臘文明便構成了相反的自然條件。由於愛琴海諸島多石少土，土地貧瘠，自然條件十分惡劣。」〔註6〕根據董根洪的說法，中國所處的地帶，是屬於大陸溫帶型氣候，氣候較古希臘等地方溫和，中國許多地方的土地，亦不似希臘等地方貧瘠，此種環境更有利和諧思想的發展，可為影響中和思想繼續發展之因素，相較於希臘等地方，環境則較為惡劣，影響人與自然對立的思想發生，而不利人與自然的和諧觀點，徐儒宗曾經說到：「而在海上通商、地下採礦等搏鬥中，又經常遇到颶風暴雨、坍塌地震等自然界變幻無常的巨大災害。這種偶然性、無序性的變幻不測現象，就形成了一種人與自然的對立意識，並進而形成人對自然探索征服的『天人相分』思想。」〔註7〕依據徐儒宗的說法，古希臘民族由於身處的地理環境惡劣，需要藉由採礦、通商等行為，才能提高生存的機會，但此等活動又因颶風、地震等天災，而有高度的危險性，此等難以預料的天災，影響天人相爭的思想產生，較難促進和諧思想的發展。

　　而由於地理環境的緣故，促成古老中國農業經濟的社會型態，此種社會型態，亦有助於中和思想的發展，對此，徐儒宗亦有說明：「我國古代先民憑藉得天獨厚的自然條件，逐步發展了自給自足的農業經濟，而這種經濟模式，

〔註5〕　董根洪，《儒家中和哲學通論》，濟南：齊魯書社，2001 年，頁 22。
〔註6〕　董根洪，《儒家中和哲學通論》，濟南：齊魯書社，2001 年，頁 25。
〔註7〕　徐儒宗，《中庸論》，杭州：浙江古籍出版社，2003 年，頁 408。

又必然導致人們安土重遷，習慣於長期聚群而居的生活方式。」〔註8〕根據此種說法，古代中國由於地理環境較適合農業生產，而有定居的生活型態，亦有家族群聚的生活方式，此生活方式是否必然導致人們安土重遷，是一項問題，但此種群聚的生活方式，可以影響血緣關係的親族，培養彼此親和的關係，董根洪也曾經說到：「社會成員關係只是宗族成員或家族成員間的關係。這種宗法關係天然具有一種無法消解的血緣之親、血緣之愛。於是和親就成了宗法制的必然產物，『和爲貴』便是宗法關係的必然結果。」〔註9〕董根洪以爲，宗族關係必然產生以和爲貴的結果，是否必然是有待商榷的問題，但宗族群聚社會，有血緣關係的親愛之情在其中，可以影響親和思想的發展，以及以和爲貴的思想產生，古中國民族生處於大陸溫帶型氣候，生活環境條件較爲優良，此可爲影響天人和諧與人際和諧想法產生之因素，而其地理環境較佳，可促使古代中國原始民族發展農業，而中國古代社會此種農業經濟的型態，亦有助於宗親的定居，與親和之情的培養，此種社會環境，可爲中國原始社會，發展中和思想的影響因素。

中國原始社會，由於具體之環境背景，而影響中心與和諧的思想發生，而古中國仍有衝突之現象，可促進中和思想更高層次之思維發展。中國古代原始社會著重人與自然的和諧關係，又重視人與人間的和諧關係，在此種社會背景下，有益於和諧思想的產生與發展，但如果缺乏競爭，又如何使來自具體經驗的想法，發展到更爲高度的思維模式呢？張立文曾經說到：「中國哲學邏輯結構系統從象性—實性—虛性的上升運動，便是單一—衝突—衝突融合範疇體系，呈現了思維辯證性。」〔註10〕根據張立文此種說法，人類的思維由於對象不同而有的衝突，使人提出共相所在，而使得單一的具體型態以至於抽象，共相內部又有了衝突，又過渡到不同的型態，張立文闡釋了人類思維的衝突，以及衝突融合的辯證過程。在此則要進一步考慮，在重視和諧的社會背景之下，促進中和思想更加抽象的社會背景何在？是否已經有衝突與競爭的環境？蓋古中國仍有黃河氾濫等天災，雖不致使農業無法進行，但仍有資源之損失與爭奪，又在早期社會，即有夏商周等部落之衝突，在各部落衝突與爭奪的背景下，促進憂患意識，影響更高度的智慧產生，勞思光論

〔註8〕 徐儒宗，《中庸論》，杭州：浙江古籍出版社，2003年，頁404。

〔註9〕 董根洪，《儒家中和哲學通論》，濟南：齊魯書社，2001年，頁26～27。

〔註10〕 張立文，《中國哲學邏輯結構論》，北京市：中國社會科學，2002年，頁61。

商周文化之時，亦曾提到：「人在艱苦環境奮爭時，必要之觀念基礎在於堅信人之努力可克服客觀存在之困難：周人正處此歷史環境中，遂發展出強調人之主宰地位之思想傾向。」〔註11〕勞思光以爲，在衝突與艱困的背景下，能影響原始社會從信仰，而發展至更嚴謹之思想，以克服艱難，古中國具體環境雖可行農業，影響中心與和諧思想產生，但依然有所衝突，促進不同層面的思想發展，亦可影響中和思想不同層次的思維發展，尤其到春秋戰國，有相當劇烈衝突背景，促進中和思想更高層次的發展。

二、思想劇烈衝突的春秋戰國時期

　　雖然中國的地理環境，相較於世界其他古老文明，更適合生存以及農業經濟發展，並有助於宗族定居的群聚社會，可影響與促進血緣親情的培養，以及宗法制度的形成，然而，古中國仍有部落間衝突的現象，影響思維發展至不同層面，尤其到了春秋戰國時代，社會環境發生變動，各宗主國不再相互尊重，原來之宗法制度無法再維繫社會和諧的秩序，對此，牟宗三曾經提到：「這套周文在周朝時粲然完備，所以孔子說『郁郁乎文哉，吾從周』。可是周文發展到春秋戰國時代，漸漸的失效。這套西周三百年的典章制度，這套禮樂，到春秋的時候就出問題了，所以我叫它做『周文疲弊』。」〔註12〕根據牟宗三所述，中國古代社會原先重視宗親之間的和諧關係，但在社會爭奪的現象下，制定周文的禮樂制度作社會秩序的維繫，至春秋戰國時代，周文疲弊的問題產生，而不再有維持和諧關係的作用，在此紊亂的社會背景下，彼此之間的衝突則更容易發生，而依本文的看法，處於動亂的社會環境之下，面對問題所產生的思想亦有衝突，牟宗三亦曾說到：「諸子的思想出現就是爲了對付這個問題。這個才是眞正的問題所在。它不是泛泛的所謂社會問題，也不是籠統的民生疾苦問題，它就是這個『周文疲弊』問題。」〔註13〕依據牟宗三所說，儒墨道法等先秦諸子，他們共同面對周文疲弊的問題。他們雖然有共同的問題，然而，他們卻有各自不同的看法，以面對此種問題，而後世亦主張他們是不同的學派。以儒墨道法爲例，就可看出其思想的差異性，更可發現他們相互攻擊的言辭，例如，在周文疲弊的背景之下，儒家的代表

〔註11〕勞思光，《新編中國哲學史》，台北市：三民，2004 年，頁 69。
〔註12〕牟宗三，《中國哲學十九講》，台北市：台灣學生，1983 年，頁 60。
〔註13〕牟宗三，《中國哲學十九講》，台北市：台灣學生，1983 年，頁 60。

性人物孔子，面對此種紊亂的現象，主張恢復周文之禮樂制度，在《論語·八佾》中，孔子有云：

> 周監於二代，郁郁乎文哉！吾從周。

孔子認為，周文的禮樂制度，是繼夏與殷商兩代的制度，繼續發展，因而周文已經有完整的禮樂制度，面對周文疲弊的情況，孔子主張遵從周文的禮樂制度，與孔子不同，先秦諸子中的墨子，則不堪禮樂的煩擾，而對儒家恢復禮樂制度的說法有所批評，在〈非儒下〉之中，墨子亦有云：

> 且夫繁飾禮樂以淫人，久喪偽哀以謾親，立命緩貧而高浩居，倍本棄事而安怠傲，貪於飲食，惰於作務，陷於飢寒，危於凍餒，無以違之。

墨子認為，儒家學者主張遵從的禮樂制度過於繁瑣，儒者卻又不從事生產工作，無法解決社會動亂的問題，在周文疲弊的背景之下，墨家主張興天下之利，而批判儒家遵從禮樂，卻無以帶來社會利益，另一方面，道家思想中，亦可見其對儒家恢復禮樂的思想作批評，《老子》第三十八章有云：

> 故失道而後德，失德而後仁，失仁而後義，失義而後禮。夫禮者忠信之薄而亂之首，前識者道之華而愚之始。

從道家經典《老子》中，可以發現道家學者認為，禮儀乃是人逐步失去根本之道德仁義，而強制人們遵守禮儀，道家學者認為，在周文疲弊的背景下，要回歸生命根本性的大道，而對末端的禮儀作出批判，而先秦諸子之一的法家，更可見其對儒墨道等思想嚴厲批判，如法家學者之一的韓非，便以為在其所處的動亂環境下，必須追求富國強兵，而儒墨道等諸多學者的學說，多半與此主張不符，而對他們進行批判，如韓非在〈五蠹〉中有云：

> 儒以文亂法，俠以武犯禁，而人主兼禮之，此所以亂也。夫離法者罪，而諸先生以文學取；犯禁者誅，而群俠以私劍養。

韓非認為，儒家學者遵從周文禮樂等經典，而不是國家法令，亦非為國家從事農戰，以為採取他們的說法，恐怕造成國家社會的動亂，由此可知，先秦諸子的想法並不相同，甚至是互相衝突，並相互攻擊，在先秦諸子的文獻中，亦可見諸子百家相互攻擊的現象，因此，雖然中國原始的社會背景，有助於和諧關係的發展，然而，在周文疲弊的社會背景之下，相互衝突的現象日趨明顯，其中包含思想上的衝突，在此社會背景下，具體的想法，亦有逐漸上升的可能，中和思想普遍化的可能性亦增加。

在周文疲弊的社會背景之下，諸子百家相互競爭，產生許多思想上的衝

突，不僅如此，儒家思想本身亦有許多衝突的現象，在孔子以後，其門人亦
各有其自身主張，而有相互競爭的現象，馮達文、郭齊勇等曾指出：「孔子去
世後，他的弟子們分別從不同層面、不同向度闡發他的思想。」〔註14〕由馮
達文等人的說法看來，先秦諸子中的儒家學派，亦由於孔子弟子從各自不同
的角度，以傳播孔子的思想，可見即使是諸子百家之一的儒家，其內部對儒
家所傳之學問，亦有不同見解，韓非在〈顯學〉中亦有云：

　　　　故孔、墨之後，儒分為八，墨離為三，取舍相反、不同，而皆自謂

　　　　真孔、墨，孔、墨不可復生，將誰使定世之學乎？

韓非提到孔子之後，儒家分為八個學派，每一派的說法都不同，卻都自稱是
真正代表孔子所傳的學問，由此可知，儒家一門內部不但各持己見，以傳播
孔子之學，甚至有相互競爭的現象，足見孔子去世後的時代，儒家思想亦發
生衝突，如此激烈的競爭，亦提高中和思想，往不同思維層面發展的可能性。

　　中和思想有不同層次之思維發展，如具體經驗層次，與高度普遍層次等。
《中庸》之中所提出的中和思想，表現出使天地萬物得到養育的理念，此是
高度理想的價值理念，普及到天地萬物，以及天地之間普遍的根本道理，表
現出中和思想的高度普遍性，如此高度的普遍性與理想性，不同於原初，僅
依據具體經驗之中和思想，中和思想的思維層次，實有不同的發展。在《中
庸》之中，經常提到孔子對舜的讚賞，朱子也以為《中庸》是子思承傳堯、
舜以來的道統，而著作的經典，但堯、舜所處的社會背景，乃是較為原始的
社會，其中心與和諧的思想，多半是根據具體經驗，而從較為溫和的地理環
境，更有利於發展人與自然的和諧思想，以及宗族親愛的和諧思想，倘若未
有明顯的思想差異與思想衝突，恐怕難以發展更高度的思維，早期各部落，
已有爭奪等衝突現象，而春秋戰國時代，更由於周文疲弊的社會背景，先秦
諸子在學問上有極為激烈的競爭，並有強烈批評的言語，儒家內部亦有如是
之批評與衝突，在此社會背景下，當時的學者已有高度普遍層面的思考，亦
增加中和思想普遍性與理想性的發展機會。

第二節　中和思想的淵源

　　從《中庸》內文中，對於「致中和」的說法，可見《中庸》的中和思想

〔註14〕馮達文、郭齊勇等，《新編中國哲學史》，台北市：洪葉文化，2005 年，頁 84。

中，所傳達之理念，乃是使天地萬物都得以獲得養育，此種理念有高度的理想性，以及普遍性，在此則欲探討此種高度思維的淵源，以求了解中和思想的背景。先前提到，中和思想的發展，乃是從較爲具體之生活經驗，以逐漸至高度普遍層面的思維。而在此探討之中和思想的淵源，亦是如此之發展，從較爲具體之生活經驗，而逐漸發展爲普遍層面的思考。

對於中和思想之淵源，可分別從其中之「中」與「和」的概念，開始探討。張立文曾經提到：「中和是中國哲學範疇系統中對偶、中介範疇。作爲單一概念、範疇，出現較早。」〔註15〕依據張立文所述，中和思想所謂之中和，乃爲一種對偶之概念，而其中之「中」以及「和」的思想，在更早期之年代，乃是以單一概念的方式出現。在此則分別從「中」以及「和」的概念，開始探究。

一、「中」字之初期發展

先前曾表示，中和思想回溯至較爲原始的早期社會，乃是從具體之生活經驗開始發展，「中」的概念亦是如此，早期較爲原始之社會，其有關「中」的概念，乃是根據具體生活而來，張立文亦根據「中」的字源，探究「中」字概念其中之本意，張立文提到：「中的本意爲中心、中點……象旗竿及其斿偃之形。」〔註16〕張立文依據甲骨文、金文，並參照諸多學者之說明，以探討「中」字概念之本意，而根據張立文的說法，「中」字概念之本意，乃是對旗幟的象徵，旗幟乃是一件具體之物，並有中心之意義，而此種具體經驗亦與早期社會之具體經驗有關，董根洪亦曾提及：「『中』字的原意正是部落或氏族首領用以聚眾指揮的『徽幟』或『旗鼓合體物』，並以此象徵其威權和統治。」〔註17〕從董根洪此段話可知，「中」之概念其所象徵的旗幟，則可與早期社會中，部落首領之統治權威相關，此旗幟則代表部落酋長，用以指揮部落之媒介，在部落中，人們需以執此旗幟之人，爲行事之中心標準。足見此種中心所具有之意義，亦與部落之具體經驗相關，此種與具體經驗相關之中心、威權等意義，爲中和思想發展早期之淵源。

原始社會關於「中」之概念，與具體經驗相關，但遠至堯舜時的原始時代，已有治理之中道概念。《中庸》曾引用孔子所言：

〔註15〕張立文，《中國哲學範疇發展史・人道篇》，台北市：五南，1996年，頁137。
〔註16〕張立文，《中國哲學範疇發展史・人道篇》，台北市：五南，1996年，頁137。
〔註17〕董根洪，《儒家中和哲學通論》，濟南：齊魯書社，2001年，頁32。

> 舜好問而好察邇言，隱惡而揚善，執其兩端，用其中於民。其斯以
> 爲舜乎！

從此言論看來，《中庸》的作者以爲，作爲領導人的舜，已能在諸多狀況當中，
選取中道以治民，而引孔子所言作佐證，在堯、舜時代，「中」漸含有治理之
中道的概念，徐儒宗在探究中道源流時，探討「中」之概念至堯、舜時代的
發展，他曾經提到：「當把『執中』的方法從實踐經驗昇華爲理論時，就是『中
道』。儘管遠古之世尚未出現『中道』一詞，但『中道』的概念很早就有了。」
〔註18〕徐儒宗以爲，在堯、舜時期之遠古時期，已經有「中道」的概念，由
是觀之，堯、舜時代言及中，而未提及中道一詞，但已有中道的概念，此種
現象，亦可見於堯、舜，所謂無所偏頗之說法，《尚書・舜典》亦有云：

> 夔，命汝典樂，教胄子。直而溫，寬而栗，剛而無虐，簡而無傲，詩
> 言志，歌永言，聲依永，律和聲；八音克諧，無相奪倫：神人以和。

舜在堯死後，於堯之太廟與各諸侯商討政事，而對夔提出此等言論，其中「寬
而栗」、「剛而無虐」等，乃是無所偏的理念，徐儒宗亦對此解釋到：「所謂
『直而溫，寬而栗，剛而無虐，簡而無傲』，就是追求中正無偏的風範……。」
〔註19〕根據徐儒宗所述，《尚書》所記載此段舜之言論，乃是無偏私之中道，
《尚書・大禹謨》中，舜亦有曰：

> 刑期于無所刑，民協于中，時乃功，懋哉！
>
> 又曰：人心惟危，道心惟微，惟精惟一，允執厥中。

舜將傳位給禹時，提到皋陶執行刑法，以期無人再犯刑法，使民合於大中之
道，又提及要專一，以及保持「中」之道理，有關「中」的意義，周秉鈞解
釋爲：「中：平，公平。」〔註20〕由此看來，舜有公平而無偏頗的想法，即中
道的想法，《尚書・皋陶謨》又提及九德，即所謂「寬而栗，柔而立，愿而恭，
亂而敬，擾而毅，直而溫，簡而廉，剛而塞，彊而義」，皋陶在論述檢驗人的
道理，提及此等九德，提到要寬弘而莊嚴，要柔和而能立事等等道理，對此，
《尚書正義》亦說明：「此九德之文，舜典云『寬而栗，直而溫』，與此正同。」
〔註21〕由此觀之，九德之論述，可與〈舜典〉中，舜所說之「寬而栗」等言

〔註18〕徐儒宗，《中庸論》，杭州：浙江古籍出版社，2003年，頁60。
〔註19〕徐儒宗，《中庸論》，杭州：浙江古籍出版社，2003年，頁61。
〔註20〕周秉鈞注譯，《尚書》，長沙：岳麓書社，2001年，頁18。
〔註21〕〔漢〕孔安國傳；李學勤主編，《十三經注疏——尚書正義》，北京市：北京
　　　　大學出版社，2000年，頁126。

論呼應，亦即與「中」道無所偏頗的想法呼應，在《尙書‧洪範》中並提到「皇極」：

> 凡厥庶民，無有淫朋，人無有比德，惟皇作極。

箕子向武王說明九種治理大法中之「皇極」，說明不要私相比附的大中之道，《尙書正義》亦對此說明：「民有安中之善，則無淫朋黨之惡、比周之德，爲天下皆大爲中正。」〔註22〕由此觀之，皇極乃大中之道，指出不偏私及不私相結黨，乃是中道，此等言論亦表現，在堯、舜時代，乃至西周初期，「中」的概念，多爲具體之經驗，但已有治理人民之「中」道概念產生。

二、「和」字概念的初期發展

對於中和思想之「和」概念，其淵源亦是從具體經驗開始發展，而張立文亦對「和」的概念進行解釋，他提到：「本意和羹，調和。和、盉通用，盉爲調味器。」〔註23〕張立文從西周「和」字之金文作說明，提出和的本意乃是調和，並說明和乃是調味器具，而有調和的意義，而調味器亦是具體之物，由此可知，「和」的概念亦是由具體生活中開始發展。董根洪亦有言：「對於《尙書》中虞夏商周社會的人們而言，其和的思考還是直觀的、經驗性的，還未上升到抽象的、一般的、多樣性統一的高度。」〔註24〕依據董根洪所述，接近原始社會的虞夏時代，對於「和」的概念，仍然在經驗性的思想層次，但董根洪亦有言：「但人們對『和』的認識已呈現出了豐富多彩性，這種豐富多彩性表現在：（1）表『和』的用詞很多。《尙書》中除『和』外，尙大量用『協』、『雍』、『諧』、『燮』諸詞表達和諧協調之義；（2）領域多元化。」〔註25〕依據董根洪所述，有關《尙書》的時代，其社會所表現之「和」的概念，雖然是經驗性的，但亦是多元而具有豐富意義的。

「和」的概念在《尙書》中較爲早期的社會，所呈現乃是較爲具體的經驗，然而，在《尙書》中，和的概念亦逐漸普遍化，此種現象可見於「和」的概念裡，其中調和的意義之中。《尙書‧洪範》中，箕子有云：

> 一、五行：一曰水，二曰火，三曰木，四曰金，五曰土。水曰潤下，

〔註22〕〔漢〕孔安國傳：李學勤主編，《十三經注疏——尚書正義》，北京市：北京大學出版社，2000年，頁364。

〔註23〕張立文，《中國哲學範疇發展史‧人道篇》，台北市：五南，1996，頁137。

〔註24〕董根洪，《儒家中和哲學通論》，濟南：齊魯書社，2001年，頁41～42。

〔註25〕董根洪，《儒家中和哲學通論》，濟南：齊魯書社，2001年，頁42。

火曰炎上，木曰曲直，金曰從革，土爰稼穡。潤下作鹹，炎上作苦，
曲直作酸，從革作辛，稼穡作甘。

周武王在周攻克殷商之後，向箕子詢問治國的大法，而箕子則以「洪範九疇」
作回應，亦即治國的九種大法，五行則爲「洪範九疇」之首，表現其所謂世
界的五種基本元素，箕子亦說明其各有不同作用，必須正確運用，對此，徐
儒宗亦曾提到：「在中國傳統哲學中，關於協調多種不同事物之間關係的理
論，主要有《周易》的『八卦』說和《書‧洪範》的『五行』說爲其基本框
架，而皆以『和而不同』與『因中致和』的中和法則爲其基本方法。」〔註26〕
根據徐儒宗所言，《尚書‧洪範》中所表達之「五行」，表現爲各個事物之間
相互協調，但其作用卻各有不同，可見其表現爲「和」之概念中，調和的意
義。其所謂調和，已論及宇宙間的五種基本元素，可見「和」之概念已普及
至宇宙間之事事物物。

「和」的概念至春秋初期，除了表現思維的普遍化，亦表現爲更爲根本
層面的思維。例如，春秋初期的周太史伯便有相關之言論，在《國語‧鄭語》
中，周太史伯有云：

今王棄高明招顯，而好讒慝暗昧；惡角犀豐盈，而近頑童窮固。去
和而取同。夫和實生物，同則不繼。以他平他謂之和，故能豐長而
物歸之；若以同裨同，盡乃棄矣。

史伯依據其所了解之形勢，向鄭桓公說明，周幽王放棄和而求取同，因而災禍
將致，並解釋和與同有不同的意義，和乃是不同物之調和，同則爲相同之物互
相裨補，而調和會產生新的東西，以同裨同則不然，對此，董根洪亦進一步說
明：「從哲學的高度，揭示了『和』的本質內涵：和是『以他平他』，是一個方
面去平衡協調另一個不同的方面，使對立的差異的雙方處於一種平衡協調的統
一關係，從而形成一個和諧統一體，構成一個協同的統一物。」〔註27〕根據董
根洪所言，周太史伯這番言論，已經論及「和」字概念之本質，顯示春秋初期，
已經論及哲學之根本性思維，張立文亦有云：「感性認識還沒有掌握類對象的內
在規定與關係，因而不能上升爲思維具體的出發點。只有體認進入理性領域，
從雜多的感性具體中，概括、抽取共同點，進行抽象的規定。」〔註28〕從張立

〔註26〕徐儒宗，《中庸論》，杭州：浙江古籍出版社，2003年，頁159。
〔註27〕董根洪，《儒家中和哲學通論》，濟南：齊魯書社，2001年，頁52。
〔註28〕張立文，《中國哲學邏輯結構論》，北京市：中國社會科學，2002年，頁62。

文這段言論可知，掌握到具體事物之內部規定與關係，並進行共通點的概括，才爲抽象理性的思維。而從周太史伯對「和」字概念的探討可知，他已從具體事物間的調和，進入事事物物內部關係的本質探討，可見至春秋初期，「和」字概念，確實已進入哲學之根本性思維。

三、孔子重倫常之教的中和思想

中和思想其中之「中」與「和」的概念，其淵源可追溯至原始社會之具體概念，並可從周代與春秋初期，以探究其哲學性思維的淵源，而依本文的看法，《中庸》的中和思想並有關於人倫間之哲學理論，而《中庸》的中和思想此種理論之淵源，可從孔子的倫常之教探討。

《中庸》中和思想的淵源，可追溯到孔子，並能從人倫的角度加以探究。《中庸》內文中，常引用孔子的言論，可見《中庸》的作者，針對孔子之言論進行發揮，而《中庸》之中和思想，亦有引用孔子言論的現象，例如《中庸》有云：

> 子路問強。子曰：「南方之強與？北方之強與？抑而強與？寬柔以教，
> 不報無道，南方之強也，君子居之。衽金革，死而不厭，北方之強也，
> 而強者居之。故君子和而不流，強哉矯！中立而不倚，強哉矯！」

子路問孔子如何才可謂強，孔子以君子強健的樣貌來作回應，並表示君子強健的樣貌所呈現者，乃是中和的樣貌。可見到孔子之時，中與和之概念，不但已深入了概念內部的哲學思維，而孔子自身亦從君子的人格特性談論中和，中和所展現的強健樣貌，是人的一種人格特性，此種君子特性，影響君子在人倫關係的行爲，表現君子在人倫中有正當而不偏頗的中行，與不同流合污的行爲，顯示孔子乃是從人倫中探討中和思想。陳滿銘也說到：「而至劉康公的『民受天地之中以生』（不分仁智），再到孔子的仁、智對顯，可說已逐步地使天命下貫到人的身上而凝結爲性，所差的只不過是還未直接地明用『性』字把它們貫穿起來而已。」〔註29〕從陳滿銘此段言論可知，中和思想之中的概念，到了孔子，已經非常重視從人事角度開始探討，雖然孔子思想本身，是否已將天命凝結成性，是有待商榷的問題，但可以肯定的是，到了孔子思想本身，已能從人事之間倫常之教的角度，以探究中和思想。而孔子

〔註29〕陳滿銘，《中庸思想研究》，台北市：文津出版社，1989 年，頁 66。

人倫之教中，仁、義、禮爲重要概念，孔子之「中」道，可在此等概念探討，「和」的思想，可在人倫之中「和而不同」之君子特性，以作探討。

從孔子較爲核心的仁、義、禮等概念，可見從孔子思想中，得以自人事倫常之角度，來探究中和思想。依本文的看法，「禮」爲中道的手段，合於正當之「義」乃是「中」道，中道或義則爲「禮」的實質原則，「仁」是內在自覺合乎「禮」。在《禮記・仲尼燕居》中，孔子有曰：

> 禮乎禮！夫禮所以制中也。

對此，董根洪亦曾解釋：「『禮』就是以規範制度的形式制約人的行爲於合理性之『中』的手段和途徑。合禮之行即是『中行』。因此，中是禮的實質和目的。依中禮而行，社會即和諧有序。」〔註30〕根據董根洪所述，在孔子思想之中，中和思想其中的「中」，乃是行爲合理而無偏頗，符合禮之規範形式，則是達「中」之手段。能符合禮儀之規範形式，便得以致和諧的社會秩序，亦可見合乎禮之行爲，帶有中和思想之「和」的概念，而先前曾提及，在周文疲弊之下的春秋戰國時代，孔子追求回復周禮，以恢復社會的和諧秩序，因而符合禮儀，乃是孔子中和思想的重要內容。

人要時時警惕自己合於禮儀以達中行，以致社會和諧秩序，倘若遇到禮儀可能不符合具體情況之時，則需考慮禮的實質性，此即「義」，「義」之行爲乃是中行，在《論語・衛靈公》中，孔子亦有云：

> 君子義以爲質，禮以行之，孫以出之，信以成之。君子哉！

對此言論，勞思光亦說明：「『義』是『禮』之實質，『禮』是『義』之表現。於是，一切制度儀文，整個生活秩序，皆以『正當性』或『理』爲其基礎。」〔註31〕根據勞思光所言，「禮」之實質基礎乃是「義」，而「義」所代表的則可以是正當之義，因而「禮」的實質亦可謂正當性。孔子重視人能自覺的符合禮儀規範，倘若在具體情況中，行爲合於禮儀有問題，則得以變通，徐儒宗亦曾提到：「『合義』也就是合乎『中』。孔子一方面認爲禮是立身治國之大經，所以必須克己復禮；但在另一方面又認爲禮必須根據具體情況而有所變通。」〔註32〕依據徐儒宗所言，外在規範的禮儀形式，實可依據具體情況而變通，然而，變通仍不可違背實質之正當性，此實質與正當乃是中道，在孔

〔註30〕董根洪，《儒家中和哲學通論》，濟南：齊魯書社，2001 年，頁 105。

〔註31〕勞思光，《新編中國哲學史》，台北市：三民，2004 年，頁 113。

〔註32〕徐儒宗，《中庸論》，杭州：浙江古籍出版社，2003 年，頁 267。

子思想中，禮儀雖可根據具體情況靈活變動，但要合乎『義』，亦即禮的實質與正當性，否則不能稱爲不偏不倚的中行。

探討孔子中和思想的重要概念，除了「禮」、「義」之外，亦有仁。雖然藉由合乎禮儀等規範形式，是孔子認爲達到不偏頗之中道行爲的手段，亦是維繫社會和諧秩序的重要方式，但在周文疲弊之下，僅有禮儀仍不足以維繫社會秩序，在《論語・陽貨》之中，孔子有云：

> 禮云禮云！玉帛云乎哉？樂云樂云！鐘鼓云乎哉？

從孔子此段言論可知，在周文疲弊之下，孔子也以爲僅有形式的禮儀規範，是不足以維繫社會和諧的，在《論語・八佾》中，孔子亦有云：

> 人而不仁，如禮何？人而不仁，如樂何？

由此言論可知，在孔子思想之中，僅有外在規範形式之禮儀，不足以維繫社會和諧，亦須重視「仁」，而「仁」所代表的，則可爲一種內在的自律性，在《論語・雍也》中，孔子有曰：

> 夫仁者，己欲立而立人，己欲達而達人。能近取譬，可謂仁之方也已。

對此言論，勞思光亦曾說明：「此節論『仁』之本義，最爲明朗；『仁』即是視人如己，淨除私累之境界。此一境界自是一自覺境界，不假外求，不受約制，故孔子又即此以言自我之主宰性。」〔註33〕根據勞思光所述，「仁」乃是一種不受外在制約的自覺境界，孔子身在周文疲弊之情況下，已認知到，要使人的行爲達到不偏不倚的中行，並維繫社會和諧秩序，僅有外在規範的制約仍然不足，亦有賴啓發人內在的自覺性，才可使人能自覺的合乎禮儀之中行，進而達到恢復社會和諧的目的。

孔子在中和思想中，關乎「和」的思想，亦可從孔子在倫常之教中，所談論之君子了解，亦即孔子所謂「和而不同」之君子人格，以作了解。在周文疲弊之下，孔子欲恢復周文，以重建社會之和諧秩序，然而孔子是在不輕易苟同之差異下，以求和諧，此表現爲一剛毅的君子人格。在《論語・子路》中，記載孔子所言：

> 君子和而不同，小人同而不和。

孔子以爲，一律苟同他人，是小人的態度，而非君子所求之和，在《論語・陽貨》中，亦記載孔子所云：

> 鄉原，德之賊也！

〔註33〕勞思光，《新編中國哲學史》，台北市：三民，2004 年，頁 116。

鄉原乃是討好他人，不得罪他人的人格，孔子以為此種人格有害於仁德，一律苟同並非有仁德之君子，董根洪亦對孔子此等主張說明：「反對只會曲附人意、阿比人意的『小人』人格，提出富有獨立性原則性的『君子』人格，即中和人格。」〔註34〕根據董根洪所說，孔子是主張有原則性之君子人格，非曲炎附勢的人格，因而孔子關於「和」的思想，是承認差異而不輕易苟同，在此態度下以求最和諧的情況，此表現君子不曲炎附勢之剛強人格。孔子表達君子在人倫關係之中，不隨意苟同，而求社會秩序和諧的態度，亦可見孔子關於中和思想的探討，與其倫常之教相關，亦影響《中庸》的中和思想，關於人倫之教的討論。

　　《中庸》的中和思想淵源可追溯至孔子，而在孔子思想中，可從人事間倫常的角度，來探究中和思想，例如關於「中」的思想，可從仁、義、禮的角度加以探索，「和」的思想，則可從在人倫關係中，表現「和而不同」的君子人格，以作了解，亦即「義」為正當之原則，乃是不偏不倚之「中」行，「義」是「禮」的實質原則，「禮」是達「中」之手段，「仁」則為人自覺心，以自覺合於「禮」，以達「中」行，並促進社會之和諧秩序。「和」乃是在人際中不輕易苟同，承認差異，秉持正當原則的君子人格，足見孔子之中和思想，乃是從人事倫常的角度而論，並提點人之自律性，因而孔子不僅有概念內在之哲學思維，更有一系列倫常之教。而對於高度抽象之人類根本性，以及宇宙根本大道，孔子較少深論，在《論語·公冶長》中，子貢亦有言：

　　　　夫子之文章，可得而聞也；夫子之言性與天道，不可得而聞也。
從此言論來看，孔子所探究者，多數在一般性倫常之教，而較少深論根本人性以及高度普遍之天道，而此部份在孔子之後亦有高度發展。

四、孔子弟子的相關思想

　　《中庸》中和思想已有高度普遍之思考，而其淵源可追溯到孔子的弟子。《中庸》在談論中和思想之時，已論及宇宙之本根，以及人類的本性，並普及至天地萬物，足見《中庸》的中和思想，已有高度的抽象性，徐復觀曾提到：「誠是忠信進一步的發展，這是在人的工夫上所建立起來的觀念，其根據，實在於人的自身；是立基於人的自身以融合天、人、物、我，這實係順著先

〔註34〕董根洪，《儒家中和哲學通論》，濟南：齊魯書社，2001年，頁115。

秦儒家由天向人的發展大方向，而向前前進了一大步。」〔註 35〕根據徐復觀所言，忠信等乃是就人事的角度而論，而《中庸》的作者更融入宇宙根本之天道，並普及至萬事萬物，此種高度普遍之思維，可追溯至孔子弟子，例如代表孔子弟子中，公孫尼子一派等人，其所傳之〈性自命出〉，此篇文獻即已將天道與人性相連結，〈性自命出〉中有云：

> 性自命出，命自天降。

從此言論可知，孔子弟子已論及人內在之性，並與天道相通，亦可見孔子弟子之時，已將人內在性與天道作連結，然而〈性自命出〉與《中庸》論性之內容，不全然相同，馮達文、郭齊勇對《中庸》說明：「它並不是籠統地認可喜怒哀樂以爲『性』，而只認可能夠使喜怒哀樂表現出來皆『中節』（合適、適度）的內在本有的根本的『中』爲『性』。」〔註 36〕馮達文、郭齊勇等認爲，代表公孫尼子一派的〈性自命出〉一文，乃是從喜怒哀樂之情爲性，而《中庸》則以喜怒之內在根本爲性，〈性自命出〉亦有云：「喜怒哀悲之氣，性也。」由此言論看來，〈性自命出〉以喜怒之情爲性，不同於《中庸》作者內在之中爲性，雖然如此，透過約在戰國時期之文獻，如〈性自命出〉等，已可見得，孔子弟子等已將天道與人內在之性相連，而《中庸》中和思想亦不只論及人倫，更有高度普遍思維，其淵源亦可追溯至此時期之孔子弟子。

　　《中庸》之中和思想，其淵源可溯及最初的具體經驗，並逐步發展，以至戰國時之高度普遍性思維。如「中」的概念，起初代表「中心」之意，原與具體經驗相關，其後成具理論性的中道，而「和」的概念，原爲調味器皿，亦與具體經驗相關，其後發展爲較根本性之哲學思維，而孔子更從人與人之倫常之教，以談論中和思想，至孔子弟子之戰國時代，更論及天道以及人內在之性，已有較高度普遍之思維，而《中庸》內文不但可從倫常之教談論中和思想，更從根本人性，及普及宇宙大道的高度普遍思維，探究中和思想，《中庸》中和思想的淵源，可追溯至一般性的思維，亦可溯及高度普遍之思維。

第三節　中和思想的歷史發展

　　子思子之後，學者們仍對中和思想所蘊含之價值理想，持續作理論性的

〔註 35〕徐復觀，《中國人性論史先秦篇》，台北市：台灣商務，1969 年，頁 146。
〔註 36〕馮達文、郭齊勇等，《新編中國哲學史》，台北市：洪葉文化，2005 年，頁 93。

發展。而依本文的看法，中和思想蘊含之普及人事，與遍及天地萬物之價值理想，在子思子之後，分別從不同角度發展，並逐漸發展至極爲高度普遍性理論，直至明代心學，又從較具體之理論，發展此價值理想。

　　先前曾提及，《中庸》之中和思想，可追溯至原始社會，所根據的具體經驗，並可追溯到思想競爭激烈之春秋戰國時期，如孔子倫常性之中和思想，以及世子、子思子等孔子弟子，普遍至天地萬事的高度理想，此等普遍化與理想化之發展，在子思子之後依然持續，且普遍之廣度日漸增長，至明代末期，由於種種因素，而有較爲具體之理論，在此，將探究子思子之後，孟子從內在本性所承繼之中和思想，及荀子對外在人事之繼承，與兩宋時期二程、朱子等，極高度普遍之中和思想，以及明代王陽明、劉蕺山之逐漸具體之中和思想，以探究學者們對中和思想的價值理想，所進行之歷史發展。

一、孟子內在心性之中和思想

　　《中庸》的中和思想，蘊含普及人事與天地的高度價值理想，而依本文的看法，孟子乃繼承《中庸》有關內在本性的方向，以說明此種價值理想。《中庸》在論述中和思想之時，一方面呈現倫常之教，另一方面，則呈現心性之學，而依本文的看法，孟子之思想，乃是承繼後者，並進一步發展。對此，梁濤亦曾說明：「而從孟子突出內在的『誠明』卻很少談及外在的『中庸』，荀子改造『誠明』以便統一於『中庸』來看，《中庸》與《誠明》原來是單獨存在而非完整的一篇。」〔註37〕梁濤認爲，《中庸》全文分爲內在之學，以及外在的中庸之道兩部份，而孟子所承繼與發展的部份，乃是《中庸》之中，偏向內在的學問，以下，將探討孟子如何說明，並發展中和思想的內在之學。

　　孟子的思想，乃是承繼儒家的內聖之學，並依此方向作進一步之發展，而孟子所發展之論題，除了涉及個人之道德，亦涉及社會政治，以及天人關係等等。董根洪在探討孟子之中和哲學時，亦曾說明：「孟子的主要貢獻便是在繼承『仁』的血緣親情的自然基礎上，對仁在內在根據和外在政治上予以延伸，提出了著名的『四端說』和『仁政』說，建立了仁學的人性論和政治論。」〔註38〕董根洪認爲，孟子繼承儒家有關「仁」之思想，進而延伸至人性論以及政治等思想，因此，探究孟子對《中庸》中和思想的發展，得以從

〔註37〕梁濤，《郭店竹簡與思孟學派》，北京：中國人民大學出版社，2008年，頁286。
〔註38〕董根洪，《儒家中和哲學通論》，濟南：齊魯書社，2001年，頁122。

內在心性的角度，並延伸至天人關係等問題。

《中庸》探究中和思想之時，論及內在情感與本性，《中庸》有云：

喜怒哀樂之未發謂之中，發而皆中節謂之和。

《中庸》論及中和思想之時，已論及內在的情感，及其發動時是否合適等問題，而《中庸》開頭即有云：

天命之謂性，率性之謂道，修道之謂教。

從此言論亦可知，《中庸》已論及人內在之本性，因此，在《中庸》之中和思想，已探討人性之問題，而孟子亦承繼此等問題，進行諸多的解釋，以為理論性發展，例如孟子已論及人之本心，並申論有關人心之內容。在《孟子·告子上》中，孟子有云：

鄉為身死而不受，今為所識窮乏者得我而為之；是亦不可以已乎？

此之謂失其本心。

由此言論可知，孟子闡述人之本心，孟子認為，有些事情，不能只因為得到自身認識之人的感激，便去實行，而要注重本心的反省，否則便是喪失本心，在此，孟子論及人本來之良心。而孟子不僅論及人之本心，對心之內容亦有所闡釋，在《孟子·告子上》中，孟子亦有云：

惻隱之心，仁也；羞惡之心，義也；恭敬之心，禮也；是非之心，

智也。仁義禮智，非由外鑠我也，我固有之也，弗思耳矣。

由此言論可知，孟子自仁義禮智等各種角度，說明關於心之內容，孟子認為，人之心包括同情他人之心、羞恥之心、尊敬別人之心，以及判斷是非之心，由此可知，孟子承繼有關內在心性的思想，並有更為詳細的說明，此外，孟子亦明確指出，人之本性為善，在《孟子·告子上》之中，孟子亦對告子說到：

人性之善也，猶水之就下也。人無有不善，水無有不下。

由孟子所言可知，孟子已明確指出人性為善，孟子不但說明人之心性，有同情與敬愛他人等仁義禮智，更明確表示人之本性為善，正如水之性乃是往低處流，孟子對人性與水性之說法是否正確，乃是討論多時之問題，但從孟子的言論可知，孟子繼承有關心性之思想，並作更進一步之發展，尤其他對人性有明確的主張，亦即性善，此是《中庸》所未明言之處，孟子有關中和思想的繼承，亦可從此角度談論。而孟子心、性、情等關係，依本文的看法，可詮釋為自不同角度，說明價值根源這一件事，徐復觀曾提出：「從心上推一步即是性；從心下落一步即是情；性中涵有向外實現的衝動、能力，即是『才』，

性、心、情、才，都是環繞著心的不同層次。……張橫渠謂『心統性情』(橫
渠語錄)；此就孟子而言，應當是『心統性、情、才』。」〔註39〕依徐復觀的
看法，孟子論惻隱之心等情感，是心之向下落實而言，心向上推之價值善根，
則是性，此等為同一個東西，而以不同角度看待，此是對孟子的詮釋，孟子
則未直言心性情為同一事物，直到後來宋代學者，如朱子才明說「心統性情」，
但孟子論心之四端，並明言性善，顯示孟子對心性之說，比《中庸》論中和
思想更豐富，亦可見孟子對內在心性之發展。

　　在孟子思想之中，有關中和思想的發展，亦可從他對大丈夫的描述，作
進一步的探討。孟子思想中，對中和思想的繼承，可從他對本性為善之說法
來作了解，而本性乃是善端，順從善端，而不斷的擴充，則可培養為一堅守
中道的大丈夫。在《孟子·公孫丑上》中，孟子有云：

　　　凡有四端於我者，知皆擴而充之矣，若火之始然，泉之始達。苟能
　　　充之，足以保四海；苟不充之，不足以事父母。

孟子認為，人的同情心、羞惡之心、辭讓之心與是非之心，為仁義禮智四種
善端，並認為擴充此四種善端，便能保有天下，而孟子認為，擴充善端，則
是順著正道與正氣，在《孟子·公孫丑上》中，孟子亦有云：

　　　其為氣也至大至剛，以直養而無害，則塞于天地之間。其為氣也配
　　　義與道，無是餒也。是集義所生者，非義襲而取之也。

由此言論可知，孟子以為氣乃是與正義之正道相配，順此正義之氣培養，即可
不斷擴充正道，進而使仁義等正道充塞天地，而培養正道之人，能堅持無所偏
倚之中道，而有無所畏懼之大勇，在《孟子·滕文公下》中，孟子亦有云：

　　　居天下之廣居，立天下之正位，行天下之大道；得志與民由之，不
　　　得志，獨行其道；富貴不能淫，貧賤不能移，威武不能屈——此之
　　　謂大丈夫。

孟子在此論及堅持中正之道的大丈夫，大丈夫行天下之正道，依循正道，即
使不受人支持，亦不會動搖其堅定中正大道的心志，亦不屈從於財富與武力，
對此，董根洪亦曾說明：「這種『大丈夫』人格比孔子『溫良恭儉讓』式的君
子人格更具有『和而不同』的個性。」〔註40〕董根洪認為，孟子贊賞之大丈
夫，是進取者，此種人更近於中道，可以看出，孟子贊賞之人格，乃是堅守

〔註39〕徐復觀，《中國人性論史先秦篇》，台北市：台灣商務，1969年，頁174。
〔註40〕董根洪，《儒家中和哲學通論》，濟南：齊魯書社，2001年，頁129。

正道，而不趨炎附勢，《中庸》亦有云：

> 故君子和而不流，強哉矯！中立而不倚，強哉矯！

《中庸》所認定之君子，乃是不趨炎附勢之強者，而孟子從心性為善，而培養之大丈夫，亦是堅定中道而不妥協，足見孟子對中和思想的發展，可從大丈夫之人格加以探究，而此大丈夫之人格，亦可從孟子之性善說加以探討，孟子對中和思想之發展，實可從其心性論出發，以進行探究。

而孟子思想中，對於中和思想之繼承，亦可從其關乎天人合一之說法，以作了解。依本文的看法，孟子天人合一之「仁」，與已發之「致中和」之天人合一呼應。孟子的仁道，是將仁之善端擴充，以至天地萬物，此即天人合一，而《中庸》論「致中和」，乃是從未發至已發，終使天地萬物得以養育，此亦是天人合一，孟子從善端之仁論天人合一，不同於《中庸》以「致中和」言天人合一，但亦秉持天人合一的立場。在《孟子·盡心上》中，孟子曾有曰：

> 萬物皆備於我矣，反身而誠，樂莫大焉。強恕而行，求仁莫近焉。

從此言論可知，孟子認為萬事萬物，皆具備在我身上，倘若自身能真實無妄，即是莫大的快樂，此亦可見孟子思想中，具有天地萬物為一體的理念。而孟子如何說明與萬物為一的理念？此可從孟子所論之仁道了解，亦即將正道外推，對此，徐復觀曾說明：「孟子由心的仁義禮智之端以言性善，由四端的擴充以言盡心、知性、知天；但作為能擴充的力量的，還是仁……此時天下皆歸到自己仁德之中，亦即是自己與人類同其憂樂。」〔註41〕依據徐復觀所言，天地萬物皆備於我，乃是指由同情心等善端的擴充，以至與天下萬物同其憂樂，先前亦曾提到，孟子論及推展相配於正道與正義之氣，而充塞天地萬物，孟子藉以說明其與萬物為一的思想，而在《孟子·盡心上》中，孟子亦有云：

> 盡其心者，知其性也。知其性，則知天矣。存其心，養其性，所以
> 事天也。

由此言論可知，孟子不但有與萬物為一的思想，更有與天為一的思想，亦即天人合一，孟子認為，倘若能了解心性，擴充心之善端，不但與萬物為一，並能至天人合一，而《中庸》亦有云：

> 和也者，天下之達道也。致中和，天地位焉，萬物育焉。

《中庸》論中和思想之時，認為「致中和」亦使天下萬物皆得到養育，此乃天人合一，孟子推展正道以至天下的萬物皆備於我，亦是天人合一的態度，

〔註41〕徐復觀，《中國人性論史先秦篇》，台北市：台灣商務，1969年，頁182～183。

孟子對中和思想的繼承，實可從其關於天人合一的思想了解。從心之善端，以至於堅守中道的大丈夫，乃至天人合一，孟子對中和思想的繼承與發展，可從此等角度理解。

二、荀子倫常性之中和思想

　　《中庸》的中和思想，含有普及人事與天地萬物的價值理想，而荀子對中和思想此等價值理想的繼承，則是從人事倫常方面。荀子對中和思想之發展，實可從外在倫常之教進行了解。先前提及，《中庸》的中和思想，一方面包含外在的倫常之教，另一方面，又包含內在心性之學，而孟子對中和思想之繼承與發展，可從內在心性之學加以理解，不同於孟子，荀子對中和思想之發展，則可從外在倫常之教進行理解，梁濤亦說明：「『自明誠』是實現『自誠明』的手段，其最終目的還是要發明內在的誠；而荀子則根本否定了『自誠明』，他並非要發明什麼內在的『誠』，而是要做到『禮儀之中』。」〔註42〕梁濤認為，《中庸》的思想欲闡發內在之誠，而荀子則更重視外在之禮儀。荀子是否全然否定內在，是一項問題，但可以發現，荀子對中和思想的發展，相當重視外在倫常之教的探討，以下則由此倫常之教加以說明。

　　荀子對中和思想的發展，可從外在禮儀及倫常之教的角度探討，依本文的看法，荀子此種角度，乃是繼承孔子外王之學，以及《中庸》倫常之教，作進一步之發展，馮達文、郭齊勇等提到：「如戰國中葉的孟子和宋明諸儒，他們致力於深化孔子的『內聖』之學，而戰國末葉的荀子和漢代董仲舒諸儒，則致力於推開孔子的『外王』之學。」〔註43〕由馮達文等人的話可知，荀子對孔子學問開展的部份，乃是外王之學，即是外在禮儀規範之部份，此是外在倫常，以及社會規範之學問。而荀子對中和思想的發展，荀子在〈王制〉有曰：

> 故公平者，職之衡也。中和者，聽之繩也。其有法者以法行，無法
> 者以類舉，聽之盡也。

荀子認為，君子行事，乃以中和之道，若有禮法則依禮法行事，若無禮法則以禮法相類者行事，有關「中和」，楊倞解釋為「寬猛得中也」，〔註44〕可見

〔註42〕梁濤，《郭店竹簡與思孟學派》，北京：中國人民大學出版社，2008年，頁285。
〔註43〕馮達文、郭齊勇等，《新編中國哲學史》，台北市：洪葉文化，2005年，頁45。
〔註44〕〔唐〕楊倞注，《荀子集解・考證》，台北市：世界書局，2000年，頁132。

荀子認為君子行中和之道，表示要寬弘與威猛能運用適中，並重視禮法等社
會規範，可見荀子對中和思想的發展，在於外在規範與人倫處事的層面，董
根洪亦說明：「荀子中是禮義的觀點直承孔子『禮所以制中』的思想，但在孔
子那裡，禮是達到『中』的途徑手段，而在荀子這裡，已直接把禮和中相等
同，這就加強了禮的合理性力量。」〔註45〕董根洪認為，荀子不但繼承孔子
禮儀之學問，以發展中和思想，更將中和思想之「中」與禮等同，由此看來，
荀子相當重視外在的禮儀規範，並以此角度發展中和思想，荀子在〈非十二
子〉中亦有云：

　　故勞力而不當民務，謂之姦事；勞知而不律先王，謂之姦心；辯說譬
　　諭，齊給便利，而不順禮義，謂之姦說。此三姦者，聖王之所禁也。

荀子認為，倘若言辭不符合禮義，即使言說靈敏，仍是姦邪的言說，可見荀
子極度重視禮義的優先性，荀子在〈儒效〉中亦有曰：

　　先王之道，仁之隆也，比中而行之。曷謂中？曰：禮義是也。道者，
　　非天之道，非地之道，人之所以道也，君子之所道也。

荀子認為所謂中道，即是禮義，此種道理亦為人事之道，而非天道，足見荀
子對中和思想的發展，著實側重關乎人事之倫常之教，以及社會禮義規範。

　　荀子對中和思想的發展，亦可從人事劃分的角度加以探討。荀子側重由
外在人倫之教的角度，進行學問之探究，而荀子探究人倫之教時，則重視社
會之禮儀規範，根據禮儀規範做人事之劃分，藉由劃分以達和諧。荀子在〈禮
論〉中亦有云：

　　求而無度量分界，則不能不爭；爭則亂，亂則窮。先王惡其亂也，
　　故制禮義以分之，以養人之欲，給人之求。使欲必不窮於物，物必
　　不屈於欲。

荀子意識到人生而有欲，因而有爭奪的行為，並產生社會紛亂，而先王則制
定社會禮義進行劃分，而荀子在〈王制〉中亦有云：

　　故義以分則和，和則一，一則多力，多力則彊，彊則勝物；故宮室
　　可得而居也。

由此言論可知，荀子認為藉由義的劃分，即可達到和諧，並能齊集多人之力
而得以強大，而荀子論「義」，與禮相同，亦為社會倫常之教，荀子在〈議兵〉
亦有云：

〔註45〕董根洪，《儒家中和哲學通論》，濟南：齊魯書社，2001年，頁134。

　　仁，愛也，故親；義，理也，故行；禮，節也，故成。

荀子以為「義」是循著理，對此，張立文曾說明：「仁義觀念在其發生形成過程中，不斷與禮的宗法制親親原則相結合，因此，仁愛便愛自己親人，義便直接訓為理，理即禮，而與孔孟訓義為事之宜有異。」〔註46〕依據張立文所言，義與禮同，是為社會禮儀規範，此種藉由禮儀規範的劃分，以達和諧之說法，徐儒宗亦說明：「士大夫、百吏、商賈、百工、農夫都能各守其分，各盡其職，則是分別都達到了『中』；由此而導致國家的『政令行』，社會的『風俗美』，則是達到了總體上的『和』。」〔註47〕依據徐儒宗的說法，雖然社會根據禮儀進行劃分，但各司其職下，整體來說仍是和諧，因而得以強大以及安定，由是觀之，荀子對中和思想的發展，乃是從人事劃分的角度做發展，而劃分乃是根據禮義規範，可見荀子對中和思想的發展，實可從外在人事及倫常之教探討。

　　而荀子對中和思想之繼承與發展，亦可從其天人相分，以至天人相參的角度探討。荀子重視外在禮義規範之學習，若欲求和諧，亦須根據禮義規範，做人事劃分，以達總體之和諧，而荀子談論劃分，亦不僅是人事之劃分，更論及天人之劃分，荀子在〈天論〉中有曰：

　　　　天行有常，不為堯存，不為桀亡。

　　　　又說：倍道而妄行，則天不能使之吉。故水旱未至而饑，寒暑未薄
　　　　而疾，祅怪未至而凶。受時與治世同，而殃禍與治世異，不可以怨
　　　　天，其道然也。故明於天人之分，則可謂至人矣。

荀子認為，天有天運行之道，人有人事之道，不可混淆，人之處境是吉是凶，是在人事而不在天，身處亂世亦不可怨天，由此可見荀子著重人與天之間的區分，而荀子不僅看出人與天之間的區分，亦有天人相參的說法，荀子在〈天論〉亦有云：

　　　　天有其時，地有其財，人有其治，夫是之謂能參。

荀子說明天人之分，亦有參天地之說法，徐復觀亦解釋：「天人分工而各不相干，這就是他所說的『參天地』。所以他的不求知天，有兩方面的意義。一是只利用天所生的萬物，而不必去追求天係如何而生萬物。另一是天的功用，與人無關。」〔註48〕依據徐復觀所述，荀子參天地的說法，乃是利用天地萬

〔註46〕張立文，《中國哲學範疇發展史・人道篇》，台北市：五南，1996年，頁313。
〔註47〕徐儒宗，《中庸論》，杭州：浙江古籍出版社，2003年，頁191。
〔註48〕徐復觀，《中國人性論史先秦篇》，台北市：台灣商務，1969年，頁227。

物的資源，天與人之間有所區別，而人則可以在運作人事時，利用天地間的資源，董根洪亦有說明：「天以其有序的天時變化生成萬物，地以其豐富的資財供應萬物，而人卻以其智巧『辨』『治』萬物。這樣，天地人就形成了中和化的有序互補整體結構，這正是一種新的天人合一境界。」〔註49〕依據董根洪所言，人類運用、治理萬物，以至整體上和諧互補的關係，此是對中和思想另一種發展，因此，荀子對中和思想的繼承與發展，可從天人相分，以至運用與參天地的角度探討。荀子看重外在人事，強調社會禮義規範的劃分，進而論及天人相分並運用自然資源，可見荀子對中和思想的繼承與發展，乃是著重外在人倫及禮義的探討，此與《中庸》所蘊含之天人合一的中和思想，有所不同，亦不同於孟子，自內在心性的角度，以發展中和思想的價值理想。

三、二程以天理論中和思想

《中庸》的中和思想，富有普及人事與天地的價值理想，荀子之後的兩漢、魏晉與隋唐，其思想雖有高度理想，但多受讖緯、玄學、佛教等影響，到宋明時期，又有許多儒家學者，直接對《中庸》中和思想的價值理想，進行探究，其中北宋之程明道與程伊川兩兄弟，即對中和思想有所探究，而就本文的看法，二程兄弟乃是繼承中和思想中，關於內在心性之學作發展，並有比以往更具普遍性之理論。

程氏兄弟對中和思想的普遍性發展，可從其天理觀與心性觀加以理解。《中庸》云：

> 喜怒哀樂之未發謂之中，發而皆中節謂之和。中也者，天下之大本也，和也者，天下之達道也。

此涉及內在性情，以及天地之根本與通達之道，而二程兄弟，即曾對此內在心性，及宇宙間根本大道進行探究，而有其心性論與理氣論之發展，以下將從此部份，說明二程對中和思想的發展，乃是比以往更為普遍性之發展。

《中庸》論及中和思想，曾提及天下之大本，而二程不但論及天下之大本，更論及宇宙最根本之天理，陳來曾提到：「二程哲學中的『天理』既指自然的普遍法則，又指人類社會的當然原則，天理的這種意義本身就表現了天人合一。」〔註50〕根據陳來所述，天理乃是二程哲學中，最為普遍之根本法

〔註49〕董根洪，《儒家中和哲學通論》，濟南：齊魯書社，2001年，頁139。
〔註50〕陳來，《宋明理學》，上海：華東師範大學出版社，2003年，63頁。

則，此包含自然原則與社會原則，由此可知，二程以天理爲核心，對天下之大本進行探究。《中庸》論述中和思想之時，以中爲天下之大本，而二程不但論天下之根本法則，更以普遍意義之天理，以說明天下根本的內涵，《遺書》卷二上之中，記載二程所言：

> 天理云者，這一箇道理，更有甚窮已？不爲堯存，不爲桀亡。人得之者，故大行不加，窮居不損。

二程認爲，天理並不因爲具體之人事物，而有所窮盡，對此，馮達文、郭齊勇等說明：「天理是自足完滿的『一』，『一』謂理本身無所謂『存亡增減』，事間萬有的往來、聚散、終始等，既是氣化流行，也是此理展現的具體形式。」〔註51〕由此看來，二程所論述之天理，並不因具體事物而毀滅，具有超越具體天地事物之普遍意義，天理是普遍性的根本原理，雖然由具體的氣化流行展現，但不因具體事物之氣化而有終始，由是觀之，二程對中和思想的發展，已涉及更高度普遍性之思維。

二程對《中庸》中和思想之發展，除了論及更高度普遍之天理觀，亦可從其人性論加以了解。而依本文的看法，二程心性化之中和思想，乃是朝向高度理想之聖人發展。《中庸》論及中和思想之時，已對已發與未發之性情作論述，而二程亦多次探討內在人性之問題，如程伊川即曾就已發未發，探究心性問題，《遺書》卷十八曾記載伊川所言：

> 既有知覺，即是動，怎生言靜？人說復見天地之心，皆以謂至靜能見天地之心，非也。復之卦下面一畫，便是動也，安得謂靜？自古儒者，皆言「靜見天地之心」，惟某言動而見天地之心。

伊川認爲，人心思慮知覺，既然已有知覺即是動，而非靜，此即是以心爲已發，對此，董根洪亦說明：「這就是『心爲已發，性是未發』的觀點。這一把知覺之心視爲已發之動的觀點把『已發』的外延過於擴展了，以後程頤予以改正。但這裡卻體現了程頤動上求未發之中、見天地之心的觀點，而反對主靜體悟的觀點。」〔註52〕依據董根洪所述，伊川乃是以性爲未發，思慮之心則是動，即爲已發，在此可見程伊川已對《中庸》之未發之中及已發之和，以心性論作探究。

二程不僅對《中庸》之未發之中及已發之和，以心性論加以發展，更進一

〔註51〕馮達文、郭齊勇等，《新編中國哲學史》，台北市：洪葉文化，2005年，頁55。
〔註52〕董根洪，《儒家中和哲學通論》，濟南：齊魯書社，2001年，頁318。

步探究如何求本性之善,以學做聖賢。二程認爲本性乃是天理,乃是善,達本
性之善以存天理,此則爲聖賢,在《遺書》卷十八中,曾記載程伊川所言:

> 性無不善,而有不善者才也。性即是理,理則自堯、舜與途人,一
> 也。才稟於氣,氣有清濁。稟其清者爲賢,稟其濁者爲愚。

由此言論可知,程伊川認爲人人本性爲天理,乃是善,而堯、舜等聖人,乃
因稟持清氣,愚者則因稟氣爲濁,而不爲聖賢,相對於此,《遺書》卷一卻記
載程明道所言:

> 性即氣,氣即性,生之謂也。

> 又說:水之清,則性善之謂也。故不是善與惡在性中爲兩物相對,
> 各自出來。此理,天命也。順而循之,則道也。循此而修之,各得
> 其分,則教也。

程明道認爲,天理乃是天命之性,而形而下之氣亦不可不謂性,對此,馮達
文等說明:「性中涵氣,氣中涵性。正是這種性與氣的互即關係,使人的生命
理想與具體生命活動可以統一起來。」〔註 53〕根據馮達文等所言,程明道此
種理、氣與性之統一,乃是生命理想與具體活動之統一,此與程伊川不同,
但可見二程皆肯定性善,並以天理爲學做聖賢之根據。對於學習致中和之聖
賢,二程亦有其修養工夫,程伊川的工夫,在於涵養未發與格物致知,陳來
曾提到:「同樣由於中是未發,人只應在未發時涵養,這樣就能保有未發之中,
並保證已發之和。」〔註 54〕由此可知,程伊川認爲,對於未發之中的修養工
夫,所需的乃是涵養,而涵養未發之中則是以敬,《遺書》卷二上記載:

> 敬而無失,便是「喜怒哀樂未發之謂中」也。敬不可謂之中,但敬
> 而無失,即所以中也。

對程伊川而言,涵養未發之中則必須稟持敬畏,此種敬畏則須注意力的集中,
《遺書》卷十五記載程伊川所言:

> 有人旁邊作事,己不見,而只聞人說善言者,爲敬其心也,故視而
> 不見,聽而不聞,主於一也。

程伊川以爲敬畏之心,得以只聽見善言,所以如此在於主一,亦即集中注意
力。除了主一而敬以涵養未發,程伊川亦論及格物致知,以達已發之和,《遺
書》卷十五記載程伊川所述:

〔註 53〕馮達文、郭齊勇等,《新編中國哲學史》,台北市:洪葉文化,2005 年,頁 58。
〔註 54〕陳來,《宋明理學》,上海:華東師範大學出版社,2003 年,頁 87。

> 若致中和，則是達天理，便見得天尊地卑、萬物化育之道，只是致
> 知也。

若欲達已發之和，乃至於致中和以明天理，則在於致知，致知則在於格物窮理，對此，董根洪亦說明：「而就『致中和』言，就是要『見得』探索天地萬物的大本性、達道性，這種大本達道既是天尊地卑，是君君臣臣的人倫之道，也指客觀的所以然的『萬物化育之道』。」〔註55〕依據董根洪所言，程伊川論致中和，即指認識客觀的道理，此乃格物窮理，相較程伊川此種刻意專注及認識工夫，程明道較趨向自然，程明道在〈識仁〉一文中提到：

> 識得此理，以誠敬存之而已，不須防檢，不須窮索。

程明道以爲欲達天理，不必刻意防範或追求，陳來亦說明：「一方面，他強調『誠』的積極涵養，認爲以誠敬存養，不必處處防檢。另一方面，主張在用敬的時候，注意『勿忘勿助』，不要過份著力把持。」〔註56〕足見程明道論修養較趨自然，而不過於刻意，二程修養方法不全然相同，但皆已論及修養工夫，以學作聖賢，以達天理而致中和，可見二程對中和思想的發展，朝向高度普遍意義之天理及理想的聖賢，進行探討。

四、朱子心統性情之中和思想

《中庸》中和思想的價值理想，至南宋朱子，則有比程伊川更完整之解釋，而有高度普遍性與理想性。朱子探究中和思想之時，大抵上是繼承程伊川的學問，亦即有明顯心性化之中和思想，但朱子亦綜合諸多學派中，對中和思想的討論，使其對中和思想的解釋，比程伊川更爲完整，而其心性化之中和思想，亦突顯高度普遍性，以及追求聖賢之高度理想性，以下將從朱子心性化之中和思想，探討其對中和思想的發展。

朱子心性化之中和思想，實可由「心統性情」以作理解，此顯示朱子之高度思維與綜合性。朱子繼承程伊川心性化之中和思想，肯定性即理，因而朱子亦有高度普遍思維，但又有多方的綜合，而比程伊川有更爲完整之理論，而有心統性情之思想。朱子曾有曰：

> 程子「性即理也」，此說最好。（《語類》卷四）

可見朱子肯定程伊川論性即是理，而朱子在其《四書章句集注》中有曰：

〔註55〕董根洪，《儒家中和哲學通論》，濟南：齊魯書社，2001年，頁326。
〔註56〕陳來，《宋明理學》，上海：華東師範大學出版社，2003年，頁67。

> 大本者，天命之性，天下之理皆由此出，道之體也。達道者，循性
> 之謂，天下古今之所共由，道之用也。

朱子以為，天理由天下之大本而出，即中和之中，此大本亦為天命之性，因而朱子肯定天命之本性乃是天理，此理乃是具體事物之根源，朱子有云：

> 太極只是天地萬物之理。在天地言，則天地中有太極；在萬物言則
> 萬物中各有太極。未有天地之先，畢竟是先有此理。（《語類》卷一）

朱子以為具體之天地萬物，有超越之普遍根源，即是太極，即是理，朱子亦假設在天地形成之前，即已有此天理，此可見朱子對天理之普遍性思維，而天命之本性亦是天理，可見朱子繼承程伊川的思想，並有普遍意義之天理與性命的思維。

朱子肯定本性即天理，然而，他卻以「心統性情」，說明其心性化的中和思想，此等理論較程伊川的理論更為完備。朱子亦有云：

> 性是未動，情是已動，心包得已動未動。蓋心之未動則為性，已動
> 則為情，所謂「心統性情」也。（《語類》卷五）

朱子以性為心之未動，以情為心之已動，朱子對心性情的理解，實為心統性情，此亦是朱子對中和思想之理解，朱子曾說：

> 似皆以思慮未萌、事物未至之時，為喜怒哀樂之未發。當此之時，
> 即是此心寂然不動之體，而天命之性當體具焉。以其無過不及，不
> 偏不倚，故謂之中。（《文集》卷六四）

> 又說：及其感而遂通天下故，則為喜怒哀樂之性發焉，此心之用可
> 見。以其無不中節，無所乖戾，故謂之和。此人心之正，而情性之
> 德然也。（同上）

朱子以心不動之性為未發之中，並以心所動之情為已發之和，由此可知，朱子實以心統性情說明其中和思想，此等理論不同於程伊川，心為已發等論述，程伊川以心為已發，但難以說明如何求未發之中，而朱子以「心統性情」，表示心更兼未發已發，董根洪亦對此說明：「只知『靜中涵養』，不僅『無得於動』，而且對未發之中之性也『有礙』；只知動上體察，不僅『無得於靜』，而且對已發之和之情也『有礙』。」〔註57〕朱子不同於程伊川的已發之心為工夫，而兼論心性情，亦兼論未發已發之工夫，可見其心性化之中和思想，比以往

〔註57〕董根洪，《儒家中和哲學通論》，濟南：齊魯書社，2001年，頁354。

更爲豐富而完整。

　　朱子以心統性情，探討其心性化之中和思想，並以此爲依據，說明其學作聖賢之修養工夫，而朱子此等探究，亦顯示其理想性。朱子綜合以往學者所論，以涵養未發與省察已發爲其修養工夫，朱子曾說：

> 聞之程夫子言曰：「涵養須是敬，進學在致知。」此二言者，實學者
> 立身進步之要，而二者之功蓋未嘗不交相發也。（《文集》卷五六）

由此看來，朱子繼成程伊川之修養工夫，主張涵養未發及省察已發，而由於心統性情，兼已發未發，因而已發未發之修養工夫，並非完全分別，而是得以相互發生。朱子主張以莊敬之心涵養，以確保已發之情能有節度，朱子說：

> 但平日莊敬涵養之功至，而無人欲之私以亂之，則其未發也鏡明水
> 止，而其發也無不中節矣。（《文集》卷六四）

由此可知，朱子乃是以莊敬之心，以涵養未發之中，而致使發動至客觀之已發，皆能符合節度，而朱子又重客觀事物，強調格物窮理，馮達文等曾說到：「敬在明心的基礎上有格物窮理的要求。心能思想且無時不在念慮中生息，朱子對斷念息慮而入寂的『枯木禪』、『默坐禪』等都作出批評，認爲心之最高存在即在『道心』之光明中。」〔註58〕根據馮達文等所述，朱子除了重視莊敬之心，又重視格物窮理，窮理乃是對格客觀事物之理，以明人本性之天理，朱子曾說：

> 凡眼前底，都是事物。只管恁地逐項窮究到極至處，漸漸多，自貫
> 通。（《語類》卷九）

朱子所謂窮理，實爲眼前客觀事物之理，累積至多，即能豁然貫通而明天理，朱子亦曾說：

> 人之一心，天理存，則人欲亡。人欲勝，則天理滅。未有天理人欲
> 夾雜者。（《語類》卷一三）

可見朱子未發之中與已發之和的修養工夫，即是爲求明天理而去人欲，重視抽象之理與抽象根源及發明本性，亦即天理，以防具體人欲之私，此乃是具備仁德之聖賢，朱子亦有曰：

> 此孔門之教所以必使學者汲汲於求仁也。其言有曰：「克己復禮爲
> 仁。」言能克己去私，復乎天理，則此心之體無不在，而此心之用
> 無所不行也。（《文集》卷六七）

〔註58〕馮達文、郭齊勇等，《新編中國哲學史》，台北市：洪葉文化，2005年，頁85。

朱子以為明乎天理，則心之體，亦即天理在天地萬物之間無所不在，其仁愛之情亦通行於天地萬物，通乎天地萬物，顯示朱子之理想。朱子論其心性化中和思想時，具有心統性情之完整而豐富之解釋，並以此說明修養工夫，以求明天理之仁者與聖賢，表現出朱子高度之普遍性與理想性。

五、王陽明道德本心之中和思想

明代中葉之王陽明，依然對《中庸》中和思想的價值理想，有相關的討論，而依本文的看法，《中庸》之中和思想到王陽明，已逐漸趨向具體化。《中庸》論及中和思想之時，曾探討天下之大本，以及已發未發等性情問題，而宋代程朱，更以超越宇宙天地之天理，進行宇宙根本及本性之探究，而明代中葉的王陽明，探究中和思想之時，亦言及天理，但多已限定在人事以及道德本心，對於客觀宇宙之理，則少有探究，因而王陽明對中和思想之探究，相較於程朱之學，已逐漸趨向具體化，以下將探究王陽明關於道德本心之中和思想，以了解王陽明對《中庸》中和思想之發展。

王陽明對中和思想的發展，依然是從內在心性之角度，以進行探究。王陽明對內在心性中和思想之探討，即可從其「心即是理」，及本心之「良知」加以說明。王陽明與程朱同樣重視明乎天理，然王陽明以為「心即是理」，因而王陽明乃是自道德本心之角度，以發展中和思想，董根洪曾說到：「心即是理，而這種『心』或『理』本質上就是一種道德本心，是人的道德理性和道德情感。而這樣一種本體化的道德化的主體之『心』，王陽明特賦以一個新範疇『良知』以概之。」〔註 59〕根據董根洪所言，王陽明以為心即是理，以為心外無理，在《傳習錄》中，王陽明亦有曰：

> 交友治民，不成去友上民上去求簡信與仁的理？都只在此心！心即
> 理也。此心無私欲之蔽，即是天理，不須外面添一分。

可見王陽明論天理，並不同於程朱，重視對外在客觀世界本源的探討，而是以人之道德本心為天理，而此道德本心即是良知，在《傳習錄》中，王陽明亦曾說明：

> 吾心之良知，即所謂天理也；致吾心良知之天理於事事物物，則事
> 事物物皆得其理矣。

〔註 59〕董根洪，《儒家中和哲學通論》，濟南：齊魯書社，2001 年，頁 432。

由是觀之，王陽明論天理即在於我心之良知，良知即是人之道德本性，而王陽明亦是以吾心之良知，發展其道德本心之中和思想，在《傳習錄》中，王陽明曾說：

> 須是平日好色好利好名等項一應私心，掃除蕩滌，無復纖毫留滯。而此心全體廓然，純是天理。方可謂之喜怒哀樂未發之中。方是天下之大本。

> 又曰：良知即是未發之中，即是廓然大公，寂然不動之本體，人人之所同具者也；但不能不昏蔽於物欲，故須學以去其昏蔽，然於良知之本體，初不能有加損於毫末者也。

由此言論可知，王陽明以我心之良知為未發之中，未發之中乃是天理，馮達文等亦有曰：「在王陽明那裡，未發的只是沒有私意的良知，已發的是與具體物象接觸後而產生的意念。」〔註60〕依據馮達文等所述，王陽明視良知為未發，而與外界接觸之意念為已發，在《傳習錄》中，王陽明曾說：

> 喜怒哀樂，本體自是中和的，纔自家著些意思，便過不及，便是私。

> 又說：知得過與不及處就是中和。

王陽明認為，良知之本體乃是中和的，即是無過與不及，由是觀之，王陽明乃是以道德本心，亦即本體之良知，來說明其中和思想，因而王陽明對中和思想之發展，乃是限定在道德本心之探討，而不似程朱對外在客觀天理多作探討，從超越天地時空之天理，而直接以我心之道德本心與情感，以發展中和思想，王陽明對中和思想之發展，已漸往具體人事探討。

　　王陽明對中和思想的發展，逐漸往具體之道德人心，與道德情感進行探討，但王陽明對中和思想之發展，仍表現其對聖賢之渴望與理想。王陽明論「致中和」之修養工夫，以學做聖賢，他以為人須闡明未發之中，以致已發之和，更要人依此未發之中，推展至天地萬物，此即表現王陽明之理想性。王陽明主張人須求未發之中，亦即吾心之良知，並要「致良知」，亦即推我心之良知於事事物物，乃至天地萬物，在《傳習錄》中，王陽明曾有云：

> 只是有箇頭腦，只是就此心去人欲存天理上講求。

> 又曰：是去其心之不正，以全其本體之正；但意念所在，即要去其不正以全其正；即是無時無處不是存天理，即是窮理；天理即是明

〔註60〕馮達文、郭齊勇等，《新編中國哲學史》，台北市：洪葉文化，2005年，頁168。

德，窮理即是明明德。

可見王陽明欲人存我心未發之本體，去人欲之私，以爲仁德之聖賢，而存未發之中，王陽明又強調已發之和之磨練，董根洪曾對王陽明「致中和」說明：「但『未發之中』在王陽明那裡又是『無前後內外』，『無分於有事無事，無分於寂然感通的』，顯然，這樣的未發之中已把已發之和包涵在內了。也就是說其『致中』與『致和』已是融在一起了。」〔註61〕依據董根洪所述，王陽明實以「致中」與「致和」爲一體化之工夫，「致中和」爲一個工夫，因而在「已發之和」進行修養工夫，得以存養未發之中，徐儒宗亦依陽明之理論提到：「因而他提出了『和上用功』與『事上磨練』的修養方法。」〔註62〕根據徐儒宗所言，王陽明重視在已發之和上用功，重視道德實踐以作修養，以知未發之本體良知。王陽明更強調推擴本體以至天地萬物，致使天地間得以和諧，在《傳習錄》中，王陽明曾說：

明德是此心之德，即是仁。仁者以天地萬物爲一體，使有一物失所，便是吾仁有未盡處。

可見王陽明以爲，闡明仁德，窮盡天理之良知，是要推致我心之良知於天地萬物，而無所遺漏。王陽明之「致中和」，即是將道德良知與道德情感，推致於天地萬物，表現其高度的理想。王陽明對中和思想之發展，多在內在道德本心，表現其往具體方向之發展，而學作聖賢，以將仁德推向天地而無遺，可見王陽明中和思想之發展，仍持高度之理想性。

六、劉蕺山以氣論中和思想

明代末期之劉蕺山，亦對《中庸》之中和思想，進行發展與探索。而依本文的看法，劉蕺山對中和思想之發展，亦逐漸具體化，並仍具有高度的價值理想。劉蕺山探究中和思想之時，已論及氣，此乃是具體事物，因而劉蕺山論中和思想時，已漸朝向具體化發展，以往程朱學談論中和思想之時，多論及天理，其所謂天理，乃是超越天地之根源，劉蕺山則以理爲氣之條理，因而劉蕺山中和思想之發展，已趨向具體，而明代中葉王陽明論中和思想，以心即是理，亦趨向具體，但多限於道德本心與道德情感之探討，而劉蕺山論中和思想，除了探究心，亦強調氣，因而劉蕺山對中和思想之發展，已漸

〔註61〕董根洪，《儒家中和哲學通論》，濟南：齊魯書社，2001年，頁439。
〔註62〕徐儒宗，《中庸論》，杭州：浙江古籍出版社，2003年，頁82。

向具體事物發展，而漸趨具體，以下將由氣論與道德本性，以了解劉蕺山對中和思想的發展。

　　劉蕺山對中和思想的發展，仍重內在心性之學的探討，然而，劉蕺山對心性之理解，是由具體之氣理解，其發展即是漸趨具體之發展。對此，董根洪曾說明：「劉宗周反對中與和作性與情的區分，認爲『決不得性與情對』。劉宗周的性情合一論、中和一性論是與其繼承羅欽順、王廷相氣論發展而來的一元氣論的宇宙觀內在相連的。」〔註 63〕根據董根洪所言，劉蕺山論中和思想與性情，是繼承明代中葉羅欽順、王廷相之氣學，以進行探究，劉蕺山亦於《學言》中有曰：

> 喜怒哀樂，雖錯綜其文，實以氣序而言。至殽爲七情，曰喜怒哀懼
> 愛惡欲，是性情之變，離乎天而出乎人者，故紛然錯出而不齊。

劉蕺山以爲，喜怒哀樂之情，是氣有序之運作，錯雜運作則爲七情，因而劉蕺山是藉由氣，以說明性情，並說明喜怒哀樂未發之中，以及發而中節之和。而劉蕺山並不似朱子，以不動之性爲未發之中，以心動之情爲已發之和，而以爲未發已發皆喜怒哀樂之氣，對此，陳來曾提到：「由於劉宗周認爲人心始終是喜怒哀樂四氣交替循環的過程，因而主張心體、性體都無動靜之分。從這樣的觀點來看，已發只是表情和動作態度，未發則指喜怒哀樂本然的循環。」〔註 64〕根據陳來所言，劉蕺山以氣解釋人之心性情，皆氣之流行，已發未發亦是氣之流行而無間斷，劉蕺山在《學言》中有曰：

> 對誠通而言，則誠復爲靜。本一氣之所出而言，則通復皆屬動。

劉蕺山以爲所謂動靜，皆是一氣之運作，所謂本體動靜或未發已發，皆屬氣之運作，因而劉蕺山論中和乃是一氣之運作，而以中和爲一件事，因此，劉蕺山對中和思想之發展，可從其探討具體之氣加以理解。

　　劉蕺山對中和思想之發展，仍表現其理想性。劉蕺山要人學做聖賢，他在論中和思想時，強調「愼獨」以求公而無私之仁德，以贊助天地養育萬物。劉蕺山在《學言》有云：

> 隱微者，未發之中；顯見者，已發之和。莫見乎隱，莫顯乎微，故
> 中爲天下之大本。愼獨之功，全用之以立大本，而天下之達道行焉，
> 此亦理之亦明者也。

〔註63〕董根洪，《儒家中和哲學通論》，濟南：齊魯書社，2001 年，頁 454。
〔註64〕陳來，《宋明理學》，上海：華東師範大學出版社，2003 年，頁 301。

劉蕺山以為，立天下之大本，使天下之達道通行，在於慎獨之工夫。而慎獨是修養工夫，亦為心之本體，劉蕺山極重視工夫，沒有此工夫便無心之本體，劉蕺山在《學言》有云：

> 說工夫只是說箇「慎獨」，獨即是中體，識得慎獨，則發而皆中節，
> 天地萬物在其中矣。

獨乃是心之本體，需是慎獨之工夫，才可在發動中有所節度，張立文亦解釋：「心即慎獨，即本體即工夫。」〔註65〕由張立文之言論可知，慎獨是工夫，也是本體，亦即若無工夫則無以至心之本體。而心之本體，乃是至善之本，劉蕺山強調慎獨之工夫，以回復至善本體，以學做聖賢，陳來曾提到：「這個『獨』就知善知惡而言表現為陽明說的良知；就好善惡惡而言，就是他所強調的作為心之主宰的意。」〔註66〕而馮達文等亦有言：「劉宗周認為，『意』是一切道德價值的根源，是人心本有的一種所好必善、所惡必惡的確定不移的傾向。」〔註67〕楊祖漢亦曾說明：「而誠意即是慎獨，此獨是指好善惡惡之意及知善知惡之知（意知是一）。而中庸所說的慎獨，蕺山認為是從天命之性說的，所謂不睹不聞，莫見乎隱莫顯乎微，都是形容天命之性的。」〔註68〕由此看來，劉蕺山所論之獨體，即是其所謂誠意之意，乃是至善之價值根源，而至善的根源即在慎獨的工夫中，劉蕺山在《學言》中有曰：

> 「鬼神之為德，其盛矣乎」，指獨體也，天命之性也。

劉蕺山論獨體之本體根源，即是聖賢之仁德，在工夫中，才可學作所喜好者必為善之聖賢，求至善之仁德根源，表現劉蕺山之理想性。劉蕺山又有曰：

> 天地之大，本吾一體。盈天地間有一物失所，即我之失所。非徒安
> 全之而已，又必與天下同歸於善，然後有以盡其性。

劉蕺山講盡仁德本性之聖賢，乃是使天下同歸於善，才可為盡仁德之性，此更表現劉蕺山之高度理想。而劉蕺山雖有高度之理想，但他仍以氣說明仁德之性，他對中和思想之發展，仍趨向具體，董根洪亦說明：「但作為本體之『獨』，已不再只是自然之元氣，而是一種宇宙本體之氣，是『一氣流行』，在人身上就是喜怒哀樂四氣之德：『喜怒哀樂之未發謂之中，此獨體也。』」〔註69〕由董根洪

〔註65〕張立文，《中國哲學範疇發展史・人道篇》，台北市：五南，1996年，頁437。
〔註66〕陳來，《宋明理學》，上海：華東師範大學出版社，2003年，頁296。
〔註67〕馮達文、郭齊勇等，《新編中國哲學史》，台北市：洪葉文化，2005年，頁174。
〔註68〕楊祖漢，《中庸義理疏解》，台北市：鵝湖，1986年，頁114。
〔註69〕董根洪，《儒家中和哲學通論》，濟南：齊魯書社，2001年，頁461～462。

所述，劉蕺山論聖賢之仁德本體，乃是宇宙根本之氣，因而劉蕺山談論中和思想，雖仍具理想，但已非根據超越天地之天理，而是具體的氣，即是較具體之發展。

　　《中庸》的中和思想，富有普及人事與天地萬物的價值理想，其中包含形上本根之探討、人內在本性之探討，以及內在本性實踐與社會倫常之實踐，後世分別從不同角度，說明此種理想的價值理念，戰國末年之荀子，多由外在倫常之教，以發展中和思想的價值理想，而戰國中期之孟子，則繼承內在心性之學及天人合一的思想，發展中和思想的價值理想，經過深受讖緯、玄學、佛教影響等時代，至宋代又有許多儒者，直接探究《中庸》中和思想的價值理想，而宋明儒者，多半繼承孟子之傾向，從內在心性之學，發展中和思想的價值理想，而宋儒更向高度普遍的形上理論，以及理想性發展，如二程以高度普遍意義之天理，發展心性化之中和思想，而朱子亦根據高度普遍意義天理，發展心性化中和思想，並有更豐富之理論，至明儒雖仍具理想性，但漸朝向具體化發展，如明代中葉之王陽明，多由道德本心與道德情感作發展，而明末劉蕺山，則以氣說明中和思想，明儒發展中和思想，已漸具體化，但他們仍具高度之理想性，追求聖賢，並求將善推向天地萬物。

第三章　中和思想與《中庸》的理論結構

第一節　中和與《中庸》形上本根論

先前曾提及，《中庸》的中和思想，乃是自具體經驗，逐漸發展至高度普遍性思維，而又逐漸往具體面發展，雖有不同面向之發展，但多半蘊含理想的價值理念，在此則要問，在《中庸》文本的理論結構中，中和思想理想的價值理念究竟爲何？

一、從《中庸》概念結構論中和思想之理想

先前所述，多半從歷史脈絡，以探討中和思想之價值理想的發展，此乃是自縱向的歷史層面，以進行探討，在此，則要進一步自《中庸》文本之理論結構，以探究《中庸》的中和思想，所蘊含的價值理想爲何，亦即從橫向層面，以探討此問題。中和思想起初，乃是與具體生活經驗相關，其後，漸具備涉及人倫之理論性思維，直至近戰國時代，中和思想更有高度形而上的思維，其涉及之普遍程度，已超出具體經驗，而普及至天地間萬事萬物，並深入至事事物物之本性，此種高度普遍性，直到後來之孟子以及宋儒，亦持續發展，直至明代王陽明與劉蕺山等，又往較爲具體的道德情感，以及氣論等，說明《中庸》的中和思想，雖然在明代已朝向較爲具體的面向發展，然而，明代儒者仍保有中和思想的價值理想，而將仁德推展之天地萬物，此等探討，乃是從歷史的發展脈絡，以進行探討，而《中庸》的中和思想，在《中庸》文本的概念結構中，所蘊含之價值理想爲何？在此欲了解此基本問題，

因而需從《中庸》文本之種種概念，所組成之理論結構，以說明此問題。

而《中庸》文本的重要概念，所組成的理論結構爲何？筆者認爲，《中庸》文本概念，所組成的理論結構，可分爲形上本根論、人性價值論，及實踐方法論。《中庸》開頭即有云：

天命之謂性，率性之謂道，修道之謂教。

《中庸》一開頭，即說明其理論結構的輪廓，其中包含宇宙間價值根源的「天」，此即涉及形上本根論，而此段言論亦包含人內在之價值根源，亦即人之本「性」，此即涉及人性價值論，又此言論包含順應價值根源之實踐方法，亦即「修道」等概念，此便涉及實踐方法論。徐復觀亦曾提到儒家思想，其所問的問題：「第一個問題是，性與天命，究竟如何會連結在一起？第二個問題是，孔子的文章（實踐），和他的性與天道，又是如何而會連貫在一起？」〔註1〕又說：「《中庸》一開始便說『天命之謂性』，這是解答前述的第一個問題。『率性之謂道』，這即是解答前述的第二個問題。」〔註2〕根據徐復觀所述，《中庸》開頭所述，已論及天命、人性，以及實踐之教等問題，因而《中庸》開始，即論述關於形上本根論、人性價值論、實踐方法論等基本架構，而《中庸》的中和思想，所蘊含的價值理想爲何？關於此問題，將先從《中庸》文本內，「中和」概念的基本內容，以進行探討，並從《中庸》的形上本根論、人性價值論，及實踐方法論等探討，而《中庸》之形上本根論、人性價值論，及實踐方法論等基本結構，又意指爲何？此等問題，則要從《中庸》文本內之諸多概念，以進行探究，了解此等問題之後，再思索其與中和思想的關係，進而探討其中蘊含的價值理想。

二、《中庸》中和概念之兩種理解方向

關於《中庸》所涉及之「中和」，能如何理解？筆者認爲，《中庸》關於中和的概念，可自兩種面向加以理解，一是關於現實人倫關係的理解，另一方面，則可從形而上根源的層面加以理解。自現實人倫關係的層面上，《中庸》有關「中和」的概念，是在現實人際關係中，其行爲達到最恰當的狀態，此即「中」，而依據「中」之恰當狀態，以在人際關係行爲，才得以達到眞正的和諧，此即「和」；而關於形而上根源之層面，《中庸》「中和」之概念，涉及

〔註1〕 徐復觀，《中國人性論史先秦篇》，台北市：台灣商務，1969年，頁110。
〔註2〕 徐復觀，《中國人性論史先秦篇》，台北市：台灣商務，1969年，頁111。

心性之狀態，以及宇宙本根與整體和諧之狀態。《中庸》有曰：

> 舜好問而好察邇言，隱惡而揚善，執其兩端，用其中於民，其斯以
> 爲舜乎！

> 又曰：故君子和而不流，強哉矯！中立而不倚，強哉矯！

《中庸》的作者引孔子所述，以爲舜能觀察各種狀況，進而找出最恰當的「中」，以用於百姓，又引孔子所述，表示君子行事和順，但絕不隨波逐流，此等關於「中和」概念之論述，表現聖人或君子在人際關係中的行爲，可見「中和」的概念，可從現實人倫關係的面向理解。而《中庸》有曰：

> 喜怒哀樂之未發謂之中；發而皆中節謂之和；中也者，天下之大本
> 也；和也者，天下之達道也。

《中庸》的作者認爲，「中」是喜怒哀樂之情還未發動之狀態，而喜怒哀樂之情發動而符合節度，則可謂「和」，而「中」亦爲天下之根本，「和」則爲天下最通達之道理，論及內在性情，以及天下之根本與通達之道，可見《中庸》「中和」之概念，亦可自形而上本根的層面，以作理解。董根洪在探討儒家中和哲學時，亦曾說明：「《中庸》首尾二段對中段以現實的用中爲根本內容的中庸與以超越和提升，作了本體化和心性化的處理和重構。」〔註3〕又說：「《中庸》首章突破孔子中庸的囿限，爲中庸提供了形而上的根據。」〔註4〕董根洪探究《中庸》中和哲學時，蘊含現實用中之部份，亦有涉及本體與心性等形而上的部份，因此，《中庸》的中和思想，可以一般現實生活之人倫關係，與形而上根源的層面理解。

　　而此兩者關係爲何？筆者認爲，形而上根源的理解，乃是自現實生活之人倫關係，作根源性與向外推廣之思考而產生。例如，「中」自現實人倫關係上理解，乃是人際關係中最恰當之行爲狀態，而向根源思索，「中」乃爲未發之中，涉及人性，即理想行爲的根據，甚至是天地之根本。而「和」若自現實生活之人倫作理解，乃是人際關係的和諧，若做普遍推廣的理解，則爲天地間最通達之道理。徐復觀解釋「中和」概念時，亦曾提及：「中和的觀念，可以說是『率性之謂道』的闡述，亦即是『中庸』向內通，向上提，因而得以內通於性，上通於命的橋梁。」〔註5〕根據徐復觀所述，「中和」之概念，

〔註3〕董根洪，《儒家中和哲學通論》，濟南：齊魯書社，2001年，頁117。
〔註4〕董根洪，《儒家中和哲學通論》，濟南：齊魯書社，2001年，頁117。
〔註5〕徐復觀，《中國人性論史先秦篇》，台北市：台灣商務，1969年，頁127。

可理解為一般現實生活應當之行為，而可往內在根源之「性」思索，乃至形而上根源之天命作思索。「中庸」是一般現實生活應當之行為，從一般現實生活之行為，往根源思索，此涉及未發之「中」，往形而上根源思索，為天地大本之「中」。徐復觀亦曾提及：「自性而發的喜怒哀樂，即率性之道，故此喜怒哀樂中即含普遍性，因而能與外物之分位相適應，便自然會『發而皆中節，謂之和』，與喜怒哀樂的對象得到和諧。」〔註6〕依徐復觀所言，由「中」之狀態可作普遍推廣，得以與外在諸多事物和諧。由此看來，從「中和」關於一般現實生活之行為，可普遍推廣至萬事萬物，而往根源性思索，則可至形而上之天下大本。《中庸》的中和思想，可有兩種理解方向，一方面，可自一般現實生活之人倫關係理解，另一方面，自現實人際關係，作根源性與普遍推廣的思索，得以至形而上根源之理解層面。

三、《中庸》形而上思維屬本根論

　　《中庸》之中和思想，蘊含理想的價值理念又為何？在此先自《中庸》文本中之概念，所表現之形上本根論，以進行探究。而依據本文的看法，《中庸》之形上本根論，已論及世間之價值泉源，而超越眼前經驗之自然事物。

　　《中庸》已論及宇宙天地間之根本，而此根本乃是價值的泉源。《中庸》有云：

　　　　中也者，天下之大本也，和也者，天下之達道也。

由此可知，《中庸》已論及宇宙天地之本，而依本文的看法，此乃是本根論的觀點，張岱年即曾對中國本根論之特點，提出說明，他解釋到：「一，不以唯一實在言本根，不以實幻說本根與事物之區別。二，認本根是超乎形的，必非有形之物，而尋求本根不可向形色中去求。三，本根與事物有別而不相離，本根與事物之關係非背後實在與表面假象之關係，而乃是原流根枝之關係。」〔註7〕根據張岱年所述，中國傳統哲學中的本根論，雖論及世界之根本，但並不以天地萬物為虛幻之現象，本根為真實，而天地萬物亦為真實；中國哲學之本根論，亦以為本根乃是形而上的，是為無形的根本，亦即本根不同於有形之水或火；而本根雖不同於有形之天地萬物，但並不脫離天地萬物，本根乃是在此世間天地萬物之中，而非處於另一世界，中國哲學之本根論有此等

〔註6〕　徐復觀，《中國人性論史先秦篇》，台北市：台灣商務，1969 年，頁 127。
〔註7〕　張岱年，《中國哲學大綱》，雲南縣斗六鎮：藍燈出版社，1992 年，頁 79。

特點，而《中庸》關於形而上的思想，亦符合本根論之特性，下面則從《中庸》文本關於形而上之概念，如「天」、「道」、「誠」、「中」等諸多概念，以說明《中庸》形而上之思想，乃是本根論之思想。

　　從《中庸》文中「誠」之概念，可說明《中庸》形而上之思想，絕不脫離天地萬物之間。《中庸》有曰：

　　　　誠者，天之道也。誠之者，人之道也。

由《中庸》此等言論可知，《中庸》「誠」的概念，涉及形而上之「天道」，「誠」乃是形而上之概念，吳怡亦曾說明：「可以看出中庸作者由至誠無息，去配合天道的生生不已。就是要把這個誠字，向上提升，形而上化。」〔註8〕根據吳怡所言，《中庸》「誠」的概念，已論及形而上之思想。「誠」的概念，一般而言，可解釋為人日常處世之眞誠、誠實，亦即眞實無妄，而《中庸》更將「誠」與「天之道」相連，乃是將「誠」之概念形而上化。而涉及形而上「天道」之「誠」，亦不脫離萬物，《中庸》有曰：

　　　　誠者，非自成己而已也，所以成物也。成己，仁也。成物，智也。
　　　　性之德也，合外內之道也。

由此可知，所謂之「誠」，乃是統合外內之道，才可謂誠，亦即涉及天、人、物與己，才可謂誠。由此看來，《中庸》形而上之思想，並不脫離於天地萬物，而處於此世間，可見其符合中國哲學本根論之思想。

　　而《中庸》談論「天道」之時，亦可見其乃是無形的，而不等同有形之物體。《中庸》有曰：

　　　　如此者，不見而章，不動而變，無爲而成，天地之道，可壹言而盡
　　　　也。其爲物不貳，則其生物不測。

由此言論可知，《中庸》論及形而上之天道，不脫離天地萬物，並能養育天地萬物，但不等同於有形之萬物，其爲無形的，而其作用是無可預測的。因而《中庸》形而上之「天道」，不等同於有形之天地萬物，牟宗三亦曾對《中庸》文中，關於形而上之「天」命作說明，他提到：「說天命流行而爲性，那便是中庸所謂『天命之謂性』了。至於順氣化沈下來而說『天地之委形，天地之委和，天地之委順』（莊子知北遊），那當該是結構之性，類不同之性，它是自然生命之性的了。『天命之謂性』，決不可從這一面說。」〔註9〕根據牟宗三

〔註8〕吳怡，《中庸誠的哲學》，台北市：東大，1976年，頁62。
〔註9〕牟宗三，《中國哲學的特質》，台北市：台灣學生書局印行，1990年，頁65。

所述，《中庸》所論之「天命」，並不等同於有形之自然萬物，《中庸》亦引用
孔子對《詩經》之闡發，提到：

> 「上天之載，無聲無臭。」至矣。

《中庸》引孔子的闡發，以為上「天」是無聲無臭，是無形的，亦可見其形
而上思想，符合中國哲學關於本根論之思想。

　　而自《中庸》關於「誠」之概念，亦可知《中庸》論及形而上思想之時，
並不以有形之萬物，為虛幻現象。南宋儒者朱子，在其《四書章句集注》中，
對《中庸》「誠者天之道也」等言論，解釋為：「誠者，真實無妄之謂，天理
之本然。」〔註10〕朱子以為，「誠」乃是真實無妄，《中庸》是否已意識到「天
理」，是一問題，但真實無妄之說，乃是一般對真誠態度的理解。而《中庸》
作者又以為，「誠」之概念，則包含天、人、物、己，與有形萬物不相分離，
因而天地間有形萬物，亦是真實，以及真誠面對之範圍，而非虛幻，由此看
來，《中庸》形而上之思想，乃是中國哲學之本根論思想。

　　《中庸》涉及形而上之思想，而此種思想屬於本根論。何謂形而上？何
謂本根？何謂思想？又何謂「論」？形上在此涉及眼前各種現象背後的本源，
羅伯特‧奧迪（Robert Audi）主編之哲學辭典，曾提及：「形上學對實在世界
的本質、構成和結構的最一般的哲學研究。由於形上學傳統關注的觀點之一
是非物質實體的存在，例如上帝，因此形上學在範圍上比科學如物理學、甚
至宇宙論（關於宇宙的本質、結構和起源的科學）要廣。」〔註11〕由此等言
論看來，關於「形上」進行研究之學問，涉及對本質的研究，此涉及事物之
本源，而形而上思想，在此則涉及對形上等問題做思考，此等並有廣泛之涉
獵，而涉及諸多解釋之理論，其中本根論之理論，則不以現象為虛幻，以為
根源與現象皆為真實，而依先前所述，《中庸》形而上思想所涉及之理論，則
屬於諸多相關理論中之本根論。

四、中和思想與《中庸》本根論的關係

　　《中庸》的「中和」思想，亦涉及形而上之思想，筆者認為，《中庸》之中
和思想，關於形而上的理解層面，與《中庸》本根論有密切的關係。先前提及，

〔註10〕〔宋〕朱熹撰，《四書章句集注》，台北市：大安，1996 年，頁 41。
〔註11〕參照羅伯特‧奧迪（Robert Audi）主編，《劍橋哲學辭典》，台北市：貓頭鷹，
　　　　2002 年，頁 763。

《中庸》所涉及之形而上之思想，屬於諸多相關理論中之本根論。而《中庸》
之本根論涉及諸多形而上概念，如「天」與「誠」等，而《中庸》之中和思想，
與此種本根論關係密切。先前曾提及，《中庸》的中和思想，可自兩個層面理解，
亦即形而上根源之層面，以及現實人倫關係之層面。《中庸》有曰：

> 中也者，天下之大本也；和也者，天下之達道也。致中和，天地位
> 焉，萬物育焉。

《中庸》文中提及中和思想之時，以「中」爲此世間之根本，以「和」爲此
世間通達之道，可見其論及範圍，已達此世間之天地萬物，並論及形而上之
本，可與《中庸》之形而上本根論契合，董根洪亦提及相關之解釋，以爲《中
庸》最關鍵之概念爲「誠」與「中和」，並說明：「而這兩個最關鍵的概念『中
和』和『誠』又具有內在的一貫性、一致性。」〔註12〕由董根洪所述，《中庸》
「中和」的概念，與《中庸》「誠」的概念有一致性。《中庸》「誠」之概念，
亦論及此世間萬物之本，並論及天道對天地萬物的養育，《中庸》曰：

> 誠者物之終始，故不誠無物。

> 又曰：唯天下至誠爲能化。

此即論及萬物之本，與使天地萬物得以養育，與天下之大本「中」、天下通達
之道「和」，及使萬物得以養育之「致中和」，有內在一致性。而自《中庸》「誠」
之概念，亦可說明《中庸》之形而上本根論，由此可知，中和思想形而上的
層面，確實與《中庸》本根論關係密切。

五、《中庸》中和思想屬價值性本根

《中庸》之中和思想，涉及此世間萬物中之形而上根本，而此根本所具
之特性爲何？依本文的看法，《中庸》中和思想之形而上本根，爲價值性之本
根。形而上本根之特性，或主張是自然存在，或主張爲價值泉源，學者們有
諸多解釋，而以價值泉源之特性，則較能與《中庸》內文相一致，若以自然
存在性做解釋，則難以取得一致。《中庸》開頭有曰：

> 天命之謂性，率性之謂道，修道之謂教。

《中庸》此段言論，涉及教化，修習中庸之道爲教化，教化乃是化惡爲善，
例如《中庸》作者，曾引孔子對顏回之評語說：

〔註12〕董根洪，《儒家中和哲學通論》，濟南：齊魯書社，2001年，頁184。

回之爲人也，擇乎中庸，得一善，則拳拳服膺而弗失之矣。

從此言論看來，顏回選擇中庸之道，而得一善，即用心奉持此善道，此可見修習中庸之道可謂善道，善道乃是價值性之概念，因而修道即具有價值意義，亦可見《中庸》言教化即具有價值特性，此乃順人之性而來，而人此性亦是天所賦予，形而上之本根爲價值意義，《中庸》開頭之言論則較具一致性，高柏園亦對此說明：「吾人由道德要求之不能已，乃見人性之眞實即在價值之無限要求上，而性命之所從出的天道，亦即爲一切價值之根源。」〔註13〕根據高柏園所言，《中庸》所論及之人性，有道德善之追求，價值特性之追求，其來源乃是天道，即價值性之源，由此觀之，以價值特性，說明《中庸》中和思想之形而上本根，較與《中庸》文本之概念一致。

《中庸》所論及之形而上本根，乃是價值意義之根源，此不同於自然物質意義之根源。馮友蘭曾對本根之「天」解釋，提到：「在中國文字中，所謂天有五義：曰物質之天，即與地相對之天；曰主宰之天，即所謂皇天上帝，有人格的天、帝；曰命運之天，乃指人生中吾人所無奈何者⋯⋯曰自然之天，乃指自然之運行⋯⋯曰義理之天，乃宇宙中之最高原理⋯⋯。」〔註14〕根據馮友蘭所述，本根之「天」有物質或自然世界運行等意義，以及宇宙最高原理之意義，而馮友蘭解釋《中庸》之「天」，亦提及：「蓋天爲含有道德之宇宙的原理，而性則天『命』於人，人所『分』於天者也。」〔註15〕由此看來，《中庸》之本根乃是宇宙最高原理，此是道德價值之原理，因而《中庸》之本根乃是價值意義，而非自然運行或物質之意義。

六、價值概念的理解

《中庸》的中和思想，蘊含形而上本根論之思想，而此形而上之本根具備價值性，在此要先對一問題，進行初步的了解，即價值是什麼？依據本文的看法，價值乃是一種複雜而整合的概念，其包含客觀之理解層面，以及主觀需求的理解層面。美國學者波伊曼（Louis Paul Pojman）博士曾說明：「價值一詞（來自拉丁字 valere，意指『成爲值得的』）是高度靈活的。」〔註16〕

〔註13〕高柏園，《中庸形上思想》，台北市：東大，1988 年，頁 96。
〔註14〕馮友蘭，《中國哲學史》，北京市：中華書局，1992 年，頁 55。
〔註15〕馮友蘭，《中國哲學史》，北京市：中華書局，1992 年，頁 251。
〔註16〕原文爲 "The term *value* （from the Latin *valere*, meaning "to be of worth"） is highly elastic."參照 Louis Paul Pojman , *Ethics: discovering right and wrong*

由此言論可知，價值乃是複雜的概念，而其字源乃是成為值得的意思。價值的概念，涉及是否值得，而在什麼情況下，得以使人認為是值得的？有學者認為，由於符合人的需求，使人認為某一件事物是值得的，阿根廷學者方迪啓（Risieri Frondizi）博士曾說明：「事物是因為我們對它的欲求才有價值，或是因為它有價值我們才對它有欲求？」〔註17〕又說：「如果價值的存在和本質與主體無關，價值便是『客觀的』；反之，如果價值的存在、意義、或有效性等都得基於主體的感覺或態度時，價值便是『主觀的』。」〔註18〕由方啓迪博士此段言論可知，人們以為某種事物是值得的，是有價值的，是因為其符合主體的需求，此等是以價值為主觀的態度，另一方面，亦有學者主張價值是客觀的，價值的本質應與主體無關，換言之，探討價值的概念，有學者持主觀論的立場，亦有學者持客觀論的立場，其中，價值客觀論立場的學者，質疑價值主觀論，倘若價值是依據主體的需求，那人人都有各自之價值，如此又何以指責他人的想法是錯誤的？洪櫻芬曾對此說明：「但是如果價值是主觀的，則每個人皆有一套屬於自己的價值標準，甲認為是善的，乙可能認為惡，道德價值的衡量乃以自己為標準，因此勢必不可能找出全人類皆公認為有價值的事物『善』的法則……」〔註19〕又說：「價值既是主觀的，聖賢與小人的區別因人而異，遵守道德規範還有意義嗎？」〔註 20〕根據洪櫻芬所述，價值若是主觀的，價值則因人而異，如此，就不必要做道德教育，而要求人遵守道德規範。因此，堅守價值是主觀的，有其問題所在。

堅守價值主觀之立場，有其問題所在，然而，堅持價值是客觀的，而與主體無關，亦有其問題所在。倘若價值是客觀的，而與主體無關，則價值如何為主體所知？倘若其脫離主體，則人們又將如何說明，它是否為值得的？沈清松曾以德國學者謝勒，以闡述價值客觀論者的立場，亦說明相關的問題，沈清松提到：「謝勒認為價值本身是獨立於攜帶價值者或是行動之外的，其實

（Belmont, CA: Wadsworth/ Thomson Learning, C2002），pp. 62。

〔註17〕 方迪啓（Risieri Frondizi）著、黃藿譯，《價值是什麼？》，台北市：聯經，1984年，頁 13。

〔註18〕 方迪啓（Risieri Frondizi）著、黃藿譯，《價值是什麼？》，台北市：聯經，1984年，頁 13。

〔註19〕 洪櫻芬，《論人的價值：綜述謝勒與孔孟的價值觀》，台北市：洪葉文化，2000年，頁 21～22。

〔註20〕 洪櫻芬，《論人的價值：綜述謝勒與孔孟的價值觀》，台北市：洪葉文化 2000年，頁 22。

這只是爲了強調價值的客觀性而已。換言之,他認爲『仁愛』的價值是獨立於『仁者』或『仁愛的行動』之外的。」〔註21〕又說:「但事實上,沒有『仁者』,何來仁愛?何況許多道德的行動,仍然需要身體去完成。如孟子所言:『嫂溺,援之以手』,或所謂:『胸中正,則眸子瞭焉,胸中不正,則眸子眊焉。』」〔註22〕依據沈清松所述,價值客觀論者,例如謝勒,以爲價值獨立於主體及其行動,或獨立於人的欲求或理性,但若獨立於主體之外,主體又如何知道價值?主體又如何藉以了解,事物是否是值得的?價值若與主體無關,又如何顯現?如此價值對主體又有何意義?由此看來,堅守價值客觀的立場,亦有其問題所在。

若堅守價值是主觀或是客觀之立場,皆有問題,而筆者認爲,價值不全等同個人主觀的需求,而有其客觀面,而又不完全與主體無關,價值是整體的概念,也是個複雜之概念,方迪啓博士曾說明:「價值不能與經驗性質分開,又不能化約爲經驗的性質。我相信這是因爲價值是一種完形的性質的緣故。」〔註23〕又說:「簡言之,價值是一種完形性質,是綜合主觀與客觀的優點,並且只在具體的人類情境中才存在以及具有意義。」〔註24〕根據方迪啓博士所言,價值乃是一種完形性質,方迪啓博士所謂之完形性質,乃是有機而複雜的整體,此種整體並非部份的總和,而是有機而複雜的整體,方迪啓博士舉交響樂團爲例:「交響樂團的素質並不等於它每位團員素質的總和,有些成員可以更換,而仍然可以保持樂團的統一。每一位團員演奏自己的部份,而指揮的任務是讓各樣的樂器組合成一統一的整體。」〔註25〕交響樂團並非僅是部份之總和,而是有一指揮,將各種樂器組成統一有機的整體,而價值亦是整體的概念,且非零碎的總和,而是複雜的有機整體,它涉及客觀及主觀的面向,並涉及具體的情境,而爲整體的概念。

〔註21〕 沈清松,〈義利再辨——價值層級的現代詮釋〉,引自沈清松編,《中國人的價值觀:人文學觀點》,台北市:桂冠,1993 年,頁 297。

〔註22〕 沈清松,〈義利再辨——價值層級的現代詮釋〉,引自沈清松編,《中國人的價值觀:人文學觀點》,台北市:桂冠,1993 年,頁 297。

〔註23〕 方迪啓(Risieri Frondizi)著、黃藿譯,《價值是什麼?》,台北市:聯經,1984 年,頁 126。

〔註24〕 方迪啓(Risieri Frondizi)著、黃藿譯,《價值是什麼?》,台北市:聯經,1984 年,頁 130。

〔註25〕 方迪啓(Risieri Frondizi)著、黃藿譯,《價值是什麼?》,台北市:聯經,1984 年,頁 126。

七、中和思想為《中庸》價值理想

　　《中庸》之中和思想，涉及形而上思想，其具備價值特性，更論至泉源，亦即價值最根本之泉源，筆者認為，此乃指向最理想之價值理念。《中庸》之中和思想，其中形而上本根論之思想已論至「根本」，指向價值概念中客觀標準之面向，此中可見價值理想層面，而此等價值理想，乃是對各種事物之評價中，反推而來之泉源，唐君毅曾解釋《中庸》之「天命之謂性」，提到：「吾人即知此性乃一超越於其已有之一切表現之上之性；乃若自一無窮淵深隱微若不可見之泉源而流出，遂可說此泉源，為一超越於現實人生之已有之一切事物之上，之無聲無臭之天，亦可說此性乃天所命於我，以見於我之自命者。」〔註26〕根據唐君毅所言，吾人乃是自現實人生之中，識得一超越之道德本性，進而反推出其泉源，而言此本性乃天所賦予，根據此種解釋，《中庸》不但論及價值性，更反推出價值泉源，指向價值共同之客觀標準，而為最理想之價值本根。

　　《中庸》已反推超越之客觀價值泉源，此乃是價值層面中最理想者。先前提到，價值乃是一複雜之有機整體概念，涉及主觀與客觀層面，涉及諸多面向，因而有不同層級之價值判斷，例如德國學者謝勒，即提出一種價值層級，沈清松即曾對此說明：「謝勒根據以上準則，區分出四種等級的價值：1.『快樂和不快樂的價值』：乃屬最初等級……2.『生命的價值』：是比快樂略高一層者……3. 精神的價值：是比生命價值更高的價值……4.『神聖的價值』：乃是最後、最高的價值。」〔註27〕由此可見，價值可分為種種層級，價值層級是否固定如謝勒所分，是一項問題，然而，價值的概念相當複雜，牽涉主客以及具體情境等多面向，而有區別，方迪啟博士亦以為：「價值的層級，在我們看來，是價值之間一種非常複雜相互關連的結果。這種相互關連因著主體所在的情境、他的需求和可能、他與對象的關係以及他所生活的團體情境等，而有不同。」〔註28〕依據方迪啟博士所言，由於價值概念之複雜，牽涉種種情境與關係，而有價值層級之結果。而《中庸》文中，亦可區分價值層級，而根據沈清松對思孟學派的整理，《中庸》之價值層級中，「誠」乃為最

〔註26〕唐君毅，《中國哲學原論原性篇》，台北市：台灣學生，1989年，頁81。

〔註27〕沈清松，〈義利再辨——價值層級的現代詮釋〉，引自沈清松編，《中國人的價值觀：人文學觀點》，台北市：桂冠，1993年，頁296。

〔註28〕方迪啟（Risieri Frondizi）著、黃藿譯，《價值是什麼？》，台北市：聯經，1984年，頁130～131。

高層面，《中庸》「誠」與「中和」，則與《中庸》形而上本根密切相關，此種本根乃是最高價值層級，因而《中庸》之中和思想，涉及最理想之價值理念。沈清松曾提及：「但是子思和孟子的系統，則在仁、義、禮之上，又肯定了『誠』的價值。」〔註29〕沈清松整理儒家思孟學派，提出思孟學派之價值層級，為利、生、禮、義、仁、誠，層次逐步提高，其中以「利」最低，而以「誠」最高，〔註30〕《中庸》為思孟學派之作，其價值層級亦以「誠」最高，《中庸》亦有云：

> 是故君子誠之為貴。誠者，非自成己而已也，所以成物也。成己，
> 仁也。成物，智也。性之德也，合外內之道也。

由此觀之，《中庸》論「誠」，包含仁、智等概念，而主張君子以「誠」為貴，而以誠為最高價值，此最高價值又與中和思想具一致性，並論及形而上之本根與價值泉源，因此，《中庸》之中和思想，涉及形而上本根與價值泉源，亦為最理想之價值理念。本節之第四單元，曾提及《中庸》「誠」，與「中和」具一致性，如「誠」字之內涵，包含天道與人道，又涉及內外之道，如《中庸》有曰：

> 誠者，天之道也。誠之者，人之道也。

> 又曰：誠者非自成己而已也，所以成物也。成己，仁也；成物，知
> 也。性之德也，合外內之道也，故時措之宜也。

可見「誠」包含形而上本根之天道，及人處世之道，而「誠」又包含內在人「性」，與成就內在與外在事物之道理，而《中庸》曰：

> 喜怒哀樂之未發，謂之中；發而皆中節，謂之和；中也者，天下之
> 大本也；和也者，天下之達道也。

> 又說：故君子和而不流，強哉矯！中立而不倚，強哉矯！

由此言論可知，「中和」亦包含形上本根之天道，及人處世之道，又包含人性之未發已發，亦即包含內在外在，因而「誠」與「中和」具一致性，而「誠」為最高價值，為最理想之理念，「誠」與「中和」具一致性，因而中和思想，亦為最理想之價值理念。

〔註29〕沈清松，〈義利再辨──價值層級的現代詮釋〉，引自沈清松編，《中國人的價
　　　　值觀：人文學觀點》，台北市：桂冠，1993 年，頁 298。

〔註30〕沈清松，〈義利再辨──價值層級的現代詮釋〉，引自沈清松編，《中國人的價
　　　　值觀：人文學觀點》，台北市：桂冠，1993 年，頁 299。

　　《中庸》的中和思想，涉及最高價值泉源，是爲最理想之價值理念，此乃是由人探索之結果。倘若非由人反推而來，非由人探索而來，而假定是上天之所必然如此，則難以說明世界之惡。若以爲「天」必然爲善，必然使世間爲價值善，不但世間邪惡即難以說明，亦難說明人何需主動而有爲，陳滿銘亦曾提到：「可見天地之間，本來就不免有『不得其正』或『未足』的種種現象……人若想從紛紜的天然現象中，辨出眞僞善惡，則非謹愼地作一番『博學之，審問之，愼思之，明辨之』（中庸第二十章）的工夫不可了。」〔註31〕依據陳滿銘所述，此世間本就有不足之處，價值理想之善乃是由吾人探索而得，若假定天必然使世間爲善，則難說明爲何本有不足，而吾人又爲何需作有爲之工夫，因而此理想之價值泉源，乃是吾人反推與探索而來。而下一節，則探討人有爲工夫之依據，即人性價值論，與其和《中庸》中和思想之關係。

第二節　中和與《中庸》人性價值論

　　《中庸》的中和思想爲最理想之價值理念，此理由爲何？在此將自《中庸》文中之概念，所組成之人性價值論，以探究此問題。而《中庸》之人性價值論，亦與形上本根論密切相關，《中庸》有曰：

　　　　天命之謂性，率性之謂道，修道之謂教。

《中庸》論及「性」爲「天」所賦命，可見人性與本根相連，此本根具價值意義，而人性也具價值意義，先前從形上本根論，以說明中和思想爲價值理想之理由爲何，本節將從人性價值論以說明此問題。《中庸》文中之諸多概念，所組成之基本結構，可分爲形上本根論、人性價值論、實踐方法論等，「中和」之概念乃《中庸》文中之概念之一，而此概念，亦與《中庸》之形上本根論、人性價值論、實踐方法論等相關，在此將從人性價值論，探討中和思想爲最理想之價值理念之理由爲何，在此亦是從橫向面探討此問題，亦即從《中庸》文本之概念，所組成的理論結構，以探索此問題，而先前乃是自《中庸》之概念，所組成之形上本根論，以探究此問題，而本節則自《中庸》之人性價值論探討，因此，在此欲先了解一項問題，亦即，《中庸》之人性價值論爲何？爲了解此問題，在此則要問，人性可有哪些理解層面？在《中庸》文中，所論之人性，又屬於其中之何種層面？爲了解此問題，則須自《中庸》文中的

〔註31〕陳滿銘，《中庸思想研究》，台北市：文津出版社，1989年，頁97。

概念，以進行理解，此中將涉及《中庸》所論之「性」、「誠」、「仁」、「智」、「勇」與「中和」等概念，而此等概念，亦將涉及《中庸》之「道」、「五達道」與「九經」等概念。在此將自此等概念，探討《中庸》之人性價值論爲何，進而探討其與《中庸》中和思想之關係爲何，並藉此了解，《中庸》中和思想爲理想價值理念的理由爲何？

一、《中庸》之「性」爲主體價值根源

《中庸》之人性價值論爲何？在此將先探討《中庸》所論之人性爲何，筆者認爲，《中庸》文中所論之人性，乃是一價值根源之性，此價值根源並指向廣大之社群團體。「性」的概念，歷來各家各派之學者，有不同之理解層面，在此先以價值本根，與自然之性做區分，如先秦之孟子等，即以性爲價值本根，而先秦之告子、荀子等等，則多以性爲生理情欲，勞思光即曾提及：「但『性』字在字源上本出自『生』字，故學者苟不悟孟子所說之義，則即易於將『性』看作自然意義之實然始點。依孟子之說，『性善』即指價值意識內在於自覺心。質言之，即價值根源出於自覺之主體。」〔註32〕根據勞思光所述，孟子言「性」，乃是出於主體之價值根源，而主體爲何？筆者認爲，主體相對於客觀外在之對象，承載人之「性」。而「性」此種主體之價值根源，不同於現實自然之情，勞思光亦說明：「所謂『性』，在孟子原指自覺心之特性講，意義相當於亞里斯多德所謂之“Essence”。」〔註33〕依據勞思光所言，所謂主體之價值根源，相當於古希臘學者亞里斯多德所謂之「本質」（Essence），而不同於現實自然之性情。而現實自然之性情，徐復觀即曾對此說明：「可分爲三類：第一類，饑而欲食等，指的是官能的欲望。第二類，目辨黑白美惡的能力。第三類，可以爲堯禹等，亦即後面所說『固可與如此，可與如彼』，這是說的性無定向，或者說指的是性的可塑造性。」〔註34〕又說：「這段話中特別值得注意的是，荀子對於性的規定，與告子『生之謂性』，幾乎完全相同。」〔註35〕根據徐復觀所言，荀子與告子相同，以自然生理之性爲人性，此涉及感官欲望與能力，亦具可塑性，由此觀之，主體價值根源與現實自然之性，

〔註32〕勞思光，《新編中國哲學史》，台北市：三民，2004年，頁158～159。
〔註33〕勞思光，《新編中國哲學史》，台北市：三民，2004年，頁158。
〔註34〕徐復觀，《中國人性論史先秦篇》，台北市：台灣商務，1969年，頁230。
〔註35〕徐復觀，《中國人性論史先秦篇》，台北市：台灣商務，1969年，頁230。

乃是不同層面之理解。

　　《中庸》文中所論之人性，又應理解爲那一層面？《中庸》所論之人性，乃爲人之根本性，亦即主體之價值根源。先前提及，《中庸》言教化即具有價值特性，此乃順人之性而來，《中庸》所論及之人性，有道德善之追求，價值特性之追求，而《中庸》亦曰：

　　　　率性之謂道，修道之謂教。

依循人性乃是具有價值意義之中庸之道，亦是修習道德善與教化之依據，此可說明《中庸》所謂人性，乃是具有價值意義之根源，而從《中庸》亦有曰：

　　　　自誠明，謂之性；自明誠，謂之教。

南宋朱子對此則解釋爲：「德無不實而明無不照者，聖人之德。所性而有者也，天道也。」〔註36〕依朱子所解釋，「自誠明」乃是由聖人之德以至於通明，此乃是性，乃是天道，此亦與《中庸》言「天命之謂性」一致，亦即具價值意義之根本「天」道，落於人則以「性」之概念呈現，此「性」亦具價值意義，此性與天道皆具價值意義，而由「誠」而論聖人之德，《中庸》亦云：「誠者，非自成己而已也，所以成物也。成己，仁也。成物，智也。性之德也，合外內之道也。」《中庸》亦以「誠」論性之德，指出「性」爲善德，可見《中庸》論「性」，乃是價值意義，由此觀之，《中庸》所言之人性，乃是主體之價值根源。

　　《中庸》論人性，乃是主體之價值根源，而《中庸》亦論及主體之情感，此可自《中庸》「中和」之概念加以理解。而筆者認爲，《中庸》喜怒哀樂未發之「中」，符合人之本性，符合價值根源的認定，而情感亦具有正當性，但必須合於主體之價值根源所規範。《中庸》有曰：「喜怒哀樂之未發謂之中，發而皆中節謂之和。」由此言論可知，《中庸》論及人之情感，以及喜怒哀樂，而此喜怒哀樂未發之「中」，乃是符合主體之價值根源，馮達文等曾對此解釋：「它並不是籠統地認可喜怒哀樂以爲『性』，而只認可能夠使喜怒哀樂表現出來『中節』（合適、適度）的內在本有的根底的『中』爲『性』。在這裡，『中節』、『中和』及其內在本有根底『中』，都是一種主體價值的認定。」〔註37〕由馮達文等所解釋，喜怒哀樂未發之「中」，符合主體價值根源之認定，而《中庸》並未言明喜怒哀樂之情感爲惡，倘若情感能符合「中」之規

〔註36〕〔宋〕朱熹撰，《四書章句集注》，台北市：大安，1996年，頁43。

〔註37〕馮達文、郭齊勇等，《新編中國哲學史》，台北市：洪葉文化，2005年，頁93。

定，而能符合主體價值根源所認定，亦能符合價值之善，吳怡亦曾提及：「其實從現實的人生來看，我們的情多多少少有點過與不及。這種過與不及的偏，就是曲。但過與不及有程度的不同，不能一概認爲是惡。」〔註38〕根據吳怡所述，喜怒哀樂之情發動，在現實生活中也許有所偏頗，而可能終致善或惡，但並不等同邪惡，若能符合「中」之節度，亦可至「和」，得以至和諧，乃符合價值之善。此亦可見《中庸》之中和思想，在論述人性之時，亦具有價值性。

二、《中庸》之「性」指向社群價值

《中庸》論及之「性」，爲主體價值根源，而《中庸》論「性」，亦指向廣大社群。換言之，此「性」不僅限於主體，亦指向親屬與非親屬等廣大社群。《中庸》作者以爲依循「性」，則符合善道，具價值意義，但修習善道則不僅關注主體，亦須在主體外之對象等關係中，亦即廣大之社群中遵循價值根源，而修習善道。而社群關係中之行爲符合價值根源，則其社群亦具有價值意義。

《中庸》所論之人性，爲主體之價值根源，而符合此主體之價值根源，則得以至和諧，可見《中庸》之人性價值論，已指向社群。杜維明亦曾提及：「就《中庸》來說，修身本身不僅需要內在的『忠』，而且也需要『恕』。因此，說一個人能夠成爲君子（一種理想人格）而無需不斷地在其日常生活中同人們接觸，這不僅是不可取的，而且也是不可設想的。」〔註39〕由杜維明所言，《中庸》不但論及主體內在之價值根源，亦論及社群價值。而依本文的看法，《中庸》此等和諧價值之範圍，已推展至整個天地之間。《中庸》論人性乃是主體之價值根源，而喜怒哀樂之情，能符合主體之價值根源，亦具有價值之善，亦即和諧，此等和諧，並不僅在於個體情緒之和諧，更能表現出社群之和諧，此等社群之和諧，包含國家社會，乃至天地萬物，因此，《中庸》之概念結構，所組成之人性價值論，指出主體之價值根源，並指出社群之價值善。

《中庸》之概念結構，所構成之人性價值論，指出主體之價值根源，以及社群之價值善，在此將從「誠」與「仁」等概念，以說明《中庸》人性價

〔註38〕吳怡，《中庸誠的哲學》，台北市：東大，1976 年，頁 86。
〔註39〕杜維明著、段智德譯，《論儒家的宗教性——對《中庸》的現代詮釋》，武漢：武漢大學出版社，1999 年，頁 42。

值論，所指出之價值根源，以及社群之價值善之傾向。《中庸》論「誠」，已指向人性價值，此中包含主體內在之價值根源，以及社群價值，例如《中庸》所云：

> 誠者，非自成己而已也，所以成物也。成己，仁也。成物，智也。
> 性之德也，合外內之道也。

《中庸》所論之「誠」，乃是德性，可謂價值之善，但此價值之善，不僅是成就自己，亦要成就外在社群，此社群包含萬物，《中庸》亦云：

> 唯天下至誠，為能盡其性；能盡其性，則能盡人之性；能盡人之性，
> 則能盡物之性；能盡物之性，則可以贊天地之化育；可以贊天地之
> 化育，則可以與天地參矣。

由此可見，《中庸》論人性之價值善，不僅是成就自身之價值善，並能成就人事、萬物，以至於協助整個宇宙天地，成就價值之善，如此才得以謂至誠，因此，《中庸》之人性價值論，不僅在主體之價值根源，亦指向社群價值，其範圍更至天地之間。

《中庸》之人性價值論，指出主體價值根源，以及社群價值，此亦可自《中庸》「仁」之概念加以理解。《中庸》以「至誠」，以說明人性之善德，而依本文的看法，「誠」與儒家「仁」之概念相通，《中庸》有曰：

> 唯天下至誠，為能經綸天下之大經，立天下之大本，知天地之化育。
> 夫焉有所倚？肫肫其仁！淵淵其淵！浩浩其天！苟不固聰明聖知達
> 天德者，其孰能知之？

由此言論看來，《中庸》論「誠」，其價值無所偏倚，而指向根源及天地之間，而純粹之「仁」，亦是使價值之善通往天地之間，徐復觀亦說明：「中庸下篇之所謂誠，也是以仁為內容。下篇雖然只出現兩個仁字，即二十五章的『成己，仁也』，三十二章的『肫肫其仁』；但全篇所言之誠，實際皆說的是仁。」〔註40〕依據徐復觀所述，《中庸》論「誠」，實際是論儒家之「仁」，即仁德之全體顯現，在《論語・雍也》中，孔子已有云：

> 夫仁者，己欲立而立人，己欲達而達人。

過去孔子指出仁德之價值概念，為成就自己以及他人，而《中庸》在此論「誠」與純粹之「仁」，更指向主體內在價值根源，以及社群價值，並進一步將仁德之價值呈現，擴展至天地萬物之間。

〔註40〕徐復觀，《中國人性論史先秦篇》，台北市：台灣商務，1969年，頁149。

　　《中庸》在下篇論「仁」，提及「肫肫其仁」，以及「成己仁也」，此兩者之「仁」看似有異，但依本文的看法，此乃是以廣狹不同層次理解仁，亦即仁德全體呈現，以及成就自己，而此二者，皆可指向自身價值與社群價值。由儒家之「仁」，得以理解《中庸》之人性價值論，指出主體之價值根源，與社群之價值，此乃是自仁心全體呈現以論仁，因而《中庸》有曰：

　　　　夫焉有所倚？肫肫其仁！

《中庸》論純粹之仁，乃是無所偏頗，此乃是以仁德之全體呈現加以理解。而《中庸》又曰：

　　　　成己，仁也。成物，智也。

在此仁乃是以成就自己之層面，以作理解，然而，即使從成就自己之仁，亦需自社群實踐，以成就自己，杜維明亦曾說明：「『仁』就意味著人之所以為人的充分體現。仁人代表了最真實最本真的人，因為他能夠把大家所『共同』的東西實現出來。每一個人都能夠愛人，但是，仁人卻在他的日常生活中體現了愛。」〔註41〕依據杜維明所述，完成自己、成就自己之「仁」，依然要自人際中實踐諸多善德，如此才得以完成自己，因而成己之「仁」，亦不得斷然脫離社群，由此觀之，在《中庸》所論之「肫肫其仁」，以及「成己仁也」，看似為不同之理解層面，但皆能指向社群價值，因此，自儒家之「仁」，以理解《中庸》之人性價值論，得以了解其指出主體之價值根源，與社群價值。

　　由仁德全體呈現，又可區分「仁」與「智」，而《中庸》之「智」德，亦可理解《中庸》之人性價值論，乃指向廣大社群之價值善。在此將以《中庸》之「三達德」，以理解《中庸》之人性價值論，是指向主體價值與社群價值。《中庸》作者亦提及孔子所述：

　　　　知仁勇三者，天下之達德也，所以行之者一也。

從此等言論看來，《中庸》已論及天地之間三項善德，《中庸》亦主張實踐此等善德之道理，乃是一樣的，此應為儒家核心觀念之仁德，徐復觀曾對此說明：「儒家言道德，必以仁為總出發點，以仁為總結點……朱元晦釋下文『所以行之者一也』的『一』，以為是指誠而言；但從子思、孟子這一系統的整個精神，及上文的『修道以仁』之語觀之，所謂『一』者，乃是總攝其他諸德

─────────────

〔註41〕杜維明著、段智德譯，《論儒家的宗教性──對《中庸》的現代詮釋》，武漢：武漢大學出版社，1999 年，頁 55。

性地仁而言。」〔註42〕依據徐復觀所言，三項善德統一的道理，乃是儒家核心之「仁」。自孔子以來，「仁」乃是儒家學者相當核心的概念，《中庸》未明言此種道理是「仁」，但與儒家，高度重視立己立人之仁德的想法，並不違背。因而從《中庸》全體呈現之價值善，亦即「肫肫其仁」，得以在分從「智」、「仁」、「勇」三達德加以理解。

　　《中庸》之人性價值論，指出主體之價值根源，並指出社群價值，在此將以「仁」、「智」、「勇」三達德，以進行理解。而其中三達德之「仁」，可理解為成就自己之價值善，三達德之「智」，則為成就自己之外種種人事之價值善，此不僅是對外的觀察與認知，而是人對外在事物之責任感，而欲了解外物，使外物得到養育與教化。而三達德之「勇」，則可理解為成就「仁」、「智」之剛強力量，以及勇於實踐價值善之剛強力量，《中庸》有曰：

　　　　成己，仁也。成物，智也。

《中庸》以為，此可見「仁」為成就自己之價值善，但成就此種善德，仍需在社群生活中實踐，不僅成就自己，《中庸》亦講求成就他人，乃至事事物物之價值善，而成就事事物物價值善之智德，亦需觀察事事物物之情況，《中庸》亦引孔子所言：

　　　　好學近乎知，力行近乎仁，知恥近乎勇。

《中庸》以為，能於生活中身體力行價值之善，才能接近「仁」德，而能夠學習，才得以接近「智」德，此等學習，乃是指觀察生活之種種情況，而行最恰當之選擇，《中庸》又引孔子所言：

　　　　舜其大知也與！舜好問而好察邇言，隱惡而揚善，執其兩端，用其
　　　　中於民，其斯以為舜乎！

根據此等言論，《中庸》論及舜具備「智」德，而此智德表現在於，他能觀察周遭種種狀況，而能取用「中」，即最恰當之抉擇以運用於民眾，使百姓受到教化與養育，而說舜具有「智」德，可見智德，乃是學習觀察生活各類種況，以取用恰當之抉擇，由此觀之，智德成就眾人及生活事事物物之價值善，可見此等性之德，能指向社群價值，此亦符合儒家論仁德時，所謂之推己及人之精神。而三達德之「勇」，乃是實行「仁」與「智」等善德，而表現出之勇往精進之精神，及剛毅不撓之力量，張永儁論儒家教化之時，曾提及：「天理人欲之說，指點了內在生命中的二元困境，禮樂教化所以必然要推行在人文

〔註42〕徐復觀，《中國人性論史先秦篇》，台北市：台灣商務，1969年，頁122。

世界，自有人之存在情境之現實條件，人有善性不代表即爲善人。人之理性清晰，人道奮鬥之勇猛精進，是以知、仁、勇之爲『三達德』也。」〔註43〕依據張永儁所言，實行價值善之教化，要在現實情境下，勇往邁進以行奮鬥，因而以知、仁、勇爲「三達德」，足見三達德之勇，乃是勇往邁進，以實踐價值善之態度。而「勇」亦爲成就「仁」、「智」等價值善德，而表現的剛強不撓之力量。在《論語・憲問》中，孔子曰：

　　　　仁者必有勇，勇者不必有仁。

孔子以爲有「勇」，不一定爲「仁」，「勇」乃是隨著行「仁」之善德，而伴隨之力量，陳滿銘亦對此說明：「至於『勇』，則屬人在成智〔明〕成仁（誠）上不可或缺的一種『發強剛毅』的力量，是伴隨仁、智而一直存在的。論語憲問篇說：仁者必有勇。而中庸第二十章則說：知恥（智之事）近乎勇。」〔註44〕依陳滿銘所言，《中庸》乃是伴隨實踐仁德智德等價值善，而有之剛強之力量，此可見三達德之「勇」，表現爲成就自己與社群價值之仁智，所展現之態度與剛強力量，因而「勇」乃是成就自己與社群之價值善，簡言之，《中庸》之人性價值論，不但指出仁智等人性價值，亦表現爲社群價值，與勇於在現實社群實行價值善。從「仁」、「智」、「勇」三達德，得以理解《中庸》之人性價值論，指出主體之價值根源及社群價值。

　　《中庸》文中提及「誠」、「中和」與「仁」、「智」、「勇」三達德，從此等概念關係，可說明《中庸》之人性，指出社群價值。《中庸》論「誠」，涉及人性之善德，指出價值根源，而此善德包含成就自己，與社群事事物物之價值。此「誠」可與「中和」相通，「中和」亦指出價值根源，以及社群價值，「中」乃未發之「中」，涉及價值根源，「和」則爲已發之「和」，涉及社群價值，亦即情感及行爲受價值根源所規定，發動於外在人事之社群而恰當得宜。而「誠」及「中和」此人性之善德，包含三達德之「仁」、「智」、「勇」。三達德之「仁」，則涉及「誠」及「中和」之成就自己，而成就自己亦需在人際中實行善德，才得以成就自己，而致仁愛之心全體呈現，而對事事物物無所偏重，因而「仁」亦指向社群價值。三達德之「智」，則涉及「誠」及「中和」之成就外在事物，依照價值根源之規定，以成就外在社群之事事物物，此亦

〔註43〕張永儁，〈「禮」的人文理想與人道關懷〉，引自沈清松主編，《詮釋與創造：傳統中華文化及其未來發展》，台北市：聯合報系文化基金會，1995 年，頁 95。
〔註44〕陳滿銘，《中庸思想研究》，台北市：文津出版社，1989 年，頁 138。

指向社群價值。三達德之「勇」，則涉及實行「仁」、「智」等價值善，而展現之奮進與剛強之力量。由此等概念關係，可知《中庸》之「性」指向社群價值。由上述可知，社群價值乃是人順應價值根源之「性」，使人在社群之行事合宜，此是由個體提升社群價值，在此社群乃是承載價值根源的載體。而由另一角度看來，社群又不只是價值根源的載體，社群亦能提升個體價值善，如果人人都能於社群中學習明瞭價值善，即可提升個人之價值善，在此整個社群亦成爲一價值主體，《中庸》有曰：

　　自誠明，謂之性；自明誠，謂之教。誠則明矣，明則誠矣。

對此《禮記正義》解釋到：「由至誠而有明德，是聖人之性者也。由明德而有至誠，是賢人學以知之也。有至誠則必有明德，有明德則必有至誠。」〔註45〕由此言論觀之，順應價值根源之性，得以顯明仁德，亦即價值之善，而於社群中學習及明瞭價值善，得以使人通向價值根源之誠，可見社群有助個體價值之提升，從此等關係看來，《中庸》之「性」，確實與社群價值關係密切。

三、《中庸》中和思想表現人性價值論之理想

　　《中庸》之人性價值論，指出社群價值，更表現出其價值理想，此可自《中庸》之「五達道」與「九經」等「政道」，以進行理解。《中庸》論政治之道，不全然爲現實性之政治體制，而是順應主體之價值根源，以開展出之理想政治，此等可謂境界性之價值社會，而非現實性之政體。《中庸》論政治之道，乃是遵循價值本根，而指向和諧之社群價值，而非一般現實政治體制，此等可在《中庸》關於「道」之概念，以進行理解。《中庸》有曰：

　　天命之謂性，率性之謂道，修道之謂教。道也者，不可須臾離也，

　　可離非道也。

由此言論可知，《中庸》在此所論之「道」，乃是依循本性而來，即依循相對外在物之主體之價值本根而來。何謂主體？在此主體意指經驗者，此相對於外在世界事物，彼德・安傑利斯（Peter A. Angeles）博士所著之哲學辭典提及：「主觀的與客觀的（objective）和公眾的（見 publicity 公眾性）相對照。它也被用來指經驗者（主體）的經驗方式和過程，與他（她）正在經驗的實在世界中的事物（客體）相對照。」〔註46〕由此言論看來，主體可理解爲經驗者，

〔註45〕鄭玄注，李學勤點校，《禮記正義》，北京市：北京大學，1999年，頁1447。
〔註46〕彼得 A. 安傑利斯（Peter A. Angeles），《哲學辭典》，台北市：城邦，2001年，

而相對於外在世界事物，而在此「道」，則是依循相對外在事物之主體之價值根源而來。「道」之概念，可理解爲宇宙萬物最終之根本法則，如《中庸》提及之「天之道」，亦可理解爲做人處世所遵循之道理，如《中庸》提及之「人之道」，在此論之依循本性之「道」，即教化所應修習之中庸之「道」，或所謂政治之道，則非宇宙萬物之最終根本法則，而是做人處世之道理，此是依循價值根源之「性」而來，而「道」依循主體之價值本根而來，本不應該離開人之生活，然而，由於現實生活中之種種抉擇，以致人選擇不遵循價值本根，而此「道」乃是遵循主體價值根源，而言「道」不應是離開自身者。而指向社群價值善之政道，亦爲遵循本性而來，徐復觀亦曾提及：「實現中庸之道的即是政治之教，亦即是政治。中庸之道，出於人性；實現中庸，即是實現人性；人性以外無治道。違反人性，即不成爲治道。所以修道之謂教，即是十三章之所謂『以人治人』。」〔註47〕依據徐復觀所述，《中庸》論「道」乃是政治之道，是依循主體之價值本根，而指向社群之價值善，此與《中庸》引孔子所言：

> 故君子以人治人，改而止。

乃是一致的，亦即君子言治理，乃是依據人所本有之道理，以行治理，由此可知，《中庸》論政治之道，乃是依循價值本根，而具備價值意義。而自《中庸》論「政」道，亦可理解《中庸》論政治之道，乃是指道德善，具備價值意義。《中庸》曾引孔子所言：

> 故爲政在人，取人以身，修身以道，修道以仁。仁者人也，親親爲
> 大；義者宜也，尊賢爲大。

根據此等言論，《中庸》論「政」道，乃是根據人本固有之道理，並需根據本來仁德，即社群之親和，由此觀之，《中庸》論政治之道，具備道德性之仁德，以及社群價值特性。而《中庸》之引言：

> 仁者人也，親親爲大；義者宜也，尊賢爲大。

由此可知，在此所論之政治社群，不僅是血緣社群，亦包含非血緣之賢人等廣大社群，《中庸》之「政道」，即具備指向此廣大社群之價值特性，而杜維明亦曾解釋：「凡政治都是講求政治部門的組織機構、方針和行政管理的，而這些部門，在一個既定的社會中，又都是用來管理和控制人民的……但在儒家傳統中，

頁 432。

〔註47〕徐復觀，《中國人性論史先秦篇》，台北市：台灣商務，1969 年，頁 120～121。

政治（『政』）恰恰意味著『正』。（『政者，正也。』）」〔註48〕又說：「統治者爲了能夠領導，就必須端正自己的個人品格。這常常被詮釋成一種道德精英主義，即認爲只要少數精英以身作則進行領導就足以保證社會穩定。」〔註49〕根據杜維明所言，儒家論政治之道，並非一般之政府組織，而是具有正當的意義，講求端正道德品格，由此看來，《中庸》引用孔子所述，表現其所論之「政」道，具備道德價值意義，此爲因循主體之價值本根，亦即本性，由此看來，《中庸》之人性價值論，指向社群價值，而提出理想的政治，而非一般的政府組織。

　　自《中庸》論「政」與「道」，得以理解《中庸》依循主體之價值本根，指出價值性之政治社群，在此亦從《中庸》論「五達道」、「九經」，以理解《中庸》之人性價值論，指向理想境界之政治社會。《中庸》論「五達道」之時，指向日常人倫之價值，而論「九經」時，更指出國家天下之價值善，《中庸》引孔子所言：

> 天下之達道五，所以行之者三，曰：君臣也，父子也，夫婦也，昆弟也，朋友之交也，五者天下之達道也。

由此言論觀之，《中庸》所謂之「五達道」，乃是君臣、父子、夫婦、兄弟及朋友，等種種人倫關係。此等人倫關係，亦是順應價值意義，指出社群之價值善，《中庸》有曰：

> 喜怒哀樂之未發，謂之中；發而皆中節，謂之和；中也者，天下之大本也；和也者，天下之達道也。

《中庸》在此論及天下之「達道」，乃是一種和諧，此乃是依循主體之價值本根，亦即「中」，以至於和諧，指向社群之價值善，《中庸》又細分天下之「達道」爲五，而此五種「達道」，乃是日常人倫關係，因此，此種人倫關係，可與社群和諧一致，乃是指向社群價值，而《中庸》論「九經」，則不僅止於日常之人倫關係，其範圍更指向國家與天下，《中庸》有曰：

> 凡爲天下國家有九經，曰：修身也，尊賢也，親親也，敬大臣也，體群臣也，子庶民也，來百工也，柔遠人也，懷諸侯也。

《中庸》在此言及之敬愛與關懷之範圍，已包含社會之上下階層，以及國家

〔註48〕杜維明著、段智德譯，《論儒家的宗教性——對《中庸》的現代詮釋》，武漢：武漢大學出版社，1999 年，頁，52。

〔註49〕杜維明著、段智德譯，《論儒家的宗教性——對《中庸》的現代詮釋》，武漢：武漢大學出版社，1999 年，頁，52。

與天下，因而《中庸》已將依循價值本根之仁德，擴展至天下，陳滿銘亦對「九經」說明：「它們雖然各有各的適用範圍，但是其源頭卻只有一個，那就是『誠』，所以中庸的作者在說了『九經之事』後，便接著說：凡爲天下國家有九經，所以行之者一也。這個『一』字，指的就是『誠』……。」〔註 50〕《中庸》提出九經，已將關愛之範圍，拓展至天下各階層，而其所依據只是一個道理，而此道理爲何？陳滿銘同朱子所主張，以爲此道理爲「誠」，而先前提及，「所以行之者一也」之「一」，以及「誠」，與儒家核心之仁德相一致，亦即儒家之仁德，爲關愛天下國家，所根據的道理，換言之，關愛天下國家各個階層，乃是根據價值本根，而指出社群價值，此社群價值擴及至天下各階層。由此觀之，《中庸》之人性價值論，指出主體之價值本根，並指出天下各社群之價值善。此天下各社群之價值善，不同於一般所謂之現實政府組織，而是道德價值推展之境界，乃是一種理想，對此，干春松亦曾提及：「儒家始終希望以『境界性』的制度來規範現實性的制度。所以，理想的政治是通過君子示範性的行爲來帶動社會風氣的轉變。」〔註 51〕依據干春松所述，《中庸》所論之政治之道，乃是依循君子之道德善，其所表現者，並非現實性的政府組織，而是境界性之社會價值，此乃是理想政治，由是觀之，《中庸》之人性價值論，指向社會之價值理想，而非現實社會。

　　而價值理想與現實的關係爲何？筆者認爲，此種價值理想，難以完全落實於現實社會，但可作爲現實批判之標準與追求之目標。牟宗三亦曾提及：「同樣是針對周文疲弊的問題，儒家向立教方向發展，而道家則變成玄理，此是由儒、道兩家對人生的態度，基本方面有所決定而轉成者。如此就不切於當時的客觀問題了。」〔註 52〕根據牟宗三所言，儒家之價值理想，乃是長久人生態度之方向，但不完全切合當時客觀現實問題。但可爲現實基本態度之批判標準，干春松亦曾提及：「但在早期儒家的觀念中，這樣的疊加卻是要確立一種價值的基點，即境界性的制度理念，這樣的制度或許在現實社會的政治操作中並不能落實，也不需要落實，但這樣的政治原則應該成爲現實政治的模範則是確定無疑的。」〔註 53〕根據干春松所述，此等理想政道乃是

〔註 50〕陳滿銘，《中庸思想研究》，台北市：文津出版社，1989 年，頁 142。
〔註 51〕干春松，〈《中庸》的天下國家觀〉，引自杜維明主編，《思想、文獻、歷史：思孟學派新探》，北京市：北京大學，2008 年，頁 336～337。
〔註 52〕牟宗三，《中國哲學十九講》，台北市：台灣學生，1983 年，頁 158。
〔註 53〕干春松，〈《中庸》的天下國家觀〉，引自杜維明主編，《思想、文獻、歷史：

境界性，可爲現實政治批判之模範，但難以完全落實爲現實政治體制。而此模範亦不僅爲批判標準，此亦能爲現實追求的目標，此既爲「模範」，表示其爲追求的典範，雖是不能落實之高標準，造成永久的追求，但能樹立一種追求的目標。

　　《中庸》之中和思想，亦能表現《中庸》之人性價值論，而得以指出主體之價值本根，以及對外親屬與非親屬等各社群之價值，亦表現出理想之價值理念。由《中庸》之「誠」等概念，得以理解《中庸》論及主體之價值本根，即性之仁德，而喜怒哀樂未發之「中」，亦能符合主體之價值本根。而《中庸》以爲，依循主體價值本根，能指向社群價值，而進行道德價值之教化，此可自實踐於日常之「三達德」、「五達道」以作理解，而《中庸》亦以爲，喜怒哀樂之情遵循價值之本的調節，得以至「和」，此種和諧，更是天下之「達道」，此乃是指出社群之價值和諧。而《中庸》自「九經」，開展出關愛天下各社群之道德境界，《中庸》曰：

　　　　致中和，天地位焉，萬物育焉。

此等言論，亦表現中和之道，所開展出養育天下之價值境界。干春松亦曾提及：「《中庸》對天下國家的論述是『極高明而道中庸』，『以人治人』是一種人所知庸常之理，但『天下』追求則是『極高明的』。在儒家觀念中，這樣的狀態是統一的，比如『中和』。」〔註54〕依據干春松所言，《中庸》論及天下國家極高明之價值境界，中和思想即是此種極高明之理想境界，因此，《中庸》之中和思想，符合《中庸》人性價值論，所闡述之價值本性、社會價值，乃至於治理天下國家之價值境界。

　　自《中庸》之人性價值論，亦可理解《中庸》之中和思想，乃是理想之價值理念，先前提及，價值乃是複雜而有機之整體概念，能被稱爲有價值，其涉及主體在各情境之需求，亦涉及客觀規範，由於其複雜性，而能開出各個價值階層，沈清松亦論及儒家之價值階層，而自《中庸》之中和思想與人性價值論，亦可理解其自價值最高階之「誠」，以開出價值本性，與對比於現實政治之價值境界，由此理想之價值境界性看來，《中庸》之中和思想與人性價值論，乃是理想之價值理念。

　　　　思孟學派新探》，北京市：北京大學，2008 年，頁 328。
〔註54〕干春松，〈《中庸》的天下國家觀〉，引自杜維明主編，《思想、文獻、歷史：思孟學派新探》，北京市：北京大學，2008 年，頁 341。

第三節　中和與《中庸》實踐方法論

　　先前曾提及,《中庸》之中和思想中,理想的價值理念爲何?前面曾自《中庸》之形而上本根論、人性價值論等方面,以探究此問題,在此將自《中庸》之實踐方法論,以探討此問題。而《中庸》之實踐方法論,又該如何理解?在此將自《中庸》文本之概念,以對此問題,作進一步之理解。在此將涉及關於實踐之概念,諸如「愼獨」、「誠」、「仁」、「智」、「學」、「問」、「思」、「辨」與「行」等,以探討《中庸》之實踐方法爲何,並探討《中庸》所預期之實踐範圍爲何。能理解此等問題,則將進一步理解其與《中庸》之中和思想之關係爲何,以了解《中庸》中和思想中,理想之價值理念爲何。

　　《中庸》文本中,論及關於實踐等概念,其中涉及實踐方法,與實踐所預期之範圍。而依本文的看法,《中庸》之實踐方法論,相當重視有爲的思想。而其實踐方法涉及自身之態度,以及對外之學習與實行。其中學習與實行,一方面涉及人倫規範之學習,另一方面,則是超出人倫規範,而養育宇宙萬物。其所預期之範圍,乃是使宇宙天地皆得化惡爲善。

一、注重有爲的實踐方法論

　　《中庸》文中已涉及實踐,如《中庸》開頭有曰:

　　　　天命之謂性,率性之謂道,修道之謂教。

其中《中庸》提及「修道之謂教」,亦即對中庸之道之修習,提及修習的觀念,可見《中庸》已注意實踐之思想。而《中庸》亦重視有爲之實踐工夫,此從《中庸》論「誠之者」得以理解,《中庸》有曰:

　　　　誠者,天之道也;誠之者,人之道也。誠者不勉而中,不思而得,

　　　　從容中道,聖人也。誠之者,擇善而固執之者也。

由此言論看來,《中庸》確實提出有爲之工夫,亦即擇善固執。由於人們可能因現實之種種抉擇,而選擇背離本不應背離之中庸之道,而使中庸之道之價值善不受彰顯,《中庸》亦引孔子所言:

　　　　道之不行也,我知之矣:知者過之,愚者不及也。

《中庸》引用孔子所言,表示中庸之道可能不被實行,因此,中庸之道之價值善,乃需要人的修習,才可接近中庸之道。《中庸》亦言及「誠者」與「從容中道」之聖人,依本文的看法,《中庸》相當重視以有爲的工夫,以求達到聖人,吳怡亦曾提及:「那些認爲一生下來,就是聖人的說法,只是宋末的狂

禪罷了。所以按照筆者的看法，它們的劃分應該是垂直的，也就是說賢人的
理想是聖人，致曲的極致是至誠。」〔註55〕又說：「因爲孔子在六十歲以前還
要靠力學，到了七十歲，才有聖人的境界。」〔註56〕依據吳怡所述，聖人並
非天生即爲聖人，而是透過有爲的工夫，而達到的境界，吳怡並以孔子爲例，
以爲孔子從心所欲的從容境界，乃是經過七十歲以前的工夫，才得以達到。
由此觀之，自《中庸》論「誠」，得以說明《中庸》重視有爲之實踐工夫。《中
庸》更引孔子所言：

> 庸德之行，庸言之謹，有所不足，不敢不勉，有餘不敢盡；言顧行，
> 行顧言，君子胡不慥慥爾！

由此言論觀之，《中庸》不但強調勤勉實踐的工夫，更表現出戒愼小心之態度，
因而強調努力，亦強調不說過份多餘之言語，或作過份之行爲，此種勤勉與
謹愼之態度，並非不必過多思慮之從容，而是審愼與努力，可見《中庸》對
有爲之重視。

　　而自《中庸》文中，亦可看出，《中庸》仍提及有天生才能較高者，即使
如此，《中庸》仍重視有爲之實踐工夫，並藉以修習善道。《中庸》有云：

> 或生而知之，或學而知之，或困而知之，及其知之，一也；或安而
> 行之，或利而行之，或勉強而行之，及其成功，一也。

由此言論看來，《中庸》提及修習善道之實踐方法，涉及生而知之，或勉力學
習而知，但若成功修習善道，其結果皆是一樣的，因此，《中庸》強調有爲之
實踐，亦提及天生能力較高者，張岱年亦曾提及：「反對愛人而主張因任自然，
便是老莊的無爲說。無爲的思想又引起反動，乃發生荀子的有爲說。於是更
有調和有爲無爲的思想，便是誠說。」〔註57〕由張岱年所述，《中庸》論「誠」
等學說，調和有爲無爲，此是否爲調和老莊與荀子，是一問題，有學者以爲，
《中庸》爲子思學派所作，如此則在荀子之前，而不能調和老莊與荀子思想，
但可見《中庸》論及有爲，亦仍提到無爲而能知者，雖然如此，《中庸》仍重
視有爲之實踐工夫，《中庸》曰：

> 人一能之己百之，人十能之己千之。果能此道矣，雖愚必明，雖柔
> 必強。

〔註55〕吳怡，《中庸誠的哲學》，台北市：東大，1976 年，頁 84。
〔註56〕吳怡，《中庸誠的哲學》，台北市：東大，1976 年，頁 84。
〔註57〕張岱年，《中國哲學大綱》，雲南縣斗六鎮：藍燈出版社，1992 年，頁 434。

由此觀之，《中庸》提及有人天生能力較高，若自己未有此種天資，仍可由勝過他人百倍之實踐工夫，以強健自身，因而《中庸》仍相當重視有為工夫，以下將以有為實踐之方向，以探討《中庸》之實踐方法論。

二、涉及內外之實踐工夫

而《中庸》修習中庸之道之實踐工夫，則涉及內外之道，此可自《中庸》之忠恕之道，以進行理解。《中庸》曾引孔子所言：

> 忠恕違道不遠，施諸己而不願，亦勿施於人。

由此言論看來，《中庸》論實踐工夫，不僅重視內在修養，亦重視客觀之實踐，而不偏廢兩方面之努力，方旭東亦曾對此說明：「《中庸》原文用『亦』字，從語法上說，表示前後兩個分句為並列關係，而朱熹在解釋時將『亦』字換成『而後』，則使前後兩個分句形成時間先後關係，『必待』云云，更使前者變為後者之條件。」〔註58〕根據方旭東所言，《中庸》一方面論及自身，另一方面，論及不將不欲求者加諸於人，兩者並列，而非時間先後，或者那一方為另外一方的根本條件，由此看來，《中庸》論修習中庸之道，必須涉及忠恕等內外之道，方旭東亦曾說明：「就個人而言，推己屬勉力而為，這與聖人的『從容中道』不是一個檔次，它是朝向道（way 或 principle）而行，離道越來越近。因此，說到忠恕，就必然是『違道』。」〔註59〕根據方旭東所述，實踐忠恕之道並非等同中庸之道，但修習忠恕之道，即能接近中庸之道，由此看來，行「盡己」、「推己」之忠恕之道，亦即實踐內外之道之實踐，才得以接近中庸之道。

三、審慎觀察自身之實踐方法論

由於實踐內外之道，才可能接近中庸之道，在此將探討《中庸》，關於自身與外推之實踐概念，以探究《中庸》之實踐方法為何。而從自身之角度，《中庸》強調審慎之態度，以觀察自身，此為高度之道德要求，此可自《中庸》之「慎其獨」，以作理解。《中庸》有曰：

〔註58〕方旭東，〈為何子思說"忠恕"與《論語》不同——道學解釋及其問題〉，引自杜維明主編，《思想、文獻、歷史：思孟學派新探》，北京市：北京大學，2008年，頁321。

〔註59〕方旭東，〈為何子思說"忠恕"與《論語》不同——道學解釋及其問題〉，引自杜維明主編，《思想、文獻、歷史：思孟學派新探》，北京市：北京大學，2008年，頁324～325。

> 道也者，不可須臾離也，可離非道也。是故君子戒慎乎其所不睹，
> 恐懼乎其所不聞。莫見乎隱，莫顯乎微。故君子慎其獨也。

依據此言論，《中庸》以為，中庸之道就在自身，本不應離開自身，但由於人於現實之種種狀態，使行為不符合最恰當之中庸之道，因此，若身為一名君子，則應審慎觀察自身，即使獨自一人，或他人所看不見之處，皆須秉持謹慎小心之態度。關於「獨」，或有人解釋為獨自一人，或有人解釋為別人看不見之內在，此等解釋雖有不同，但皆表現為面對自身的審慎態度，且皆為高道德要求。王澤應亦曾對此解釋：「所以，品德高尚的人在一人獨處的時候也是謹慎的。」〔註60〕王澤應在此將「慎其獨」，解釋為在獨處之時謹慎，而徐復觀則對此說明：「『慎獨』，是在意念初動的時候，省察其是出於性？抑是生理的欲望？出於性的，並非即是否定生理的欲望，而只是使欲望從屬於性；從屬於性的欲望也是道。」〔註61〕根據徐復觀所解釋，「獨」可釋為動機，「慎獨」是省察動機是否出於價值之善。獨自一人之謹慎態度，顯示修習中庸之善道，並非為了別人讚賞，而是為自身，此是比日常生活更高之道德要求。而省察別人所不見之內在動機，而不僅是行為，此更是高度的道德要求，由此看來，《中庸》論修習中庸之道之實踐方法，指向自身，而不論是自身獨處之行為或內在之動機，皆可見其為高度之道德要求。

四、涉及外在與強調身體力行之實踐方法論

　　《中庸》論修習中庸之道之實踐方法，涉及內在自身，亦涉及外在層面，此等自《中庸》之「仁」、「智」，得以作相關理解。本節第二單元曾提及，《中庸》之實踐工夫涉及內外，而在本節第三單元，先論及對自身內在之審慎觀察，本單元則探討《中庸》實踐方法，所涉及之外在層面。而筆者認為，此等實踐方法，並非只是記誦或思考即可得知，而是不斷實踐，才可能接近中庸之道。先前提及，《中庸》所論之「仁」、「智」，可涉及對外社群價值，而自《中庸》之「仁」、「智」，亦可理解《中庸》之實踐方法，《中庸》曾引孔子所說：

> 修道以仁。仁者人也，親親為大；義者宜也，尊賢為大。親親之殺，
> 尊賢之等，禮所生也。

〔註60〕王澤應注譯，《新譯學庸讀本》，台北市：三民，2004年，頁46。
〔註61〕徐復觀，《中國人性論史先秦篇》，台北市：台灣商務，1969年，頁124。

由此看來，《中庸》論「仁」，一方面指向修習自身，一方面涉及親愛親人，
亦即人際關係之和諧，而《中庸》又引孔子所言：

> 好學近乎知，力行近乎仁，知恥近乎勇。知斯三者，則知所以修身；
>
> 知所以修身，則知所以治人；知所以治人，則知所以治天下國家矣。

由此言論看來，《中庸》談「仁」、「智」，涉及實踐方法，且是在人倫關係之
實踐方法。其中「仁」代表努力實行，「智」代表好學，《中庸》亦論及知道
恥辱，則近於剛毅之勇，因此，「仁」、「智」皆涉及修養自身之實踐方法，而
「仁」與「智」，並非僅是一般知識之學習，而須不斷實踐。一般之知識，透
過記憶與思辨，則有可能習得，「仁」、「智」則不然，此等是實踐智慧，須要
在人倫關係中實踐，才有可能習得，換言之，即使個人勉力記誦生活禮儀規
範，倘若未有實踐，仍稱不上了解人倫關係中，最恰當之中庸之道，張永儁
亦說明：「『禮』的另一個重要的意義是：『禮者，履也。』（《說文》）『履，足
所依也。』（《說文》）《爾雅・釋言》郭璞注曰：『禮，可以履行已。』換言之，
即是實行、實踐的意思。」〔註62〕又說：「人生實踐有內外兩面，在內是人格
的涵養，在外是作人的尊重與儀行的整飭。」〔註63〕依據張永儁所言，人際
關係所具有之禮儀規範，其意義乃是實踐，因而「仁」、「智」等關於對外人
際禮儀之學習方法，必須藉由實踐，否則難以修習中庸之道，亦即難以在人
際關係中，具有最恰當行動。《中庸》甚至亦以為，不僅藉由實踐，還須透過
不斷勉力之練習，才可能接近中庸之道，《中庸》有曰：

> 博學之，審問之，慎思之，明辨之，篤行之。有弗學，學之弗能，
>
> 弗措也；有弗問，問之弗知，弗措也；有弗思，思之弗得，弗措也；
>
> 有弗辨，辨之弗明，弗措也，有弗行，行之弗篤，弗措也。

《中庸》強調「學」、「問」、「思」、「辨」與「行」等實踐方法，此包含學習、
請教、思考、分辨、實行等，由此言論看來，《中庸》之實踐方法，不僅是一
般知識之記誦與思考等學習方法，亦包含實際行動之部分，不僅如此，《中庸》
亦說明，需要廣博、詳細、慎重、明確與切實，否則不停止此等實踐方法。
因此，從《中庸》之「仁」、「智」，可理解《中庸》修習中庸之道之實踐方法，

〔註62〕張永儁，〈「禮」的人文理想與人道關懷〉，引自沈清松主編，《詮釋與創造：傳
統中華文化及其未來發展》，台北市：聯合報系文化基金會，1995 年，頁 94。

〔註63〕張永儁，〈「禮」的人文理想與人道關懷〉，引自沈清松主編，《詮釋與創造：傳
統中華文化及其未來發展》，台北市：聯合報系文化基金會，1995 年，頁 94。

不僅是學問思辨，更是實踐智慧，且是不斷努力在實際行動中練習，才可能
接近人倫關係中，最恰當之中庸之道。

五、《中庸》兩種實踐範圍之理解層面

　　《中庸》之實踐方法論及外在層面，而對外層面亦可從兩種範圍作理解。
《中庸》之實踐方法論，論及實踐智慧，且爲不斷努力練習之實踐，如此才
可能接近中庸之道，而依本文的看法，《中庸》論對外實踐之範圍，一方面涉
及日常人際之禮儀規範，另一方面，又涉及整個宇宙之天地萬物。先前提及，
《中庸》論修習中庸之道之實踐方法，涉及內外兩面，亦即自身之態度，以
及外在社群之實踐，而此對外之實踐，又涉及日常人倫關係之禮儀規範，另
外又超出日常之人倫關係，而將中庸之道或善道，推廣至天地萬物之間，此
不只涉及廣大之空間範圍，亦是時間上之長久。董根洪亦曾對此說明：「《中
庸》對心性修養以成中和人格是循著兩條路線前進的。……一是循著血緣宗
法關係的仁禮之路而成的中和人格。這種中和人格的基本特徵在於庸常
化。……二是沿著《易傳》陰陽大化路子而成的中和人格。」〔註 64〕依據董
根洪所述，《中庸》論修養，包含兩種方向，亦即仁禮與宇宙天地之兩種道路，
其中仁禮之路乃是「庸常化」，亦即日常之人際關係，另外，則是類似《易傳》
形而上之陰陽大化，亦即宇宙天地之化育。關於前者，亦即仁禮之路之實踐
道路，可自《中庸》之「仁」、「禮」概念，以作理解。《中庸》曾引孔子所述：

　　　仁者人也，親親爲大；義者宜也，尊賢爲大。親親之殺，尊賢之等，
　　　禮所生也。

從此言論看來，《中庸》之實踐方法，涉及日常人倫關係。先前提及，從《中
庸》之「仁」、「智」等概念，可理解《中庸》修習中庸之道，或說善道之實
踐方法，亦即勉力實踐與學習，而此實踐智慧，乃是自日常生活之人際關係
中練習，此種包含親屬與非親屬關係，亦即親人與賢人，由此等人際關係，
而衍生出禮儀規範，可見禮儀乃是日常人際關係的規範，由此看來，《中庸》
論修習善道之實踐方法，乃是在日常人際之禮儀規範中，勉力練習，以接近
最恰當之善道。

　　而在此日常人際規範中練習，是否表示，《中庸》對此路線之態度，是純

〔註 64〕董根洪，《儒家中和哲學通論》，濟南：齊魯書社，2001 年，頁 182～183。

然遵守外在，而未論及內在修養？依本文的看法，《中庸》論修習善道之實踐方法，並非全然遵守外在規範，而指出內在對人際規範之尊重。《中庸》曾引孔子所述：

> 君子素其位而行，不願乎其外。素富貴，行乎富貴；素貧賤，行乎貧
> 賤；素夷狄，行乎夷狄；素患難，行乎患難：君子無入而不自得焉。

由此言論看來，《中庸》探討在日常人際之實踐時，強調遵守社會禮儀規範，亦即身為一個君子，乃是按照其社會地位行事，此看似純然外在與他律，而不需人自身之努力反思，如此則違背有為之實踐精神，然而，此種遵守，並非純外在之他律，而是指向自律精神，《中庸》亦曾引用孔子所言：

> 人皆曰「予知」，驅而納諸罟擭陷阱之中，而莫之知辟也。人皆曰「予
> 知」，擇乎中庸，而不能期月守也。

對此，梁濤亦曾說明：「『擇乎中庸』說明中庸的客觀外在性，而『期月守也』則表明中庸的完成與實現需要經過一定時間的持守，將其由外在規範轉化為內在自覺。」〔註65〕根據梁濤所述，《中庸》不但指出外在規範，並指出自覺性的持守，因此，《中庸》論修習善道之實踐方法，仍是有為，換言之，在日常人際之禮儀規範中，《中庸》論實踐乃是勉力自我約束，《中庸》亦引孔子所述：

> 踐其位，行其禮，奏其樂，敬其所尊，愛其所親，事死如事生，事
> 亡如事存，孝之至也。

由此言論看來，《中庸》論在日常人際禮儀規範之遵守，亦指出內在之親愛與敬意，亦即內在之自覺，以及有為勉力之實踐。

　　《中庸》除了論在日常人際禮儀之實踐，亦論及將善道實行於宇宙天地之間，此表現出《中庸》對實行善道之超越性。先前提及，《中庸》論及勉力之實踐方法，以求接近於中庸之道，亦即接近善道，而此善道之實踐，分兩種路線，一方面是日常人際之禮儀規範的實踐，另一方面，則涉及宇宙天地，其中日常人際禮儀之實踐，看來具有侷限性，亦即侷限於社會禮儀規範，而不輕言逾越，而《中庸》在後半段，亦即朱子所劃分之二十章後，則多超乎一般之人際禮儀規範，將善道推向整個宇宙天地之間，展現其實踐之超越性，此可自《中庸》論「誠」與「肫肫其仁」，加以理解。《中庸》有曰：

> 在下位不獲乎上，民不可得而治矣；獲乎上有道：不信乎朋友，不

〔註65〕梁濤，《郭店竹簡與思孟學派》，北京：中國人民大學出版社，2008 年，頁 272。

獲乎上矣；信乎朋友有道：不順乎親，不信乎朋友矣；順乎親有道：

反諸身不誠，不順乎親矣；誠身有道：不明乎善，不誠乎身矣。

由此言論看來，《中庸》論及了日常人際之規範，與相互信賴之關係，另一方面，又論及天地間最深層之「誠」以及善道，《中庸》又有曰：

唯天下至誠，爲能盡其性；能盡其性，則能盡人之性；能盡人之性，

則能盡物之性；能盡物之性，則可以贊天地之化育；可以贊天地之

化育，則可以與天地參矣。

從此言論看來，《中庸》以爲「誠」可以窮盡本性，亦即宇宙最深層之善道，得以窮盡本性，窮盡本性，不僅僅爲人之本性，亦包括萬物之本性，此更擴展至天地之間，徐復觀亦說明：「先秦儒家與萬物爲一體之仁，實際即表現爲對萬物的責任感，而要加以救濟的。對於作爲救濟手段的『知』（知識與技能）的追求，實同樣含攝於求仁之中。」〔註66〕根據徐復觀所述，由《中庸》之「誠」，得以說明，《中庸》探討窮盡萬物之性，乃是對萬物之責任感，而推向整個宇宙天地之間。

　　《中庸》論及至誠，得以成就天地萬物，但至誠何以能成就萬物之本性？若以此處所言之責任感，則得以說明，由於人對天地萬物有責任感，因而欲成就天地萬物，此亦是將善道推往天地萬物之間，《禮記正義》中亦有解釋：「『爲天下至誠爲能化』，言唯天下學致至誠之人，爲能化惡爲善，改移舊俗。」〔註67〕由是觀之，至誠之道，得以參贊天地之化育，乃是指化惡爲善，亦即將深層之善道推向整個宇宙天地。先前亦曾提及，此至誠之道，可以儒家核心之「仁」德理解，亦即仁德之全體呈現。在日常人際之禮儀規範中論實踐，「仁」看來指向親愛親人，對親人以外看來則是以尊敬之態度，而若論及對宇宙天地之間，此種「仁」愛，乃是對天地萬物無所偏重之責任感，《中庸》有曰：

唯天下至誠，爲能經綸天下之大經，立天下之大本，知天地之化育。

夫焉有所倚？肫肫其仁！淵淵其淵！浩浩其天！

從此言論看來，此種純粹之仁愛，是無所偏倚者，而能將責任感與關愛，推向整個與宇宙。

　　《中庸》論將善道實踐於宇宙天地時，其不僅是空間上之廣大，亦爲時

〔註66〕徐復觀，《中國人性論史先秦篇》，台北市：台灣商務，1969 年，頁 151～152。

〔註67〕鄭玄注，李學勤點校，《禮記正義》，北京市：北京大學，1999 年，頁 1449。

間上之長久。《中庸》有曰：

> 故至誠無息。不息則久，久則徵，徵則悠遠，悠遠則博厚，博厚則
> 高明。博厚，所以載物也；高明，所以覆物也；悠久，所以成物也。
> 博厚配地，高明配天，悠久無疆。

由此言論觀之，《中庸》論至誠之道，論及時間上之永久，致使範圍更趨擴大。
至誠之道，乃是將善道實行於宇宙天地之間，其中涉及足以承載萬物之深厚
程度，以及足以至天之高遠，在此，又論及時間之久遠，此不僅將善道擴及
現在之宇宙空間，亦包含未來之宇宙空間。

六、中和思想與《中庸》兩種實踐範圍的關係

　　《中庸》文本中之諸多概念，涉及修習善道之實踐方法論，而此等實踐方
法論與《中庸》之中和思想，其關係何在？依本文的看法，《中庸》之中和思想，
涉及兩種層面，此等即可自《中庸》之實踐方法論理解。先前提及，《中庸》之
中和思想，涉及兩種層面之理解，其中涉及形而上根源層面之理解，另一方面，
則涉及現實人倫關係層面之理解，而《中庸》文中之諸多概念，所涉及之實踐
方法論，亦涉及此兩種層面，因而從此兩種層面，可理解《中庸》之中和思想，
與其實踐方法論之關係。《中庸》探討修習善道之實踐方法論時，多所強調有為
而勉力之實踐，而其實踐之方法，包含內在及外在，關於內在，《中庸》強調戒
慎小心之態度。而關於外在，《中庸》則強調實踐之工夫，而非僅是概念之思辨，
而關於實踐之工夫，《中庸》涉及在日常人際之禮儀規範中，能夠勉力自覺地進
行實踐，另一方面，則涉及將善道普遍推向整個天地萬物。由此看來，《中庸》
之諸多概念，所涉及之實踐方法論，亦可分為現實人倫關係之實踐，以及形而
上之實踐。其中，《中庸》涉及在日常人際之禮儀規範中實踐，即可理解為《中
庸》之中和思想中，現實人倫之層面，而《中庸》關於將善道推向宇宙天地之
實踐，則可理解為《中庸》之中和思想中，形而上根源之層面，而此兩面乃是
一體之兩面，亦即人之實踐以內在價值根源為依據，而於現實人際中實行善道，
並將善道推展至天地萬物。董根洪亦曾對此說明：「而《中庸》結尾部份多層面
地揭示『至誠』的天道人性時，實質上是揭示主體如何培養完善自己的未發之
『中』以及發而中節之『和』。」〔註68〕又說：「『誠』是『成己』『成物』，而非

〔註68〕董根洪，《儒家中和哲學通論》，濟南：齊魯書社，2001年，頁186。

『成己』『成人』，『所以成物』者，示『誠』在贊天地萬物之化育也。」〔註69〕
依董根洪所述，《中庸》論「誠」，不但注重成就他人，更成就天地萬物，而此
等成就萬物之行，乃是將形而上誠者，亦即天之道，或說至善之道，推展至天
地萬物，此實踐之道即涉及形而上之理解。此人倫與形而上二者，看來是不同
層面之理解，但並非毫無關係兩種層面，依本文的看法，此乃是一系列之實踐
工夫，而有上下不同層面之理解，換言之，是下學而上達之實踐工夫，《中庸》
亦曾引孔子所言：

> 君子之道，造端乎夫婦，及其至也，察乎天地。

由此觀之，《中庸》論修習君子之道之實踐工夫，乃是自夫婦之道等日常人倫
規範開始，至於極至，則此涉及宇宙根本之善道，以至於宇宙天地之間，因
此，《中庸》之中和思想，雖可自不同層面加以理解，然而自《中庸》涉及之
實踐方法論看來，此等可理解為一系列之過程。

七、實現天人普遍和諧之價值理想

　　而自《中庸》中和思想中，所蘊含之實踐方法論來看，《中庸》之中和思
想中，最理想之價值理念為何？筆者認為，《中庸》之中和思想，涉及將至善
之道，普遍推向宇宙天地之間，此即實現天人和諧，此種普遍性，符合最理
想之價值理念。先前提及，價值乃是一複雜有機之整體概念，其涉及客觀標
準層面，亦涉及主體之需求與其所處之情境，《中庸》之中和思想，所涉及之
實踐，遍及內外層面，其一方面涉及自身之反思態度，另一方面，又涉及外
在，外在亦包含日常人際與宇宙天地之實踐，由此看來，《中庸》中和思想之
實踐方法論，不僅反思客觀價值標準，更要求主體自身的反思，並強調將客
觀價值標準，實踐於各種情境，此中包含人際關係，以及人與宇宙天地之關
係，甚至是人與未來宇宙天地之關係，《中庸》中和思想對價值之實踐，展現
相當之普遍性，此乃是高度之理想，張永儁亦說明：「人生安樂和順的重要條
件，是情志溝通、人倫有敘，天人和諧。禮，安排了這樣一幅美好的人生畫
面，充滿了理想的憧憬。這個理想的實現，在人內外兩面，充滿了許多困難。」
〔註70〕又說：「如何實現呢？孔子的答案是『為仁由己』，禮家的答案是『節

〔註69〕董根洪，《儒家中和哲學通論》，濟南：齊魯書社，2001年，頁187。
〔註70〕張永儁，〈「禮」的人文理想與人道關懷〉，引自沈清松主編，《詮釋與創造：傳
　　　　統中華文化及其未來發展》，台北市：聯合報系文化基金會，1995年，頁109。

情復性』，簡單的說，便是『在禮』。用現代的話說，便是自我尊重，自我體現。」〔註 71〕根據張永儁所述，人生之理想，涉及天人普遍之和諧，實現此等理想，又涉及內外兩面，亦即自我與自我之外，可見此等實踐，乃是高度普遍性實踐，而《中庸》中和思想之價值實踐，亦為普遍至自身與天人關係，此即實踐至天人普遍和諧，而除了個體實踐以提升天人普遍和諧，從另一方面看來，天地之間各社群學習及明瞭價值之善，則整個天地之間，亦構成實踐善道的主體，由此普遍性，可理解為《中庸》中和思想之價值理想。

　　《中庸》中和思想價值實踐之普遍性，含內、外、上、下、現今、未來，而展現高度理想，由內在面，《中庸》之中和思想，涉及審慎觀察內在，如《中庸》提及之「慎獨」。由外在面，《中庸》之中和思想，涉及將價值推展至親屬、非親屬等人事，乃至萬事萬物，如《中庸》提及之「盡人之性」、「盡物之性」。由下層面，《中庸》之中和思想，亦涉及價值深層之樣貌，由上層面，《中庸》之中和思想，並涉及將價值推廣至天，如《中庸》提及之「肫肫其仁！淵淵其淵！浩浩其天！」。不僅止於現今之推動，《中庸》之中和思想，亦涉及悠久之未來，如《中庸》提及之「悠久無疆」，可見《中庸》之中和思想，普遍涉及價值概念主客之各層面，此亦可見其設想之高度理想景象。而此等高度理想景象，體現為「致中和」之人格典範，如何體現於人格典範？下面將進一步說明此等問題，以探究中和思想最理想之價值理念。

〔註71〕張永儁，〈「禮」的人文理想與人道關懷〉，引自沈清松主編，《詮釋與創造：傳統中華文化及其未來發展》，台北市：聯合報系文化基金會，1995 年，頁 109。

第四章　致中和的君子人格典型

第一節　君子之性與未發之中

本文開頭曾提及，《中庸》之中和思想中，蘊含最理想之價值理念，此種最理想之價值理念為何？有什麼理由，得以說明《中庸》之中和思想，為最理想之價值理念？而筆者認為，《中庸》之中和思想，乃是塑造一種君子的人格，此種人格，可作為一般人效法的典範，此乃是一種人格典型，由此可以說明，《中庸》之中和思想，蘊含最理想之價值理念。本章將試圖說明《中庸》之中和思想，乃是塑造一種人格典型，並試圖解釋，為什麼塑造一種人格典型，乃是一種高度的價值理想。並進一步舉出幾位宋明理學家，說明他們對中和思想的人格典型，所進行的發展，藉由此種人格典型之發展，加以說明中和思想，乃是最理想之價值理念。

在上一章，本文企圖以《中庸》文中之種種概念，以說明《中庸》之理論結構，並說明中和思想與《中庸》理論結構之關係。而《中庸》中和思想，所涉及之理論結構，包含形上本根論、人性價值論與實踐方法論，而從實踐方法論來看，《中庸》中和思想之實踐，具備普遍性，其範圍包含上、下、內、外、現今、未來，而此等實踐，涉及對內在人格的形塑，本章將探討此種內在之人格典型，進而說明《中庸》中和思想，所蘊含的價值理想。

一、價值理想與人格典型

由先前所述，《中庸》之中和思想，得以塑造一種人格典型，此等原因何在？

而如果《中庸》之中和思想，塑造一種人格典型，又如何能說，此是一種高度之價值理想呢？筆者認為，《中庸》之中和思想，論述到對價值善的要求，而此等要求所針對的對象，超出一般的要求，它不僅要求人要作對的行為，更要求人的動機需符合價值善，更甚者，它不僅要求動機要符合價值善，甚至整個內在皆為價值善，亦即成就一種至高無上的完美德性，就一般而言，價值善可針對人外在所作的行為，倘若人是作對的行為，在某種意義上，可符合價值善，然而，許多學者不僅僅要求人的外在行為是對的，並要求整個人格，皆需符合價值善，人格相對於外在行為，包含內在之動機、性、情等內容，中和思想要求外在行為與內在，皆要符合價值善，此種要求，則非一般的要求，而是極高度的價值要求，由此觀之，對於人格典型的要求，已經不是一般的價值要求，而是最理想的價值理念。此等乃是對內在德性的要求，與倫理學中所謂之德性倫理學（virtue ethics）相近，而此等高度之價值要求，亦可自德性倫理學之觀點，以作初步之理解。倫理學中之德性倫理學，其所關注的焦點，不僅是表現的行為，更關注人內在的動機，而筆者認為，就此角度看來，此種道德要求，乃是高度的道德要求，乃是一種價值理想。美國學者，詹姆斯·雷契爾斯博士（James Rachels）即曾對德性倫理學作說明，指出：「德性倫理學是有吸引力的，這是因為，它提供道德動機一個自然而有吸引力的解釋。」〔註1〕由此觀之，從倫理學中之德性倫理學，得以說明對道德動機上的要求，而不僅是對外在行為的要求，而莊錦章更說明：「而德性倫理學根本上，關注在優質生活與優良性格特質的描述，而優良性格特質對優質生活是不可或缺的，也是基本的（又不只是以優質生活為目的）。」〔註2〕根據莊錦章所述，德性倫理學又不僅解釋動機，更重視對優良性格的教養，而它的解釋更表明對美好生活的渴望，由此看來，德性倫理學不單重視動機，又渴求內在的美化，亦即德性的教養，它們認為這對優質生活是不可或缺的，由此看來，德性倫理學對內在的要求，確實超過一般對行為的要求，他們要求的程度更高，乃是對理想的渴望。而許多學者

〔註1〕原文為"Virtue Ethics is appealing because it provides a natural and attractive account of moral motivation."參照 James Rachels, *The Elements of Moral Philosophy*（Boston: McGraw-Hill, c2007），pp. 184。

〔註2〕原文為"But virtue ethics essentially, focuses on the description of the good life and qualities of character which would be integral to and constitutive of （and not just as an aim toward） the good life."參照 Kim-chong Chong, "Confucius's Virtue Ethics: *Li, Yi, Wen* and *Chih* in the *Analect*," *Journal of Chinese Philosophy* 25 （1998），pp. 103。

認爲，儒家學者的道德論述，乃是德性倫理學，若是如此，儒家學者對價值善的要求，則是對理想的高度渴望，乃是最理想的價值理念，沈清松即曾提及：「其實，在我看來，無論是儒家或基督宗教的倫理學都是德行論的倫理學。儒家重視人本有善性的卓越化，也重視人良好關係的滿全。」〔註3〕根據沈清松所述，儒家對道德的論述，乃是一種德性倫理學，他們不只論述人內在性格，更要求人內在性格的卓越化，並重視人際關係的良好，由此看來，儒家重視內在動機與內在性格，並重視良好的人際關係，渴求美好的生活，儒家關於價值善的要求，乃是對價值理想的追求，而《中庸》乃是儒家的重要經典之一，其所蘊含對價值善之渴求，亦爲最理想之價值理念。因而《中庸》之中和思想，亦渴求最理想之價值善，是爲最理想的價值理念，此種價值理念，則可從人的內在性格加以探討。

　　從儒家德性論之思想，可說明其所蘊含之價值理想，若要探討此種理想，即可自人內在動機與內在性格，以及良好的人際關係以作探討，《中庸》之中和思想，亦可從人之內在性格，與良好之人際關係作探究，而要自內在性格探討，則可以從《中庸》中和思想，所形塑之君子人格典範以作說明，亦即從君子之性，來探討《中庸》中和思想所蘊含之價值理想。莊錦章亦曾提及：「孔子的倫理學並不太關注在義務及決定它們的原則，而是在行爲背後的人格特性以及方法，而行爲在此之中呈現。」〔註4〕根據莊錦章所言，孔子有關倫理思想的探討，所關注的焦點是在人格，而非行爲，亦不是從諸多行爲中，推論出最抽象的行爲原則，孔子主要關注在內在人格特性，因此，探究儒家的價值理想，則可從人格所樹立之典範來做探討。而《中庸》的中和思想在論述過程中，亦常引用孔子的話，並加以延伸與發揮，由此觀之，探討《中庸》中和思想之價值理想，亦可從內在人格所樹立的典範，以做探討。在此則需進一步提問，如何理解人格？人格與《中庸》中和思想的關係何在？如果《中庸》的中和思想，樹立一種人格典範，又應如何說明，此爲一種價值理想？以下將從此等問題，以探討《中庸》中和思想的價值理想。

〔註3〕 沈清松，《對比・外推與交談》，台北市：五南，2002 年，頁 325。

〔註4〕 原文爲"Confucius's ethics focuses not so much on duties and the principles which determine them, as on the character of the person behind the action, and on the way in which the action is performed." 參照 Kim-chong Chong, "Confucius's Virtue Ethics: *Li, Yi, Wen* and *Chih* in the *Analect*," *Journal of Chinese Philosophy* 25 （1998）, pp. 101。

二、人格典型的理解

　　《中庸》之中和思想，所蘊含之價值理想，可自人格典型來做探討，而人格又應如何理解？筆者認為，人格指出人之內在特性，此包括動機、情感及人性等等，羅光即曾提及：「人格所指的是一個個體的人，即是這個人或那個人，不指著人的某部份而是指著一個完整的人。」〔註5〕又說：「這個完整的人，乃是自己一切的主體，凡是人的動作，不論生理方面的營養發育或生殖動作，不論感覺方面的感官或情感動作，不論理智或意志的精神動作，都是個人的動作。」〔註6〕依羅光所述，「人格」為主體之人的一切動作，含有情感、理智等，J. F. Donceel 亦說明：「心身系統的動態組織是由體型、智力、氣質與性格而構成人格。」〔註7〕根據 J. F. Donceel 所言，人格含有身體與心理組織所具有的特質，包括智力與性格等，關於性格等心理層面，羅光亦曾提及：「因此性格在狹義上，是『每個人心理的生活方式』。心理的生活方式，不是指著外面的表現方式，而是指著心理生活發展的整個方式。」〔註8〕依據羅光所言，性格等心理方面，並不是指外在的表現，在此則把焦點放在人格之心理特質，而由上述可知，人格指出人的內在心理特質，雖然外在世界可能影響人內在特質，但人格特性並非外在世界，由此觀之，人格指出人的特質，可與外在作世界區分，表現出人獨特的特性。

　　對於儒家學者而言，洪櫻芬亦提及：「至於傳統儒家，更是圍繞著『人』來立論。當位格性的展現是著眼於『人』，亦可用『人格』一詞來代表。而理想人格的修成是儒者的主要課題，孔、荀之所以力倡道德價值，為的正是引領人達到聖賢之境，造就完善的理想人格。」〔註9〕根據洪櫻芬所述，儒家學者的關注點在於人格面，人格亦表現出人的獨特性，要從人的內在特性，以探討儒家的價值理想，則可以從人格上探索，洪櫻芬又提到：「人格可以說是人的性、情、才的總和，展現出人的尊嚴與地位……孔子雖然沒有直接提出『理想人格』一詞，但其學說立基於道德價值的領域，期許品德朝更完美的境地前進，透顯著對理想人格典範的讚揚。」〔註10〕根據洪櫻芬所述，人格

〔註5〕　羅光，《士林哲學——理論篇》，台北市：台灣學生書局，1982 年，頁 529。
〔註6〕　同上。
〔註7〕　J. F. Donceel 著；劉貴傑譯，《哲學人類學》，台北市：巨流，1990 年，頁 223。
〔註8〕　羅光，《士林哲學——理論篇》，台北市：台灣學生書局，1982 年，頁 531。
〔註9〕　洪櫻芬，《價值與道德之融通》，台北市：洪葉文化，2003 年，頁 166。
〔註10〕洪櫻芬，《價值與道德之融通》，台北市：洪葉文化，2003 年，頁 166～167。

的特性，涉及性、情等等，而儒家學者如孔子，更期望人經由不斷的教化，培養高尚的品德，而成爲典範人格，因此，若要透過人的內在特性，以理解儒家的價值理想，可自性、情等角度作探討。並能從教養內在性情，以成人格典範的角度，來探討儒家之價值理想，因此，探討《中庸》中和思想之價值理想，得以自人內在之情感、本性，以及人格典範，來作說明。

　　對於中國儒家思想而言，君子乃是理想人格典範，《中庸》作者曾引孔子所述：

　　　　寬柔以教，不報無道，南方之強也，君子居之。衽金革，死而不厭，

　　　　北方之強也，而強者居之。故君子和而不流，強哉矯；中立而不倚，

　　　　強哉矯；國有道，不變塞焉，強哉矯；國無道，至死不變，強哉矯。

根據此等言論，能表現最強健之樣貌者，乃是君子，可見君子是儒家學者之人格典範，然而，儒家思想中之人格典範，看來又不僅有君子，羅光亦曾提及：「儒家以求學爲作人的途徑，孔子自己終身喜歡求學，求學的目標則有兩點：最低的目標在於作士人，最終的目標在於作聖人。社會上有士農工商四種人，人人都要作君子。」〔註11〕根據羅光所述，儒家思想中的人格典範，不僅有君子，又有士、君子、聖人等區分，其中以聖人爲最高典範，羅光亦提及：「士，在求學的階段，年青，不足以稱爲君子，但必須有士的特點。」〔註12〕可見士之人格，乃是君子人格之前的階段，羅光亦指出：「聖人達天德，氣象萬千，至道而凝。這等高尚的人品，誰敢說能做到，『若聖與仁，則吾豈敢』，孔子這句話，後代儒家都有同感。」〔註13〕根據羅光所述，聖人人格之德性，乃是通達至天地之間，是德性最高發展標準，也是難以契及的標準，《中庸》亦曾論及此種人格，《中庸》有曰：

　　　　大哉聖人之道！洋洋乎發育萬物，峻極于天。優優大哉！《禮儀》

　　　　三百，威儀三千，待其人然後行。故曰：苟不至德，至道不凝焉。

聖人之德性已發展至極，足以通往天地萬物之間，足見《中庸》亦論及聖人人格，而在此將以廣義之君子，來包含君子、聖人等人格典範，洪櫻芬亦曾提及：「君子雖低於聖人，甚至仁者（『君子而不仁者有矣夫』《論‧憲問》），然以廣義言之，孔子思想裏，也常以統攝聖仁的廣義概念來指稱君子，把具

────────────

〔註11〕羅光，《中國哲學的精神》，台北市：台灣學生，1990年，頁211。

〔註12〕羅光，《中國哲學的精神》，台北市：台灣學生，1990年，頁214。

〔註13〕羅光，《儒家的生命哲學》，台北市：台灣學生，1995年，頁428。

道德自覺、貞定價值生命，提升其高超品格的『君子』，爲理想人格的通稱。」
〔註 14〕根據洪櫻芬所言，儒家思想的人格典範，雖自狹義而言之，能分士、
君子、聖人等，但自廣義上言之，能以君子人格以作士、君子、仁者、聖人
之通稱，而下面的探討，亦將以廣義的角度，以論《中庸》中和思想呈現之
理想人格，因而探討人格典範，亦將涉及聖人之典範，尤其至中和思想之理
學解讀時，將集中於聖人典範以作探究，以下將自典範人格特性，亦即情、
性等等，以探討《中庸》中和思想之價值理想。

三、自未發之中論人格典範

　　在此將自人格內在特性之角度，說明《中庸》中和思想之價值理想，而
《中庸》中和思想亦涉及未發之中及已發之和，《中庸》有曰：

　　　　喜怒哀樂之未發，謂之中；發而皆中節，謂之和。

中和思想涉及未發之中、已發之和的思想，在此將自未發之中的角度，以說
明中和思想之人格典型，而在此亦將自《中庸》中和思想之「中」的概念爲
起點，逐步論述至未發之中，以說明典範人格之內在特性，因此，在此將自
中和思想涉及之現實人倫關係，以說明人的內在德性，進而以形而上之角度，
以論述典範人格之特性。而在此自現實人倫之角度，論述典範人格特性，將
從人面對人際關係時，其自身的卓越特性，說明君子人格，從自身之卓越特
性而言，則涉及「中」、「智」、「勇」，以及「仁」、「孝」等概念。而從形而上
之角度來看，將從本性、天命之性等等角度，以探討典範人格之特性，而自
本性之角度，將涉及「喜怒哀樂之未發」、「志」等概念，本性亦通向天道，
或稱「天命之性」，而自天命之性的角度，將涉及「天命之謂性」、「天下之大
本」等觀點。藉由此等觀點之探究，以說明中和思想典範人格之特性，進而
說明中和思想之價值理想。

四、人倫關係與君子人格特性

　　先前曾提及，《中庸》之中和思想，一方面可涉及現實中之人倫關係，另
一方面，亦涉及形而上的思想，而在此先以現實人倫之角度，以論中和思想
所呈現之君子人格特性，而從此角度看來，《中庸》常引述孔子所言，來論述

〔註14〕洪櫻芬，《價值與道德之融通》，台北市：洪葉文化，2003 年，頁 194～195。

中和思想，而在此亦可從《中庸》作者對孔子的引述，來探討在人倫關係之中，所呈現典範人格之內在特性。

在此雖然是以現實人倫之角度作探討，但孔子與儒家學者之關注點，不僅限於人際間之互動行為，更論及人自身之能力與特性，沈清松曾提及：「關於個人能力的卓越化，例如孔子談到許多不同種類的德行，其中最重要的就是智、仁、勇三達德。『智』原是人的認知能力，這種能力發揮到卓越的地步，就有智德。」〔註15〕又說：「至於智、仁、勇三達德裡的『仁』，則是『仁者愛人』之情感的卓越化。最後，『勇者不懼』之『勇』則是人的意志力的卓越化，達到無所畏懼的地步。」〔註16〕根據沈清松所言，孔子重視自身能力與內在特性之卓越，亦即孔子重視卓越之德性，而不僅限於人際間之行動，智、仁、勇即表現君子之德性，《中庸》亦引述孔子對三達德之思想：

> 天下之達道五，所以行之者三，曰：君臣也，父子也，夫婦也，昆弟也，朋友之交也，五者天下之達道也。知仁勇三者，天下之達德也，所以行之者一也。

《中庸》引述孔子所言，以為智仁勇三者乃天下之達德，由此觀之，《中庸》承繼孔子思想，重視人倫關係，也重視人自身能力與內在之卓越化，以下將分別自「中」的概念，與「智」、「仁」、「勇」三達德之關係，探討中和思想典範人格之特性。

在此先自「中」之概念，與三達德中之「智」德，來說明君子人格之特性，而筆者認為，在現實人倫中，「智」德與「中」字概念之關係在於，「智」德表現君子能觀察人際中各種情況，進而找出在恰當的狀態，因此，「智」德代表君子自身認知能力之卓越。《中庸》曾引孔子所言：

> 舜其大知也與！舜好問而好察邇言，隱惡而揚善，執其兩端，用其中於民，其斯以為舜乎！

《中庸》引述孔子所說，表示舜能觀察現實人民的各種情況，而能找出「中」之狀態，以用於民，而說舜乃具有大「智」，在此中，「中」為最恰當之狀態，而「智」乃是智德，乃是觀察能力之卓越，亦即認知能力之卓越，羅光即曾說明：「君子守中庸，隨時隨地使之中理而應用於時地，洽得其當，在時中保守了

〔註15〕參照沈清松（1998）。〈情意發展與實踐智慧〉，《通識教育季刊》，第 5 卷第 1 期，頁 76。

〔註16〕同上。

中道。中庸便是在日常的事上，都能合情合理，洽得其當，不過也不不及。」
〔註17〕根據羅光所言，「中」乃是現實諸多情況之中，保持最恰當的狀態，而現
實情況變動不居，而最恰當的狀態也依具體情況變動，難找出一個固定規則，
羅光也提及：「中國的義是對我的責任：對我的責任，可以有中道。兒子養父母
的責任，一方面看父母的需要，一方面看兒子的能力；養父母的責任，要以兒
子的能力為標準，要合於兒子的能力，而且要以中道去評核兒子的能力。」〔註
18〕根據羅光所說，中道因具體情況不同，而不同衡量，因此，在各種變動中都
能保持恰當，困難度甚高，能作到者，表現出其能力卓越，乃是極高的智慧，
沈清松亦曾說明：「『智』原是認知上的能力，這種能力發揮到卓越化的地步就
是智德，就是有知識、有智慧。」〔註19〕依據沈清松所言，認知能力卓越化乃
是智慧，而能夠達至中道，亦須高度智慧，因此中和思想的君子人格特性，可
以高度智慧理解，其人格特性表現一種「智」德。

　　而《中庸》論及在人際中，能隨處合宜之「中」道，亦非趨炎附勢，而
是展現一種剛強之力量，此可自三達德之「勇」加以探討，而「勇」亦不僅
是人際間之行為表現，是君子人格之特性。《中庸》引述孔子所言：

　　　寬柔以教，不報無道，南方之強也，君子居之。衽金革，死而不厭，

　　　北方之強也，而強者居之。故君子和而不流，強哉矯！中立而不倚，

　　　強哉矯！國有道，不變塞焉，強哉矯！國無道，至死不變，強哉矯！

由此等言論看來，孔子以為，最堅強者，是具備中和之道之君子，君子所持
的中道，亦非趨炎附勢，而是中立而無所偏倚，亦即君子體察出最恰當之中
道，則絕不與他人妥協，此種堅強的面貌，亦為君子人格之特性，為三達德
之「勇」，羅光即曾對《中庸》此段引文，作相關的說明：「節操，或在平日，
或在危險時，都須要有勇氣。這種勇氣，乃是平日修養所得。孟子說羞惡之
心為人天生所有；但培養羞惡之心，除去障礙，則須要有勇氣。孔子講達德，
便是智仁勇。這種勇氣，須要日常操練，日常培養。」〔註20〕對於君子不趨
炎附勢的堅強面貌，羅光以為是一種平日修養之節操，此須要勇氣，亦即必
須具三達德之「勇」，因此，中和思想之君子具有「勇」，而此亦為卓越的人

〔註17〕 羅光，《中國哲學的精神》，台北市：台灣學生，1990 年，頁 142。

〔註18〕 羅光，《中國哲學的精神》，台北市：台灣學生，1990 年，頁 166。

〔註19〕 沈清松，《對比‧外推與交談》，台北市：五南，2002 年，頁 334。

〔註20〕 羅光，《儒家的生命哲學》，台北市：台灣學生，1995 年，頁 417～418。

格，沈清松即曾說明：「『勇者不懼』則是意志力的卓越化，達到無所畏懼的
地步就是勇敢。」〔註21〕依據沈清松所言，「勇」乃是人內在意志力卓越化，
而無所畏懼，乃是德性，是為君子之人格特性。

　　在人際中，三達德之「仁」德，亦是中和之君子人格之內涵。《中庸》論
及「中」之概念，與「仁」之概念相關，兩者皆論及內在情感之卓越，而不
僅是行為表現，因而中和思想之「中」，以及三達德之「仁」，乃是塑造內在
人格典型。《中庸》有曰：

　　　　喜怒哀樂之未發，謂之中；發而皆中節，謂之和。

《中庸》論述中和思想之時，已論及內在情感，亦即喜怒哀樂之情，而三達
德之「仁」，亦是內在德性，而不僅是人與人間之關係，《中庸》亦引用孔子
所述：

　　　　仁者人也，親親為大；義者宜也，尊賢為大。

由此言論可知，「仁」乃涉及內在親情，此與中和思想涉及內在情感相一致。
在人倫中，「孝」親之情亦為「仁」之起點，而從「孝」更可看出儒家對內在
情感之重視，《中庸》引述孔子所言：

　　　　踐其位，行其禮，奏其樂，敬其所尊，愛其所親，事死如事生，事
　　　　亡如事存，孝之至也。

從此言論可知，能稱為「孝」，不僅是遵守禮樂，還要敬愛親人與尊長，可見
儒者不僅重視人際間之禮儀規範，更重視內在情感之教化，張永儁亦提及：「仁
即為孔子學說思想中心且統攝諸德，但是他特別讚許『孝弟為仁之本』，所以
然之故，即在孔子承周文之衰，有志復興斯文，他從宗法倫理的『親親』精
神中找到一個出發點也是原動力，那便是父子兄弟之間的親情與摯愛……。」
〔註22〕根據張永儁所言，「孝」乃是內在精神之原動力，是為親愛親人之情，
絕不僅僅是外在禮儀規範，而「孝」又為「仁」之本，亦即「仁」德本於內
在精神原動力，「仁」德與中和思想之「中」，皆論及內在特性的教化，由此
觀之，三達德之「智」、「勇」、「仁」，皆論及內在特性，為中和之君子人格之
內涵，因而《中庸》中和思想，形塑內在人格特性之教化，而不僅是行為準
則，由此觀之，《中庸》對人之道德要求不止在行為，更重人格教化，此乃是

─────────────

〔註21〕沈清松，《對比・外推與交談》，台北市：五南，2002 年，頁 335。

〔註22〕張永儁（2008）。〈宗法之禮與家庭倫理──禮文化的思想特質〉，《哲學與文
　　　　化》，第卅五卷第十期，頁 127。

更深入之要求，乃是高度價值理想。

五、未發之中與形上人格

　　《中庸》中和思想，不僅探討行為，並探討內在人格特性，而塑造君子之人格典型，因而《中庸》中和思想，樹立高度之價值理想。上述乃是從人際間之角度，論述智、勇、仁三達德之卓越特性，以說明中和思想所塑造之君子人格典型。而《中庸》中和思想，亦不僅限於人際間，探討人內在之特性，更點出人之根本性，而此根本性更與天地間之根本相關，而不限於現實人倫之間，此乃是塑造形而上之人格典型，而顯示更高度之價值理想，黃秋韻亦曾說明：「道德之實踐是為了形上人格之完成。換句話說，在中國哲學中，本體不在用理性去認知，而用道德實踐的方法去把握，因為人生的準則以生生之天道為取法的對象與依據，天道的自然中即涵攝著人生準則之當然。」〔註23〕根據黃秋韻所言，形上人格乃是在道德實踐中，把握根本天道，《中庸》亦有曰：

　　　　天命之謂性，率性之謂道，修道之謂教。

《中庸》已論及人之本性，此本性又與天道相通，因而人格特性不僅限於人倫之間，更通向天地間之根本，而形塑更加深入的人格特性，此種更趨深入之形上人格特性，更顯現價值理想，下面將以形上人格的角度，論述中和思想所塑造的人格特性，以說明《中庸》中和思想之價值理想。

　　《中庸》中和思想，所塑造的人格典型，不限於人際間的探討，亦不僅是情感的探討，更深入至根本性，並通向天道，在此將先自根本性之角度，探討中和思想之君子之性，再進一步由天命之性的角度，以說明中和思想所樹立之典範人格，以說明《中庸》中和思想之價值理想。

　　《中庸》論及中和思想之時，已論及人之本性，在此先自本性之角度，以探討中和思想之人格典型，而筆者認為，《中庸》中和思想所塑造之人格，乃是以「性」統攝人格之諸多特性。先前提及，君子人格有許多卓越化之內在特性，例如，從智、勇、仁三達德以觀之，分別代表人認知能力之卓越，人意志力之卓越，人情感之卓越，由此觀之，人格特性有許多面向。然而，諸多特性中，有某種特性有領導與統攝之作用，信廣來即曾提及：「心有一種能力，對儒家思想家特別重要，即是指導能力，能指導人的總體生命及塑造

〔註23〕黃秋韻（2001）。《先秦儒家道德基礎之研究——兼論「惡」的問題》，台北：輔仁大學哲學研究所博士論文，頁205～206。

人的總體人格。此種心之指導涉及『志』，這個詞有時翻成『意志』。」〔註24〕
依據信廣來所說，儒家學者以為人格特性有諸多面向，「志」則是人格特性之
中，具指導能力的特性，《中庸》亦曾提及：

　　故君子內省不疚，無惡於志。君子所不可及者，其唯人之所不見乎！

《中庸》作者以為，君子處世，不會愧於其內在心志，心志看來有指導的能
力，而筆者認為，《中庸》論及內在人格特性，居最主要指導之特性，乃是「本
性」，《中庸》有曰：

　　成己，仁也；成物，知也。性之德也，合外內之道也，故時措之宜
　　也。

由此言論觀之，人之本性統合仁、知之德性，先前提及，「智」、「仁」皆是人
格特性之卓越，皆為三達德之一，而性統合仁、智之德性，可見本性在人格
中是佔主要指導地位，黃秋韻亦曾說明：「又例如《中庸》提出『性之德也，
合外內之道也』的命題，其中『內』、『外』二元之道，即由第三元『性之德』
來進行統合之工作，此『發言者』即是『主體』，即是《中庸》所言之『能自
誠明者』與『能盡其性者』。」〔註25〕依據黃秋韻所述，《中庸》「性之德」具
有統合內外界之作用，可見其具有指導之地位，由此觀之，《中庸》不但已論
人格特性之卓越，更深入提出本性，而具指導之地位，可見《中庸》談論人
格典型，比現實人倫更趨深入。

　　《中庸》中和思想，亦論及具指導性之本性，而論及比人際間更深入之
人格典型，《中庸》有曰：

　　喜怒哀樂之未發謂之中，發而皆中節謂之和。

由此言論觀之，《中庸》中和思想，不僅涉及喜怒哀樂等內在之情，更論及喜
怒哀樂未發之中，對此，羅光曾說明：「在本體論上，『中』是性，天理，天
道的本德，時時處處，事事物物，都應付的恰如其當，不偏不倚，不過亦無

〔註24〕原文為"One capacity of heart/ mind （*xin*） that is particularly important for
　　　　Confucian thinkers is its ability to set directions that guide one's life and shape one's
　　　　person as a whole. Such directions of the heart/ mind are referred to as "*zhi*", a term
　　　　sometimes translated as "will". " Kwong-loi Shun,"The person of Confucian
　　　　Thought" 引自 Kwong-loi Shun, David B. Wong ed. , *Confucian Ethics: A
　　　　Comparative study of self, Autonomy, and Community*, （New York: Cambridge,
　　　　2004）, pp186。
〔註25〕黃秋韻（2007）。〈《中庸》道德哲學之方法論研究〉，《哲學與文化》，第卅四
　　　　卷第四期，頁 57。

不及。」〔註26〕依據羅光所言，在宇宙根本的意義下，「中」乃是性，是天道本德，可見《中庸》中和思想不僅涉及情感，更涉及居指導作用的「性之德」，因此，《中庸》中和思想論及之內在人格典型，不僅止於人倫，亦不僅止於情感，更深入至指導作用之本性，而表現更深入之價值理想。

《中庸》中和思想所論及之人格典型，不但深入至人之本性，更契及天道，《中庸》有曰：

> 中也者，天下之大本也，和也者，天下之達道也。

> 開頭更有曰：天命之謂性，率性之謂道，修道之謂教。

由此看來，中和思想不但論及人之本性，更將本性推向形上本根之天道，更顯示其價值之理想性。上述提及「中」可理解為本性，而在此「中」不單是本性，此本性更可推向天下之根本，或說是天道，可見中和思想所塑造之人格典型，不但具備「性之德」之道德意義，更契合宇宙根本之天道，沈清松曾說明：「在道家看來，人的一生不能停止於道德實踐，而要進一步以合於天道的生命作為實踐歷程。至於情緒，人並非一定要度無情之生活，更重要的是依乎天道而生活，並發揮人人物物本有之德。」〔註27〕沈清松以道家為例，說明人之生命不僅在道德實踐，更能進一步合乎天道，而在此自《中庸》中和思想看來，中和思想之人格典型，亦不止於道德實踐，而是更進一步合乎天道，由此看來，《中庸》之中和思想，不但論及人際規範，更要求內在人格之卓越，不僅如此，中和思想更深入具指導意義之本性之德，更推向宇宙根本之形而上天道，可見中和思想對價值善之高度要求，絕不僅止於外在行為規範，展現高度之理想。

第二節　君子之性與已發之和

本文論及《中庸》中和思想，乃是最理想之價值理念，其理由何在？上一節曾提及，中和思想之價值要求，不僅止於行為上之要求，更要求內在性格之卓越，以塑造君子之人格典型，以此說明《中庸》中和思想價值善之高度要求。而上一節乃是由未發之中的角度，以探討人格典型，在此將自已發

〔註26〕羅光，《儒家的生命哲學》，台北市：台灣學生，1995 年，頁 283。
〔註27〕沈清松，(1998)。〈情意發展與實踐智慧〉，《通識教育季刊》，第 5 卷第 1 期，頁 77。

之和，以探討君子之人格典型。而筆者認爲，中和思想塑造之君子人格典型，
不僅涉及內在性情之和諧，亦不脫離社會人際之和諧，更甚者，其不能與天
地萬物之和諧脫離。劉進在論述中和人格時，曾說明：「《禮記》的和有其深
厚的哲學義理，且層次不同。和有天地之和、人心之和與人倫之和。天地之
和謂之太和，是宇宙和諧之極致狀態。」〔註 28〕根據劉進所述，《禮記》中之
和諧，包括人心內在之和諧，以及社會人倫之和諧，亦包括宇宙間之和諧，
而人格典型亦不脫離此等和諧，信廣來即曾說明：「稍早，我們考慮到，雖說
儒家學者強調心在指導人格其他方面的角色，他們又如何看出心與人格總體
上的密切連接。」〔註 29〕根據信廣來所言，人格雖有多面，但彼此是密切相
連的，而筆者認爲，在此種連接之中，得以表現出和諧，因而人格與和諧有
密切關連，萬俊人亦曾說明：「儒家的人性概念是倫理的，有待於特定人倫關
係語境的解釋才能明確。」〔註 30〕根據萬俊人所言，儒家學者論人格特性，
不能脫離人倫間之關係，因此，人倫間之和諧亦與君子之性密切關聯，宇宙
和諧亦與君子之人格特性密切關聯，信廣來曾說明：「第四，有另外的意義，
即是儒家思想家視自我與社會秩序，甚至宇宙總體秩序密切關聯，這也提供
一種意義，即是他們不強調自我與他者的區分。」〔註 31〕依據信廣來所述，
儒家學者以爲，自身能力卓越之君子人格，亦與宇宙之和諧秩序密切關聯，
因此，和諧之意義，包含人內在特性、人倫關係和諧、宇宙之和諧秩序，此

〔註28〕劉進（2008），〈《禮記》“中和”思想的人格價值論〉，《船山學刊》，復總第
　　　　68 期，頁 142。

〔註29〕原文爲 "Earlier, we considered how, while Confucian thinkers emphasize the
　　　　distinctive role of the heart/mind in guiding other aspects of the person , they also see
　　　　an intimate link between the heart/ mind and the person as a whole. " Kwong-loi
　　　　Shun,"The person of Confucian Thought" 引自 Kwong-loi Shun, David B. Wong ed. ,
　　　　Confucian Ethics: A Comparative study of self, Autonomy, and Community.（New
　　　　York: Cambridge, 2004），pp193。

〔註30〕萬俊人，〈儒家美德倫理及其與麥金太爾之亞里士多德主義的視差〉，引自劉
　　　　東主編，《中國學術》2001 年第二輯（總第六輯）（北京：商務印書館，2001
　　　　年），頁 169。

〔註31〕原文爲 "Fourth, there is another sense in which Confucian thinkers regard the self as
　　　　intimately related to social order, and even to cosmic order at large, that also provides
　　　　a sense in which they deemphasize the distinction between self and others. "
　　　　Kwong-loi Shun,"The person of Confucian Thought" 引自 Kwong-loi Shun, David
　　　　B. Wong ed. , *Confucian Ethics: A Comparative study of self, Autonomy, and
　　　　Community.*（New York: Cambridge, 2004），pp192。

等和諧亦是同一系列之過程，如《中庸》所曰：

> 喜怒哀樂之未發之謂中，發而皆中節謂之和。中也者，天下之大本
> 也。和也者，天下之達道也。致中和，天地位焉，萬物育焉。

喜怒哀樂爲內在特性，其發動於外在人事能有節度，那是和諧，而和諧推展
至宇宙之間，此使宇宙間之人事物皆能至和諧狀態，可見人內在特性、人倫、
宇宙之和諧，爲同一系列過程，此等皆與君子人格相關，以下分別從人內在
和諧、人倫和諧、宇宙和諧，以說明已發之和，並探討其與人格之關聯，以
說明《中庸》之中和思想，不僅止於行爲之探討，更塑造一種人格典型，呈
現其高度之價值理想。

一、內在性情和諧與君子人格特性

《中庸》中和思想，不僅探討言行，更談論內在之道德教化，塑造人格
典型，呈現其理想，而在此將自內在性情之和諧，以說明中和思想之「已發
之和」，乃是塑造一種人格典型。《中庸》論述中和思想之時，已論及內在性
情，而此等人格特性若在合宜狀態，乃是人格內在之和諧，《中庸》有曰：

> 喜怒哀樂之未發之謂中，發而皆中節謂之和。

由此言論看來，《中庸》之中和思想，已涉及喜怒哀樂之情，對此，廖連喜曾
說明：「《中庸》提出『喜怒哀樂』四種，用以概括人之情。」〔註32〕又說：「人
之情，不管任何一種，只要一生起，如果不能止之，就會產生意想不到的後
果。以此，所概括的就是指一種能夠、而且也是應該可以理解的感情狀態，
具有一種合宜性、節制性，此即所謂存則靜，『發而皆中節』。」〔註33〕依據
廖連喜所述，所謂喜怒哀樂乃是情感之概括，而當情感生起，即可能有不合
宜之發展，能有所節制，才可至和諧之狀態，才可稱之爲「發而皆中節」，才
可謂「和」。

由於情感可能導向不適宜之發展，有所節制，才得以「中節」，以達至和
諧，如何節制？「禮」儀的調節則爲重要之部份，情感有所調節，進而使內
在之性、情，與禮儀有恰當的配合，得以和諧，由此而塑造理想之人格典型。

〔註32〕廖連喜（2008）。《論易經中庸樂記致中和之貫通原理與適性之道》，台中：東
　　　海大學哲學研究所博士論文，頁370。
〔註33〕廖連喜（2008）。《論易經中庸樂記致中和之貫通原理與適性之道》，台中：東
　　　海大學哲學研究所博士論文，頁370。

對禮儀的調節，羅光亦曾說明：「中庸雖講天命之謂性，以天理在人性，宋、明理學家一心講性理，然而在實際上，儒家修身的原則常是在守禮。王陽明雖講良知，仍舊教門生剋制情慾，後來王學流於疏放，才遠離了禮。」〔註34〕根據羅光所述，禮儀所涉及之倫理規矩，乃是調節與克制情慾的方式，以使情感能符合恰當之狀態，可見《中庸》不只是講外在禮儀，更提及內在調節，《中庸》有曰：

> 故君子尊德性而道問學，致廣大而盡精微，極高明而中庸。溫故而
> 知新，敦厚以崇禮。

由此觀之，君子能樹立典範，不僅是尊崇禮儀，更深入人格特性，羅光也說明：「『尊德性而道問學』，成為儒家修身的兩大目標，尊德性，為修德，為培養人格，屬心的主宰。道問學，為求知，求學，屬心的知，兩者不可分離，也不可偏重，一為知，一為行，知而能行，行以成全知。」〔註35〕由是觀之，《中庸》以為，培養君子，不只要學習人際間的規矩，也需要德性教養，培養人格，以為典範。如果內在性情與禮儀配合得宜，乃是和諧之人格，莊錦章也曾提及：「一個人的動機態度能和禮相稱，並能透過它們表達於行為，其最終結果乃是和諧之人格。」〔註36〕依據莊錦章所述，能為和諧之人格，需有禮儀規範的調節，以及需要內在動機與禮相配合，由此看來，《中庸》之中和思想，涉及內在德性與情感，又重視禮儀規範調節，使彼此相稱合宜，而能「發而皆中節」，而可稱為「和」，此種和諧則可理解為人格之和諧，乃是理想的典範人格。

二、人倫和諧與君子人格特性

　　《中庸》的中和思想，塑造出人格典型，表現高度的價值要求，此點亦可在人倫間之和諧加以說明。中庸提到：

> 喜怒哀樂之未發之謂中，發而皆中節謂之和。

顯示情感發動之後，能有節度，而呈現最為適度的狀態，乃是的和諧，此為

〔註34〕羅光，《儒家的生命哲學》，台北市：台灣學生，1995 年，頁 181。

〔註35〕羅光，《中國哲學的精神》，台北市：台灣學生，1990 年，頁 183。

〔註36〕原文為"The end result is the harmonious person, one whose motivational attitudes are congruent with rites, and tracefully expressed through them, in action." 參照 Kim-chong Chong, "Confucius's Virtue Ethics: *Li, Yi, Wen* and *Chih* in the *Analect*," *Journal of Chinese Philosophy* 25 （1998），pp. 116。

人格內在特性之和諧。而人格特性之卓越，不能脫離人倫而養成，而此卓越特性運用於人倫關係，亦得促成人倫和諧，換言之，人倫和諧與君子之人格典型有密切之關聯，在此將自人倫和諧與君子之性之關係，以說明《中庸》中和思想，不僅要求外在行為規範，更要求內在人格卓越，顯示高度之價值要求與理想。

　　《中庸》探討和諧之時，已論及人倫之和諧，筆者認為，此乃是卓越化之人格典型，運用於社會人倫，使事事有所節度，而能恰到好處，而得以和諧，在此將以「中」、「和」，及智仁勇三達德等概念，以說明和諧，乃是人格卓越表現於社會，才能致和諧。在《中庸》引用孔子所云：

　　　君子之道，辟如行遠必自邇，辟如登高必自卑。《詩》曰：「妻子好
　　　合，如鼓瑟琴；兄弟既翕，和樂且耽。宜爾室家，樂爾妻帑。」

由此言論可知，《中庸》探究和諧之時，已論述妻兒、兄弟等和樂之情況，由此看來，《中庸》中和思想對和諧之探討，已涉及人倫和諧，而此亦是卓越之「中」道，亦即卓越之人格特性用於人倫，使事事有所節度，得以和諧，徐復觀即曾說明：「自性而發的喜怒哀樂，即率性之道，故此喜怒哀樂中即有普遍性，因而能與外物之分位相適應，便自然會『發而皆中節，謂之和』，與喜怒哀樂的對象得到諧和。」〔註37〕又說：「但此處中和之『和』，不僅是『庸』的效果，而是中與庸的共同效果。中和之『中』，外發而為中庸，上則通於性與命，所以謂之『大本』。」〔註38〕根據徐復觀所述，所謂和諧，乃是由於「中」道用於外在對象所致，而「中」道亦是內在人格特性之卓越，甚至可推向天命，因此，《中庸》中和思想談論社會人倫之和諧，不與君子之人格特性相分，而有密切關聯。而「中」可理解為君子卓越之人格特性，而三達德又與卓越特性之「中」有關，在此亦將自三達德運用於人際之間，以說明已發之和與人格典型之關聯，以探討中和思想之價值理想。

　　《中庸》論述中和思想時，雖然重視和諧，但絕不一味求同，此乃是君子「中」立人格於人倫中之表現，或者說，是與「中」道相關之德性「勇」，運用人倫之間，而表現出和諧之面貌，此即「和而不流」之表現，《中庸》引用孔子所言：

　　　故君子和而不流，強哉矯；中立而不倚，強哉矯；國有道，不變塞

〔註37〕徐復觀，《中國人性論史先秦篇》，台北市：台灣商務，1969年，頁127。
〔註38〕徐復觀，《中國人性論史先秦篇》，台北市：台灣商務，1969年，頁127。

　　焉，強哉矯；國無道，至死不變，強哉矯。

由此言論看來，中和思想塑造的君子，雖然重視人際之和諧，但絕不一味求同，亦不盲目趨附潮流，先前提及，「中立而不倚」乃是君子意志力之卓越，亦即人格卓越之「勇」德，此卓越之德性，使君子雖在人際之中，但不會盲從潮流，甚至能反思社會，信廣來曾說明：「他們所演講的聽眾，乃是現存社會中受養育之具體個人，這些個人共同擁有一些特定的憂慮與觀點，這些憂慮與觀點乃是社會上為人所熟悉的。但不表示，人沒有能力從其社會身分跳脫出來，或再作考慮。」〔註 39〕根據信廣來所述，人雖有某些社會身份，但不一定趨附潮流，而能反思，信廣來又說：「同時，這不能排除自我反省社會秩序關係的能力……。」〔註 40〕由此可知，人自己有反省社會的能力，此能力之卓越化，乃是「勇」德，是卓越人格特性，其運用於社會，表現的是和諧，而非一味求同，因此，即使中和思想論述社會人倫和諧，不能排除人的反省能力，不趨附潮流之能力，否則只能言同，而非和諧，因而人倫之和諧涉及人格的卓越。

　　先前提及，《中庸》中和思想論及人倫和諧，此乃是中與庸的共同效果，亦即中道能發用於人倫間，才可稱之為「和」，而「中」道又與君子之卓越德性關係密切，因此，發用於人際間之和諧，即與君子之人格特性關係密切。在此將自探討已發之和諧，以及與「中」道密切相關之「智」德，藉由探討兩者之關係，以說明已發之和，乃是與君子之人格特性密切相關，《中庸》之中和思想，亦不僅要求外在人際關係符合價值善，而重視君子內在人格特性之道德要求，展現其高度之價值要求與理想性。先前提及，「中」道與君子認知能力之卓越，有密切關係，換言之，「中」道與君子之「智」德關係密切。

〔註39〕原文為"The audiences they address are concrete individuals who have brought up within the existing social order, and these are individuals who already share to some extent certain concerns and perspectives that are socially in formed. This does not mean that people are not capable of stepping back and reconsidering this place within the social order. " Kwong-loi Shun,"The person of Confucian Thought" 引自 Kwong-loi Shun, David B. Wong ed. , *Confucian Ethics: A Comparative study of self, Autonomy, and Community.* （New York: Cambridge, 2004）, pp191。

〔註40〕原文為"At the same time, this does not preclude the capacity of the self to reflect on its relation to the social order…" Kwong-loi Shun,"The person of Confucian Thought" 引自 Kwong-loi Shun, David B. Wong ed. , *Confucian Ethics: A Comparative study of self, Autonomy, and Community.* （New York: Cambridge, 2004）, pp192。

在變動的人際關係中，找出最恰當之狀態，即是「中」道，但由於具體人際關係變動不定，能找出「中」道，乃是高度的認知能力，顯示出卓越化的人格特性，而爲「智」，而此種高度「智」慧，亦不能只視爲自身人格之卓越，還必須放入具體之人倫實踐，以做理解，《中庸》曰：

　　成物，智也。性之德也，合外內之道也。

由此言論看來，所謂「智」，不得理解爲自己之成就，更須成就外在人事，否則不稱爲「智」，萬俊人曾對儒家「智」德說明：「而『知仁』則使知（智）者更明瞭爲仁之理或成仁之利，從而更努力的求仁爲仁。這是『仁德』教育的大道理。從微觀處說，『仁德』的教育還需要落實在具體的美德實踐領域。」〔註41〕依據萬俊人所言，眞正之智者，須將善德實踐於具體領域，智德亦是促使人在外在關係中，以實踐善道，而非只關注自身卓越，因此，智德需發用於外，使事事物物有所節度，此乃是和諧，廖連喜也指出：「舜是知道『中道』無所不通、無所不和的道理的，它就存在於現象當中，只要用心便能覺察。」〔註42〕依據廖連喜所言，有卓越認知能力的君子，能夠在具體現象中覺察「中」道，並能明白「中」道發於人際而無所不和，因而和與中道之智德，得以說明人倫間之和諧，此乃是君子之卓越人格典型的表現。《中庸》中和思想論及人際和諧，亦不忽略與內在特性之卓越，如上述所謂「成物，智也。性之德也，合外內之道也。」成就外在事物和諧之智慧，乃是君子之性，乃爲德性，因而《中庸》中和思想闡釋人倫和諧，亦不脫離自身德性之卓越，乃是高度的價值要求。

　　上述以人格卓越之「勇」德、「智」德，以說明《中庸》中和思想之「已發之和」，乃是與人格典型密切相關，亦顯示其高度的價值要求。在此亦從「仁」德，以說明《中庸》談論人倫之「已發之和」，與人格典型有密切關係，而表現其高度之價值要求。由上述可知，中和思想之「和」諧思想，乃是「中」與「庸」的共同效果，即運用「中」於外在對象，才得以致和諧，而「中」與人格卓越密切相關，換言之，人格之卓越化，而運用於外在對象，才得以致和諧，沈清松曾說明：「個人能力若受到壓制，人人怨天尤人，群體關係也終究和諧不起來。」〔註43〕依據沈清松所言，若要求社會的高度和諧，則與

〔註41〕萬俊人，〈儒家美德倫理及其與麥金太爾之亞里士多德主義的視差〉，引自劉東主編，《中國學術》2001年第二輯（總第六輯），頁177～178。

〔註42〕廖連喜（2008）。《論易經中庸樂記致中和之貫通原理與適性之道》，台中：東海大學哲學研究所博士論文，頁369。

〔註43〕沈清松（1998）。〈公民德行的陶成〉，《哲學與文化》，25卷第5期，頁411。

個人之卓越有關，而中和思想論人際和諧，也與人格卓越相關，此即與「中」
道之人格相關。先前曾提及，「仁」德與「中」道有密切關聯，而「仁」德亦
是人情感之卓越化，所呈現之人格典型。而「仁」德不僅是自身情感之卓越，
並關注人際關係，《中庸》引述孔子所說：

> 仁者，人也，親親爲大。義者宜也，尊賢爲大。親親之殺，尊賢之
> 等，禮之所生也。

由此言論觀之，所謂「仁」德，乃是親愛親人，推向具體人際，而致人際禮儀
規範，而「仁」德亦涉及盡己、推己之忠恕之道，從忠恕之道，亦可理解，仁
德不只是親愛親人，也推向君臣、朋友等人際關係，《中庸》亦引用孔子所說：

> 忠恕違道不遠，施諸己而不願，亦勿施於人。君子之道四，丘未能
> 一焉：所求乎子以事父，未能也；所求乎臣以事君，未能也；所求
> 乎弟以事兄，未能也；所求乎朋友先施之，未能也。

由此觀之，忠恕之道，不僅親愛親人，也重視親人之外之人倫關係，而忠恕
之道亦爲「仁」德之表現，洪櫻芬曾說明：「『仁』是擇善行善的境界，其顯
示了個人對社會團體的責任與義務，其實現順著『恕』道（推己及人）而推
展，體現人際間的倫理互動。」〔註44〕又說：「道德實踐是由內而外、由良心
的發顯到群體的和諧，發揚人格之德性；理想人格的修成與人際關係的圓滿
是互爲表裏。」〔註45〕由此觀之，「仁」德由「忠恕」之道體現，而「仁」德
爲情感卓越之人格典型，由此而發用於群體之間，得以致群體和諧。此群體
和諧則與人格典型密切關聯，如果沒有卓越之人格特性，並非《中庸》所論
之「已發之和」，如《中庸》所述：

> 喜怒哀樂之未發謂之中，發而皆中節謂之和。

可見《中庸》之「已發之和」，蘊含人內在情感的意義，而由情感卓越之「仁」，
發顯於人際間之和諧，乃是關注人倫和諧與內在人格，而成之「最佳和諧」
狀態，沈清松即以《易經》例，說明中國傳統強調之最佳和諧：「《易經》有
謂：『各正性命，以保太和』，傳統中華文化所追求的就是這樣一個理想。『各
正性命』是指每個人都能各得其性命之正，也就是各自可以自我實現；整體
合起來，應能保持充量的和諧，也就是最佳的和諧狀態。」〔註46〕由沈清松

〔註44〕洪櫻芬，《價值與道德之融通》，台北市：洪葉文化，2003 年，頁 159。
〔註45〕洪櫻芬，《價值與道德之融通》，台北市：洪葉文化，2003 年，頁 159。
〔註46〕沈清松（1998）。〈公民德行的陶成〉，《哲學與文化》，25 卷第 5 期，頁 411。

所言，中華傳統追求的理想，乃是最佳和諧，此種最佳和諧，須要確保人人得以使自身卓越，中和思想之已發之和，乃是此種關注內在人格卓越之和諧，是極爲高度的和諧要求，乃是高度的價值理想。

三、「致中和」與君子之性

《中庸》中和思想關於「已發之和」之探討，涉及人內在性情之和諧，並論及人倫間之和諧，不僅如此，「已發之和」更涉及宇宙總體和諧，亦即「致中和」的思想。而不論內在性情或人倫間之和諧，皆與人格卓越密切相關，而「致中和」的思想，亦與卓越的君子人格相關，不僅如此，此種卓越之人格，乃是卓越化之極致，換言之，乃是聖人之卓越典範，此是更高度的價值要求，呈現最理想之價值理念。在此將探討「致中和」與最高人格典範之關係，以說明《中庸》中和思想之價值理想。而在此亦將自至「誠」之道、聖「智」、肫肫其「仁」等概念，以說明「致中和」與最高人格典範之關係。

「致中和」的思想，乃是涉及宇宙總體和諧，《中庸》曰：

> 中也者，天下之大本也。和也者，天下之達道也。致中和，天地位焉，萬物育焉。

一旦達到「致中和」，其所呈現的景象，乃是整個宇宙天地，都能各安其位，而萬物亦得到養育。由此言論觀之，《中庸》「致中和」所涉及之和諧，是宇宙總體之和諧，而此總體之和諧，亦爲「至誠之道」呈現之景象，《中庸》有曰：

> 唯天下至誠，爲能盡其性；能盡其性，則能盡人之性；能盡人之性，則能盡物之性；能盡物之性，則可以贊天地之化育；可以贊天地之化育，則可以與天地參矣。

> 又曰：唯天下至誠爲能化。

由此觀之，《中庸》以爲唯有至誠之道，才得以窮盡天地間種種人事物之本性，也唯有天下至誠之道，得以化育天地萬物，此與「致中和」之道相呼應，由此看來，「致中和」之道乃是天下「至誠」之道，探討「致中和」之道，亦可自「至誠」之道以說明。

而從「至誠」之道來看，《中庸》「致中和」之思想，亦不僅關注宇宙總體之和諧，而重視內在人格特性的探討。《中庸》曰：

> 誠者非自成己而已也，所以成物也。成己，仁也。成物，知也。性

之德也，合外內之道也。故時措之宜也。

由此看來，「誠」乃是本性之德，統合內外之道理，其為統合內外之本性之德，因此，「至誠」才可能盡自身之性與外物之性，而能贊助天地養育天下萬物，《中庸》緊接著提出：

> 故至誠無息，不息則久，久則徵，徵則悠遠，悠遠則博厚，博厚則
> 高明。博厚，所以載物也，高明，所以覆物也，悠久，所以成物也。

由是觀之，「誠」為統合內外之德，而「至誠」之道則不僅能養育天地萬物，更能於悠久的未來實行善德。「至誠」之道，或說「致中和」之道，塑造如此廣大的和諧景象，而其與人格德性之最高典範密切相關，此亦可自「智」德與「仁」德以作理解，而此智德與仁德，亦非一般之卓越特性，而為最高典範之聖德。

由上述可知，「誠」即蘊含成己與成物兩方面，亦即「仁」與「智」，在此先自「智」德以作探討。而與「至誠」之道、「致中和」之道關係密切之「智」德，更是最高典範之聖人之「智」，此種「智」德，不僅是一般認知能力之卓越，更是超越一般的認知能力，換言之，此種認知能力，能認知到一般人所不能認知之事物，《中庸》論述認知能力之時，即曾提到有些事物，為一般人無法認知，《中庸》曾引述孔子所說：

> 君子之道費而隱。夫婦之愚，可以與知焉，及其至也，雖聖人亦有
> 所不知焉；夫婦之不肖，可以能行焉，及其至也，雖聖人亦有所不
> 能焉。

由此言論看來，君子之道既廣大又微妙，一般認知能力不卓越的人，也可以去了解，但最高深的道理，可能連聖人都有所不知，可見《中庸》指出有些事物一般無法認知，然而，是否表示，《中庸》否定人的認知能力？自《中庸》內文看來，《中庸》仍舊肯定有超越一般的卓越認知，《中庸》有曰：

> 肫肫其仁！淵淵其淵！浩浩其天！苟不固聰明聖知達天德者，其孰
> 能知之？

由此看來，聖人耳聰目明，具備超越一般卓越認知能力，而能認知天地間最高深之事物，對此，美國學者 Jane Geaney 曾解釋：「事實上，在《中庸》裡，藉由延伸人的力量、聽覺與視覺，德似乎是可接近的。真正敏銳的耳目，可以延伸至天德的階段。」〔註47〕由此觀之，真正認知能力上之卓越，得以自

〔註47〕原文為"In fact, in the *Zhongyoug, de* seems to be accessible by extending one's

一般所觀察之事物，延伸至高深的事物，因而《中庸》不否定人的認知能力，但唯有聖人，才有此種卓越之認知能力，因而能認知善德，而贊助天地以養育天地萬物。由此看來，「致中和」之道，或說「至誠」之道，蘊含成就外物之「智」德，此種是人內在特性，但此非一般認知上之卓越，而是超越一般人之高度卓越典範，因此，《中庸》之中和思想，論及宇宙的總體和諧，亦與君子本性之德密切關聯，而此人格特性卻是聖人「智」德，爲超越一般的卓越，顯示比一般更爲高度的價值理想。

　　《中庸》之「致中和」之道、「至誠」之道，蘊含本性之德，而此種本性之德，亦蘊含成己與成物之「仁」、「智」之德，在此將自「至誠」之道之仁德，以說明與宇宙和諧密切關聯之高度人格，亦即「肫肫其仁」，以說明中和思想之高度理想。先前提及，仁德乃是情感之卓越，而與「致中和」相關之「仁」，不只是內在情感之卓越，更能感通於宇宙萬物，以及宇宙根本原理，如《中庸》所述：

> 唯天下至誠，爲能經綸天下之大經，立天下之大本，知天地之化育。
> 夫焉有所倚？肫肫其仁！淵淵其淵！浩浩其天！苟不固聰明聖知達天德者，其孰能知之？

由此觀之，至誠之道得以感知宇宙最深之根本，亦感通至廣大之天地之間，「肫肫其仁」的純粹之「仁」，亦感通於深淵，並感通至廣大之天地，此即是「致中和」與「至誠」之道，黃秋韻亦對此說明：「此皆說明『誠』是以『仁』爲內容的，誠即是仁，所以至誠的狀態便是肫肫其仁。換言之，『誠』包含了『仁』所涵蓋的諸德，『中』因而亦以『仁』爲內容。」〔註48〕根據黃秋韻所述，「肫肫其仁」之純粹仁德，即是「至誠」之道，而「致中和」之道，即是「至誠」之道，因此，「肫肫其仁」乃爲「致中和」之道，仁德爲人格特性之卓越，乃是情感之卓越，而在此「肫肫其仁」，爲「致中和」之道，其所具之感通能力不僅是一般之卓越，而是超越一般的高度卓越，乃是聖人之「德」，能感通一

---

powers and hearing and sight. Truly, acute ears and eyes （*congming* 聰明） can extend to the point of reaching heavenly *de.* " Jane Geaney, "The Limits of Senses in the *Zhongyoug*" 引自 Ewing Chinn, Henry Rosement, Jr. ed. , *Metaphilosophy & Chinese thought- Interpreting David Hall*, （New York: Global Scholarly Publications, 2003）, pp. 158。

〔註48〕黃秋韻（2001）。《先秦儒家道德基礎之研究——兼論「惡」的問題》，台北：輔仁大學哲學研究所博士論文，頁193。

般所不能感通之事物，沈清松亦曾說明：「儒家可由道德經驗出發，達至終極眞實。《中庸》所謂『至誠』，《易傳》所謂『與天地合其德，……與鬼神和其吉凶』應該皆有某些密契經驗之意。」〔註 49〕由沈清松所述，儒家由道德經驗出發，而感通天下之終極眞實，已契終極眞實，乃是感通能力的極高度卓越，《中庸》亦有曰：

> 至誠之道，可以前知。國家將興，必有禎祥。國家將亡，必有妖孽。
> 見乎蓍龜，動乎四體。禍福將至，善，必先知之，不善，必先知之。
> 故至誠如神。

由此看來，至誠之道之感通能力，甚至能預先感知，此等不但是高度卓越，且如神靈一般之微妙。因此，「致中和」之道、「至誠之道」，或說「肫肫其仁」，論及宇宙間之和諧，並蘊含人格特性之卓越，甚至是極微妙之高度卓越能力，顯示中和思想超出一般，而富極高之價值要求。

四、超越個人成就之價值理想

由上可知，《中庸》中和思想之「已發之和」，包含人內在和諧、人倫和諧，與「致中和」之宇宙和諧。此等和諧，不僅是外在世界之價值要求，更涉及內在特性之卓越，尤其「致中和」之道，更蘊含超乎常人之聖「德」，是極高度之典範人格。然而，論及個人之卓越，並非最理想之價值理念，超越個人之卓越追求，乃是更爲理想之價值理念。倘若使人格卓越之目的，僅是爲個人之成就，或追求自己的幸福，仍非最高理想，儘管個人卓越已十分困難。儒家傳統論及君子人格之卓越，則非爲個人成就或個人幸福，因爲在「致中和」之物我合一，或說天人合一的脈絡中，個人成就看來並不重要，萬俊人亦說明：「甚至可以進一步地說整個中國傳統社會，從來就具備人倫（倫理秩序）與天倫（天倫秩序）不分，這使得血緣人倫或自然親情具有某種天然固有的不可變更或背離的神聖性……。」〔註 50〕又說：「他的人生目的並不在事功物利的『成就』（achievement）或『幸福』的專門『技藝』（crafts, skills）……孔子的『君子』人格要求人舍利求義、去利懷仁，此謂之君子『德風』，與『小

〔註 49〕沈清松，《對比・外推與交談》，台北市：五南，2002 年，頁 577。
〔註 50〕萬俊人，〈儒家美德倫理及其與麥金太爾之亞里士多德主義的視差〉，引自劉東主編，《中國學術》2001 年第二輯（總第六輯），北京：商務印書館，2001 年，頁 162。

人』之『德草』相對。」〔註51〕依據萬俊人所言，在中國儒家傳統天人合一
的觀點下，個人與個人幸福並非關注之焦點，因此，在「致中和」之天人合
一的脈絡下，《中庸》中和思想，不僅強調外在和諧，亦不僅強調人格極高度
卓越，其目的更超越個人自身之成就與幸福，顯示比個人更高度之價值要求，
爲最理想之價值理念。

第三節　君子之性與中和思想的理學解讀

　　《中庸》中和思想，蘊含價值理想，其理由何在？由上述可知，《中庸》
中和思想，塑造一種人格卓越之典型，乃是君子之性，《中庸》講求社群和諧，
亦與人格特性之卓越息息相關，甚至論及聖人極度卓越之典型，能感知全宇
宙，顯示《中庸》中和思想之高度價值要求。此爲子思之學之高度理想，而
筆者認爲，宋明理學家繼承子思、孟子之學，所描述之人格典型，在此將由
幾位宋明理學家，對此種人格典型的繼承，以說明其對《中庸》中和思想之
發展。而宋明理學家對君子人格特性之探討，實爲聖人之人格典範，宋明理
學家繼承子思、孟子之學，所探討之聖人德性，而繼續指出聖人人格感受能
力的廣大。而宋明理學家不僅指出聖人能力之廣大，亦探討學作聖人的工夫，
而筆者認爲，宋明理學家不僅持續指出聖人能力之廣大，亦指出聖學工夫的
深度，在此將自二程、朱子、王陽明與劉蕺山這幾位理學家，說明理學家指
出聖人德性之廣大，與學習聖人德性的工夫，所展現之深度。

一、理學家兼具廣度與深度的中和人格

　　從二程、朱子、王陽明與劉蕺山，得以理解學習聖人德性的工夫，乃是逐
漸深化。例如，自程明道之思想而言，已指出聖人之仁德，乃是與天地萬物同
體之感受能力，其指出聖人人格之廣大，而其表現之工夫，卻是自然而然的態
度，程伊川亦指出聖人是與天地萬物同體，程伊川所指出的工夫，則非自然而
然，而是專一而刻意態度，程伊川所論述之中和人格的工夫，主要是在心之已
發的工夫，喜怒哀樂之未發的工夫，則有解釋之問題。南宋朱子亦談論與天地

〔註51〕萬俊人，〈儒家美德倫理及其與麥金太爾之亞里士多德主義的視差〉，引自劉
　　　　東主編，《中國學術》2001 年第二輯（總第六輯），北京：商務印書館，2001
　　　　年，頁 166～167。

萬物同體,所顯現的聖人仁德,然而,朱子所談論之學習聖人的工夫,則不僅是已發的工夫,而是兼有未發已發的工夫,亦即心要涵養未發與體察已發。明代王陽明,亦論及與天地萬物同體之聖人,其所論及的學習聖人之工夫,亦是兼具未發已發,亦即王陽明所探討之致我心之良知,其所謂我心之良知,不同於朱子所論之心,朱子所論之人心含有經驗性意義,王陽明所論之我心之良知,乃是較嚴格的本體意義,致良知之工夫,亦嚴格限於我心之道德意義,而非外在世界之自然之理。至明末之劉蕺山,亦有聖人感受天地萬物之探討,而劉蕺山論述聖人之工夫,更將我心良知之發用流行,收攝在心之本體,亦即「中和」之「中」體,或說「愼獨」之「獨」體。由此觀之,此等理學家,不但論及中和思想塑造之人格典範,繼承思孟之學論聖人人格之廣度,並論及聖學工夫的深度,此亦可見逐步深化的過程。以下將從此等觀點,以探討理學家對中和人格的繼承與發展,以及中和思想之價值理想。

二、程明道自然傾向之高度卓越化人格

先前提及,君子之人格,廣義而言,乃是對士、君子、聖人等人格之通稱,而《中庸》中和思想,亦論及君子卓越化之人格特性,甚至是極爲高度之卓越化,此種高度卓越之感受能力,實爲聖人之性,爲高度卓越之典範,而得以感通廣大之宇宙天地萬物,而宋明理學家,繼承《中庸》中和思想對聖人典範之探討,他們不僅描述聖人性格之典範爲何,更探討如何學作聖人,馮友蘭曾說明:「李翺與宋明道學家所說之聖人,皆非倫理的,而爲宗教的或神祕的。概其所說之聖人,非只如孟子所說之『人倫之至』之人,而乃是以盡人倫,行禮樂,以達到其修養至高之境界,即與宇宙合一之境界。」〔註52〕依據馮友蘭所述,宋明理學家注重聖人之探討,此聖人即是有極高度卓越之性格,而得以與宇宙合一,由此看來,宋明理學家論及聖人性格之廣大,得以與《中庸》中和思想相呼應,理學家亦注重修養工夫以學做聖人,在此即從程明道之思想,以說明理學家與中和思想的人格典範,彼此呼應。

《中庸》談論中和思想曾有云:

> 中也者,天下之大本也,和也者,天下之達道也。致中和,天地位焉,萬物育焉。

〔註52〕馮友蘭,《中國哲學史》,北京市:中華書局,1992年,頁808～809。

又曰：肫肫其仁！淵淵其淵！浩浩其天！苟不固聰明聖知達天德
者，其孰能知之？

《中庸》中和思想所談論之聖人之性，有高度卓越之感受能力，而能感知宇
宙萬物，以及宇宙最高深之根本道理，顯示聖人自身性格之廣大能力，而程
明道亦論及聖人性格之廣大之能力，此可自其「仁」論加以理解，程明道在
其〈識仁〉篇中有曰：

學者須先識仁。仁者，渾然與物同體。

程明道論「仁」，乃是指全然與天地萬物同一體，而此種全然與天地萬物同一
體，乃是聖人性格之卓越之感受能力，程明道在與張載談論定性之問題，曾
有曰：

夫天地之常，以其心普萬物而無心；聖人之常，以其情順萬事而無情。

故君子之學，莫若廓然而大公，物來而順應。（《明道文集》卷三）

程明道以為，聖人乃是以其情，順應天地萬物，而沒有私情，聖人性格之心，
亦是同於天地之道理，能普及天地萬物，而沒有私情，此顯示聖人性格之高度
卓越以及廣大，對此，陳榮捷亦說明：「張載在〈西銘〉中所言，仁普遍化可涵
蓋全宇宙。不過，要到二程兄弟，新儒家天人一體的觀念才紮根，才成為一個
主要觀念。」〔註53〕依據陳榮捷所述，程明道論仁，不僅是感通至天地萬物，
且是天人一體，與天地萬物同一體，此等觀念在宋明要到二程，才成主要觀念，
由此看來，程明道所論之仁，不僅是原初之人與人間之關係，而是與《中庸》
「致中和」之聖人性格相呼應，亦即與「肫肫其仁」有所呼應，此顯示程明道
承續傳統，而探討聖人性格之高度卓越，而與廣大之天地萬物同體。

而如何學習此等極高度卓越之人格？程明道所論之學習工夫，亦即修養工
夫，呈現自然而然之態度。程明道以為，人不能體會聖人普及天地萬物之感受
能力，乃是在於自身麻痺，或由於私情所隱蔽而無感覺，去除此種私情，即是
忘去物我與內外之分，而回到原本同為一體之感受，而忘去私情，程明道不認
為是極度刻意之工夫，亦即不主張刻意防範，程明道在其〈識仁〉篇有曰：

識得此理，以誠敬存之而已，不須防檢，不須窮索。若心懈則有防；

心苟不懈，何防之有？理有未得，故須窮索；存久自明，安待窮索？

由此觀之，程明道以為認識仁德之道理，乃是以誠敬之態度存養，而不須要

〔註53〕陳榮捷編著，楊儒賓等譯，《中國哲學文獻選編》，台北市：巨流，1993年，
　　　　頁670。

刻意防範或刻意追尋，自然能明白此種道理，程明道接著又曰：

> 「必有事焉而勿正，心勿忘，勿助長」，未嘗致纖毫之力，此其存之
> 之道。若存得，便合有得。

程明道引述孟子所述「心勿忘，勿助長」，說明不要忘去此大公無私之心，亦不要揠苗助長，此存養之道不是竭盡力氣，而是自然有所得，馮達文等亦曾說明：「只有在這種自然而超越的定中，天性才呈現出其一般性來。由此程顥主張去除自私用智和喜怒於心的有意求定，而主張自然明覺、澄然忘心入定，洞見心性之本然。」〔註 54〕依據馮達文等所述，程明道認爲聖人之心廓然大公，識得此心在於去除私情，此等是自然而然，由此觀之，程明道談論聖人，與「致中和」之道所蘊含之卓越性格呼應，而學作聖人，培養卓越之性格，則是自然而然，而無所謂用力之工夫。

三、程伊川勉力向內之工夫

　　《中庸》中和思想，論述「致中和」之道，蘊含感知宇宙天地之高度卓越性格，此即聖人之典範，而程伊川亦指出感知宇宙天地之卓越性格，指出聖人之人格典範，在《近思錄》卷一中，記載程伊川所言：

> 喜怒哀樂之未發，謂之中。中也者，言寂然不動者也，故曰天下之
> 大本。發而皆中節，謂之和。和也者，言感而遂通者也，故曰天下
> 之達道。

「寂然不動」與「感而遂通」，爲《易經・繫辭上》的說法，程伊川在此是以其易學討論中和思想，對此，古清美曾解釋：「所以伊川用感通發動前的『寂然不動』來形容性體的本然狀態……循著中正不偏的性體，自然感通，便合乎本然之狀態，而無過與不及的偏差；這就是古今所共、通達於天下的道理。」〔註55〕依據古清美所言，程伊川之「寂然不動」，是指性之本然，循著性之本然而感通，乃能貫通天下與古今，可見性之本然，得以貫通宇宙之間，表現性格卓越之感通能力，而在《遺書》卷二十五中，程伊川曾說：

> 聖人之言遠如天，近如地。其遠也若不可得而及，其近也亦可得而行。

> 又說：唯聖人之道無所進退，以其所造之極也。

由此觀之，程伊川認爲，聖人所言可通達至宇宙天地之間，其自身能力乃是

〔註54〕馮達文、郭齊勇等，《新編中國哲學史》，台北市：洪葉文化，2005 年，頁 59。
〔註55〕古清美註譯，《近思錄今註今譯》，台北市：台灣商務印書館，2000 年，頁 6。

高度之卓越，可說是極致，而聖人能通達於宇宙天地之間，乃是因爲聖人明瞭，萬事萬物各有其道理，並有一貫性，程伊川亦有曰：

> 至顯者莫如事，至微者莫如理，而事理一致，微顯一源。古之君子
> 所謂善學者，以其能通於此而已。

由此觀之，程伊川認爲萬事萬物之隱微深處，有根本之「理」，而此眾理乃是相通的，而君子之卓越，得以明白此種道理，而能貫通於天地萬物之間。或者說，人之本性即是此根本之「理」，聖人能之明瞭性即是理，能明白此與天地萬物貫通之理，而能通達宇宙天地之間，《遺書》卷二十二記載程伊川所言：

> 性即理也，所謂理，性是也。天下之理，原其所自，未有不善，喜
> 怒哀樂之未發，何嘗不善？發而中節，則無往而不善。

由此看來，程伊川以爲，人之本性即是理，宇宙萬事萬物一貫之理，乃是人之本性，此本性即是善性，致使未發已發本無不善，而聖人亦能認知到本性與萬事一貫之理，《遺書》卷二十二並記載程伊川所言：

> 稟得至清之氣生者爲聖人，稟得至濁之氣生者爲愚人。如韓愈所言、
> 公都子所問之人是也。然此論生知之聖人。若夫學而知之，氣無清
> 濁，皆可至於善而復性之本。

由此觀之，程伊川認爲，稟氣清者能知本性之善，知本性之理，而聖人則是生而能知者，可見聖人性格之高度卓越，而能知與天地萬物相通之理，此與《中庸》「致中和」之思想，所論述之性格高度卓越之聖人，能感知天地之聖人，有所呼應。

而程伊川亦認爲，聖人之卓越性得以學習，而程伊川所論之學習工夫，並非自然而然，而是專心刻意而用力之工夫，在其〈顏子所好何學論〉中，程伊川有曰：

> 聖人可學而至歟？曰：然。

> 又說：凡學之道，正其心，養其性而已。中正而誠，則聖矣。

由此觀之，程伊川認爲，聖人是可學習而至，此學習工夫，在於能存養本性，而明瞭本性之理，可學作聖人，程伊川在同篇又有曰：

> 視聽言動皆禮矣，所異於聖人者，蓋聖人則不思而得，不勉而中，
> 從容中道。顏子則必思而後得，必勉而後中，故曰：「顏子之與聖人，
> 相去一息」。

由此言論看來，程伊川在學習聖人的工夫上，重視勉力學習工夫，聖人自身

能力已是高度卓越，而能從容中道，若非聖人而求學作聖人，則須要勉力思索的工夫，使自身言行舉止皆符合禮，由此觀之，程伊川重視的是勉力工夫，而非自然而然。

　　程伊川學習聖人的勉力思索的工夫，可以自未發已發來說，而程伊川相當重視已發工夫，在未發工夫則有需解決的問題，在《遺書》卷十八，程伊川曾說：

　　　　既思於喜怒哀樂未發之前求之，又卻是思也。既思即是已發。思與
　　　　喜怒哀樂一般。纔發便謂之和，不可謂之中也。

　　　　又說：於喜怒哀樂未發之前，更怎生求？只平日涵養便是。涵養久，
　　　　則自然發自中節。

由此觀之，程伊川表示勉力思索，以求聖人卓越之工夫，皆是已發，而非未發，而思索之工夫既是已發，如何在未發上用功？程伊川在此表示，此非思索之工夫，而是涵養，涵養久了，自能發而皆中節，而涵養未發要如何去作？程伊川認為，「涵養須用敬」，表示專一敬畏的態度，對於「敬」畏的態度，陳來亦說明：「敬的外在修養指舉止容貌的整齊嚴肅，敬的內在修養是指克邪克私，而敬的內在修養的主要方式，在程頤看來，就是『主一』」〔註56〕由陳來所述，敬畏的態度即是內在克除私欲，對外則要舉止嚴肅，處處皆要合於禮儀，如此則使偏邪之心不生。然而，「敬」是否能涵養未發，在《遺書》卷二上，程伊川有曰：

　　　　「敬而無失」，便是「喜怒哀樂未發謂之中」也。敬不可謂之中，但
　　　　敬而無失，即所以中也。

由此看來，敬則非未發之中，那又如何涵養未發？徐復觀曾說明：「若順此以言『涵養』，便會落在『默坐澄心』上面，這與孟子所謂『存養』，即有毫釐之差。而程伊川上面所謂『涵養』，也並不同於未發之中下工夫（見後）；且與伊川學問的基本性格，更不能相合；因為二程的工夫，依然是重在『思』。」〔註57〕又說：「『主一』之謂敬，『主一』的『主』，即是思，即是已發，與靜必不相同。」〔註58〕根據徐復觀所述，所謂涵養須用敬之「敬」，即是程伊川所謂已發之思，由於程伊川避免落入佛家之默坐澄心，而重視已發，但如此

〔註56〕陳來，《宋明理學》，上海：華東師範大學出版社，2003年，頁82。
〔註57〕徐復觀，《中國人性論史先秦篇》，台北市：台灣商務，1969年，頁132。
〔註58〕徐復觀，《中國人性論史先秦篇》，台北市：台灣商務，1969年，頁133。

又如何能涵養未發之中？董根洪也提及：「『謂至靜能見天地之心，非也』。但另一方面，又不能是非靜之『思』、『求』，不能『求』中『思』中於未發之前，這正是左右不是的『難處』。」〔註59〕由此觀之，程伊川重已發之思，而對如何涵養未發的問題，就有困難，對於未發，程伊川之後的學者如朱子，則有進一步之解釋。因此，程伊川同樣論及聖人之性之卓越，而通往宇宙天地之間，亦重視學習聖人的勉力工夫，此工夫不但要對外嚴肅，符合禮儀，並要向內勉力，克除私欲，由此觀之，雖然程伊川在涵養未發之工夫，有待探討，但程伊川亦指出聖人內在性格，而其修養聖賢之工夫，也不只是向外，亦向內用力，表現高度之價值要求。

四、朱子深入未發之工夫

《中庸》談論「致中和」之時，蘊含聖人之高度卓越性格，此即「肫肫其仁」，而能感知廣大之宇宙天地，而南宋朱子，亦論及高度卓越之內在性格，亦即朱子所謂之「仁」德，從「仁」德的角度，可理解聖人高度卓越之性，得以通向天地萬物，使萬物得到養育，此與《中庸》「致中和」思想之廣大相呼應。除了與聖人之廣大相呼應，朱子亦探討學作聖人之修養工夫，而朱子更深入分析未發與已發之工夫，他的工夫論不只是向內用力，並深入對未發之中解釋，顯示其修養工夫之深度，此可從其「中和」思想以作理解。在此將自朱子對「仁」之探討，以說明朱子論及君子之性，或說聖人內在性格之廣大，與《中庸》「致中和」之廣大相呼應，並從朱子之「心統性情」之中和思想，說明朱子對已發未發工夫之分析，以說明其思想之深度。

《中庸》「致中和」思想與二程，皆論及與天地相通之卓越性格，此可從聖人之「仁」德加以理解，朱子亦指出與天地萬物相通之「仁」德，朱子曾在其〈仁說〉中表示：

> 「天地以生物爲心者也」，而人物之生，又各得夫天地之心以爲心者也，故語心之德，雖其惣攝貫通，無所不備，然一言以蔽之，則曰仁而已矣。

由此觀之，朱子所論之「仁」，乃是以天地之心爲心，而無所不包，而能貫通宇宙天地，此與「致中和」與二程之廣大仁德相通，而在與天地一體之仁中，

〔註59〕董根洪，《儒家中和哲學通論》，濟南：齊魯書社，2001 年，頁 322。

朱子並強調其中之根本之「理」，在〈仁說〉中，朱子有曰：

> 吾之所論，以愛之理而名仁也。

由此看來，朱子所論之「仁」，不僅是情感，而且是提出本體之理，而此「理」亦是人之本性，因此，此種貫通天地之「仁」，亦與人之本性相通，人之本性可貫通天地之間，而聖人之卓越得以明瞭此本性之理，朱子在其〈明道論性說〉中有曰：

> 所稟之氣，必有善惡之殊者，亦性之理也。蓋氣之流行，性爲之主。
> 以其氣之或純或駁而善惡分焉，故非性中本有二物相對也。然氣之
> 惡者，其性亦無不善，故惡亦不可不謂之性也。

朱子認爲，人本性是理，皆是善，但由於氣之純淨或混濁，而使本性不彰，而有善惡，因此，人本性是天理，而可以貫通天地，張永儁亦對朱子太極之說解釋：「人類先天即具有太極之理，稱爲人之『性』。太極渾然一體，本難名狀，其中卻包含萬理，而萬理可歸爲四大綱目爲仁、義、禮、智。」〔註60〕又說：「四端未發時，存中於內，無形無臭。四端已發，則性中之理，顯然可見，如依惻隱之心，可見性中必有『仁』之理在；依羞惡之情，可見性中必有『義』之理在。」〔註61〕依據張永儁所言，性乃是太極之理，太極包含萬事之理，人之本性亦含萬物之理，而「仁」之理，貫通天地之理，亦包含在此本性中，可見朱子肯定人之本性，與廣大之天地萬物貫通，而聖人能全然明瞭此性，而能通於天地，表現聖人之高度卓越，朱子在其〈明道論性說〉中有曰：

> 氣稟清明，自幼而善，聖人性之而全其天者也。流未遠而已濁者，
> 氣稟偏駁之甚，自幼而惡者也。

可見朱子認爲，聖人內在卓越，其本性不受污濁之氣所昏蔽，而能保全其本性天理，因而聖人在卓越，而能貫通天地之間。

朱子認爲聖人之卓越，得以貫通天地，氣稟污濁，則使本性昏蔽，朱子亦有其工夫論，肯定人由學習以存養本性天理，朱子在〈仁說〉有曰：

> 言能克己去私，復乎天理，則此心之體無不在，而此心之用無不行。

可見朱子認爲，人由去私欲之蔽，而使本性天理顯明，仍可貫通天地。朱子

〔註60〕 張永儁（2008）。〈宗法之禮與家庭倫理——禮文化的思想特質〉，《哲學與文化》，第卅五卷第十期，頁 123。

〔註61〕 張永儁（2008）。〈宗法之禮與家庭倫理——禮文化的思想特質〉，《哲學與文化》，第卅五卷第十期，頁 123。

之修養工夫，仍引用程伊川之「涵養須用敬，進學在致知」，但朱子透過其「心統性情」之中和思想，更能解釋涵養未發之中的工夫。朱子認爲人心之主體，統一未發已發，其中心之未發所涉及之本體，乃是性，心之已發乃是情，以此說明心統性情，也由於心統未發已發，心之主體不只有已發工夫，亦可行未發工夫，在未發則是涵養工夫，在已發則是體察工夫，如果只論已發工夫，即使能克制內在所發動之意念，仍難以說明如何涵養未發之中，而朱子主體之心，統合未發之中與已發之和，則可解釋未發之中的工夫。如朱子在〈與湖南諸公論中和第一書〉所說：

> 按《文集》、《遺書》諸說，似皆以思慮未萌、事物未至之時，爲喜怒哀樂之未發。當此之時，即是此心寂然不動之體，而天命之性當體具焉。以其無過不及，不偏不倚，故謂之中。（《文集》卷六四）

> 同篇朱子又有曰：及其感而遂通天下故，則爲喜怒哀樂之性發焉，此心之用可見。以其無不中節，無所乖戾，故謂之和。

由此看來，朱子指出心攝未發之中，與已發之和，心之本體爲性，在《四書章句集注》，朱子有曰：

> 喜、怒、哀、樂，情也。其未發，則性也，無所偏倚，故謂之中。
> 發皆中節，情之正也，無所乖戾，故謂之和。

可見朱子以未發之本體爲性，而以已發爲情，因而朱子論之人心統攝未發與已發，在〈與湖南諸公論中和第一書〉，朱子闡釋未發之中，與體察已發之和，朱子有曰：

> 然未發之前，不可尋覓。已覺以後，不容安排。但平日莊敬涵養之功至，而無人欲之私以亂之，則其未發也鏡明水止，而其發也無不中節矣。

> 又曰：此是日用本領工夫，至於隨事省察，即物推明，亦必以是爲本。而與已發之際觀之，則其具於未發之前，固可嘿識。

由此看來，朱子在心統性情之理論下，談論涵養未發，與體察已發之工夫，涵養未發以明天理而去私欲，在已發之際，又以天理爲依據，使事事有所節度，因此，朱子論及彰顯本性天理的工夫，能貫通內外之理，而與天地相貫通，由於人心統合未發已發，不只有已發之工夫，亦不只有去內在私欲之工夫，亦深入說明涵養未發工夫的根據，可見朱子指出聖人性格貫通宇宙之廣大，亦解釋更深入的工夫，更顯示其高度之價值要求。

五、王陽明集中於內在形上之本心

　　《中庸》「致中和」與程朱的思想，皆指出聖人性格之卓越，得以貫通宇宙天地，而程朱亦論及學習聖人的工夫，尤其朱子解釋未發已發之工夫，而能深入未發工夫的探討，顯示其更深度之價值要求。而明代王陽明，亦指出感通天地之聖人，亦指出學習聖人的工夫，因而王陽明亦指出聖人性格之卓越，以及感通宇宙天地之廣大，然而，王陽明不同於程朱之學，程朱之學論工夫，以求明天理去私欲，他們所明之天理，包含外在之理與內在之理，甚至自然之理，而王陽明論明天理去私欲，則嚴格限制在我心之理，亦嚴格限制在內在道德之討論，因此王陽明比程朱更集中內在之討論。而王陽明論人心之工夫，更深入形上根本之討論，朱子雖論及心統已發與未發之工夫，但其所論之人心具有經驗之意義，而王陽明則以心爲本心之理，因而王陽明更深入形上本心之探討，顯示出王陽明對價值善更深度之要求。

　　王陽明論及卓越之人物，能感通宇宙天地，此與《中庸》「致中和」，以及程朱思想相呼應，在《傳習錄》中，王陽明有曰：

> 自格物致知平天下，只是一個明明德；雖親民，亦明明德是也。明德是此心之德，即是仁。仁者以天地萬物爲一體，使有一物失所，便是吾仁有未盡處。

由此觀之，王陽明亦論及仁德，乃是感通廣大之宇宙天地之間，而此仁德乃是此心之仁德，可見王陽明也認爲，能感通天地之間，其根據乃是內在之心，而王陽明亦以爲感通廣大之天地，乃是聖人之高度卓越，在《大學問》中，王陽明有曰：

> 大人之能與天地萬物爲一體也，非意也，其心之仁本若是；其與天地萬物爲一也，豈爲大人，雖小人之心，亦莫不然，彼顧自小之爾。

由此觀之，王陽明以爲人心之仁德，與宇宙天地爲一體，然而，卓越之大人物，不會自我侷限，不受隱蔽，而能感通天地。可見王陽明與程朱，以及《中庸》「致中和」思想相呼應，指出聖人性格之高度卓越，而通於廣大之天地。

　　而王陽明亦論及學做聖人之工夫，此乃是「致良知」，良知即是我心之天理，若明天理去私欲，則能致良知於事事物物，恢復與天地萬物一體之仁德。致良知乃是統一未發已發之「致中和」工夫，而我心之良知即是天理，我心之外無天理，因而王陽明工夫之焦點，集中在人心內在道德，而非注重外在之理，此不同朱子將外理與內理貫通之說法。而我心之良知即是天理，而非

統合性之理與情之用，由此觀之，王陽明論內在工夫，更關注在形而上本體之心，而不同於朱子具經驗意義之心統性情。在《傳習錄》中，王陽明有曰：

> 聖人無善無惡，只是無有作好，無有作惡，不動於氣；然僅遵王之道，會其有極，便自一循天理，便有箇裁成輔相。

由此觀之，王陽明以為聖人所作的，即是遵循天理，而自《傳習錄》中，王陽明有曰：

> 若鄙人所謂格物致知者，致吾心之良知於事事物物也。吾心之良知，即所謂天理也；致吾心良知之天理於事事物物，則事事物物皆得其理矣。

由此觀之，王陽明所謂之格物致知之修養工夫，即是致良知，而我心之良知即是天理，亦即心即是理，因此，格物致知工夫乃是在於我心之理，而非外理，此不同於朱子之內外相貫通，朱子在《四書章句集注》中，說明「格物致知」工夫，提及：

> 是以《大學》始教，必使學者即凡天下一物，莫不因已知之理而益窮之，以求至乎其極。一旦豁然貫通焉，則眾物之表裡精粗無不到，而吾心之全體大用無不明矣。

由此看來，朱子之工夫，強調深入天下外物，以窮其理，進而使內外之理相貫通，朱子強調內在之理與外在之理貫通，但王陽明在《傳習錄》則說：

> 心外無理，心外無事。

可見王陽明不強調外理，而是關注內在之天理，即我心之良知，而致良知於萬事萬物，陳來亦說明：「在朱熹哲學中，所謂物理包含必然與當然兩個方面，必然指自然法則，當然指道德法則，王守仁的心即理或心外無理說只提出了對當然的一種解釋，而對於事物中是否存有必然之理，這一類物理能否歸結內心的條理……都沒有給以回答。」〔註62〕由陳來所言，王陽明集中內在道德原理的討論，而非外理，亦不似朱子將內外之理貫通。

王陽明集中內在之道德，而他所謂致我心之良知，雖然統未發之中與已發之和，但此心不同朱子之經驗意義，而是形而上本體，勞思光即說明：「而朱氏論『心』，遂只當作『氣』之靈者所成之經驗心；即『心』在朱氏系統中只是『特殊』而非『普遍』；只是『經驗主體』而非『超驗主體』。」〔註63〕

〔註62〕陳來，《宋明理學》，上海：華東師範大學出版社，2003年，頁204。
〔註63〕勞思光，《新編中國哲學史》，台北市：三民，1981年，頁357。

根據勞思光所言，朱子所論之「心」乃是「理氣」之「氣」，且是氣之靈秀，是經驗意義，統未發已發之「心」為經驗主體，而朱子亦對心說明：

> 不專是氣，是先有知覺之理。理未知覺，氣聚成形，理與氣合，便能之覺。（《文集》卷五）

由此看來，統未發已發之「心」，不只是「氣」，乃是理與氣合，而含有經驗意義，而王陽明則以「心」為「理」，可見其統未發之中與已發之和之「心」，乃是形上意義，王陽明在《傳習錄》有曰：

> 喜怒哀樂，本體自是中和的。

> 又曰：未發在已發之中。而已發之中，未嘗別有未發者在。已發在未發之中。而未發之中，未嘗別有已發者存。

> 又曰：良知心之本體，即所謂性善也，未發之中也，寂然不動之體也，廓然大公也；何常人皆不能，而必待於學邪？

由此觀之，王陽明以為本體統合未發之中與已發之和，而我心之良知即是本體，可見統未發已發之心，是形而上本體之意義，張立文亦曾提及：「然而朱熹『心統性情』之心……都是指心的本然性質、狀態、面貌，即純粹主體，其主旨是從知主體，而非形而上本體。王守仁所指的心，重在道德主體，在天地萬物與吾一體的理論結構中，道德主體即形而上宇宙本體。」〔註64〕依據張立文所述，王陽明之統未發之中與已發之和之心，為形而上本體，朱子心統性情之心，為心之本來面貌，含有經驗意義，是知覺對象之主體，而非形而上本體，王陽明致良知之工夫，所依據之「心」為形而上之本心。由此看來，王陽明與《中庸》「致中和」，以及程朱思想，皆指出聖人之卓越性格，而通於廣大之宇宙，王陽明亦論及學習聖人之工夫，但其工夫，則嚴格限制於內在道德，其工夫所依據之心，更深入之形而上根本，而有更趨深入之價值要求。

六、劉蕺山收攝心之流行入「中」體

　　王陽明之「致良知」工夫，統一未發之中與已發之和，並指出聖人之性卓越之貫通能力，並深入內在道德之本心，而明末劉蕺山之中和思想，與《中庸》「致中和」思想，以及程朱、陽明相同，指出聖人性格之卓越能力，而通向廣大之宇宙天地，並論及學作聖人之工夫，亦即「慎獨」或「誠意」之工

〔註64〕張立文，《中國哲學範疇發展史・人道篇》，台北市：五南，1996年，頁481。

夫，而其工夫依據，亦是宇宙之本體，亦即「意」之本體、「獨」體、中和之「中」體，不僅如此，劉蕺山亦將我心良知之流行發用，收攝入「中」體，展現劉蕺山工夫論之極度深化，由此可見劉蕺山價值要求之廣大與精深，顯示劉蕺山的高度理想。

劉蕺山論述中和思想，亦論及聖人性格之卓越，而可與天地相貫通。劉蕺山以為宇宙天地與人心相通，都是一氣，皆是一理，劉蕺山以為，理即在氣中，而不與氣脫離，天地與人心性皆是一氣，而可貫通。然而，聖人之卓越可與萬物同歸於善，而由於性情有所昏昧，至使心不得廓然大公，而不能與天地相通。劉蕺山在《學言》有曰：

> 天地之大，本吾一體。盈天地間有一物之所失，即我之失所。非徒安全之而已，又必與天下同歸於善，然後有以盡其性。（《學言》上）

由此觀之，劉蕺山以為我性與天地萬物，本是一體，而能與天地萬物同歸於善，才是盡其性，劉蕺山又有曰：

> 誠者，天之道也，四德之本也。誠之者，人之道也。立誠所以立命也，知幾其神所以事天也。聖同天，信乎！（《學言》上）

劉蕺山以為，所謂聖人卓越之仁德，能與天地同歸於善，而聖人能與天地同一體，乃是天地與我皆是一理，皆是一氣，劉蕺山有曰：

> 盈天地間，一氣也。氣即理也，天得之以為天，地得之以為地，人物得之以為人物，一也。（《學言》中）

> 他又曰：推之至於一榮一瘁、一往一來、一晝一夜、一呼一吸，莫非此理。天得之以為命，人得之以為性，性率而為道，道修而為教，一而已矣，而實管攝於吾之一心。（《學言》上）

由此觀之，劉蕺山以為，天地與我心相通，皆是「理」，而劉蕺山以為「理」即是「氣」，「理」是「氣」之理而不可分，天地與我心皆是一氣，皆是一理，而心為氣，性則是「氣」有條理，陳來亦解釋：「劉宗周主張心性一物，在他看來，理只是氣的未發生變異的本然流轉，及其有序更迭，性只是心之本然流行和正常條理。」〔註65〕由此看來，心性乃是一件事，但性可能所昏蔽，劉蕺山有曰：

〔註65〕陳來，《宋明理學》，上海：華東師範大學出版社，2003年，頁306。

　　　情動則溢者，昏於性也；事過而留者，歉於理也。(《學言》上)

　　由於內在發動，可能使性受昏蔽，而劉蕺山亦指出學習聖人之工夫，此即「慎獨」，劉蕺山有曰：

　　　學聖者宜如何？曰：「慎獨」。(《學言》上)

劉蕺山提出慎獨之工夫，以學作聖人。

　　劉蕺山論「慎獨」工夫，乃是返回心之本體，此即「獨」體、「中」體，亦是誠意之「意」。「慎獨」之本體工夫，乃是統攝未發之中與已發之和，工夫之根據，亦收攝在本體，而劉蕺山提出「獨」體，或說「中」體，亦能收攝陽明心學，所論之良知流行，朱子、陽明皆論及統攝未發之中與已發之和，但皆含有經驗意義，如朱子統合未發已發之心含有經驗意義，陽明統未發已發之良知，其流行發用之意念，亦含有經驗意義，劉蕺山則收攝良知發用入「中」體，則是將一切收入本體之規定，因此，劉蕺山提出之「中」體，得以使工夫與良知之流行，深化至本體。劉蕺山有曰：

　　　中庸是有源頭學問，說本體先說箇「天命之性」，識得天命之性則率
　　　性之道、修道之教在其中；說工夫只是說箇「慎獨」，獨即是中體，
　　　識得慎獨，則發而皆中節，天地萬物在其中矣。(《學言》上)

可見劉蕺山以為，獨體即是中體，而喜怒哀樂未發之中，與發而皆中節之和，皆統攝在「獨」體或「中」體，而獨體即是誠意之「意」，劉蕺山曾說：

　　　又就意中指出最初之機，則僅有知好知惡之知而已，此即意之不可
　　　欺者也。故之藏於意，非意之所起也。又就知中指最初之機，則僅
　　　有體物不遺之物而已，此所謂獨也。(《學言》上)

由此可知，「獨」體即是「中」體，即是「意」，「意」乃之心之本體，非心之所發，張永儁亦說明：「是以『獨』乃是四氣之『中』，為人心最隱微之地，所謂『慎』者，戒慎恐懼之謂也，自主自覺，自由自律，以誠敬工夫為入道之門，以主靜立極為究竟覺地，又稱之為『復性之學』(全書卷二十一《書長孺社約》)」〔註66〕又說：「『慎獨』必待『誠意』而後可，誠意慎獨合而為一個『本體工夫』，則為蕺山先生獨創之新見。」〔註67〕根據張永儁所言，劉蕺

〔註66〕張永儁 (2000)。〈劉蕺山心學之特質及其歷史意義〉，《哲學與文化》，第二十
　　　　五卷第十一期，頁1012。
〔註67〕張永儁 (2000)。〈劉蕺山心學之特質及其歷史意義〉，《哲學與文化》，第二十
　　　　五卷第十一期，頁1012。

山之「獨」體即「中」體,「愼獨」與「誠意」爲一個「本體工夫」,而陽明心學之「意」則非本體工夫,而是流行發用,王陽明在《傳習錄》有曰:

> 而心之虛靈明覺,即所謂本然之良知也。其虛靈明覺之良知應感而動者謂之意。

由此可知,陽明心學論「意」乃是本體發用流行,而劉蕺山論誠意工夫,正是收攝良知之發用,馮達文等亦說明:「『意爲心之所存』,爲一定主宰之定向能力,則『意』便可將陽明的隨感而發、活躍不已的良知加以內斂收束。劉宗周的辯難雖有以己意強難陽明之嫌,但他的眞實用心是試圖以其邃密無遺的誠意論堵住王門後學之猖狂情識。」〔註 68〕依據馮達文等所述,劉蕺山論誠意工夫,得以收束陽明學流行發用之良知,以防王學末流任其情意流行,而失善惡判斷之根本依據。由此觀之,劉蕺山論本體工夫,更有深化之本體之趨向,陳來曾說明劉蕺山之「誠意」工夫:「也使得《大學》中與心學有關之三個德目『正心』、『致知』、『誠意』都得到了充分的發展,在結構上更爲周全,同時,從陸象山到劉蕺山,也表明心學的道德體驗在實踐中逐步深入和完善。」〔註 69〕由此看來,劉蕺山之心學,是從本心深入到良知,良知深入到誠意,其道德體驗又比以往更趨深入。

由上述觀之,理學家承接《中庸》中和思想,所塑造之聖人感通能力之廣大,並討論如何學做聖人,亦即未發之中與已發之和的工夫,此學習方法亦逐漸深化。《中庸》論「致中和」,不僅是外在和諧,並深入要求聖人性格之卓越,此卓越特性亦能感知廣大之宇宙天地,而理學家同樣指出聖人性格的卓越,並與廣大天地萬物同體。理學家亦不僅論及聖人之性之廣大,更論及聖學工夫,且是逐步深入,如從程明道之自然態度,再到程伊川之刻意向內用力,而朱子論心統未發已發,更深入解釋未發之中之工夫,而王陽明更集中於內在道德的探討,而統未發之中與已發之和之我心,更是嚴格意義的形而上本心,至劉蕺山,並將我心良知所發用,深入收束在心之本體,此一過程,可見理學家對價值要求之極端深入,可說是「致廣大而盡精微」之價值要求,爲極端高度之價值要求,顯示中和思想發展出之高度理想。

〔註 68〕馮達文、郭齊勇等,《新編中國哲學史》,台北市:洪葉文化,2005 年,頁 173。
〔註 69〕陳來,《宋明理學》,上海:華東師範大學出版社,2003 年,頁 299。

第五章 結 論

第一節 中和思想的現代意義

　　本文開頭曾提及，探討《中庸》的中和思想，是期望釐清「中和」在《中庸》文本中的意義，及《中庸》中和思想之價值理想為何，以建構以「中和」為基礎的價值理論。並呈現中和思想，在現代社會所具有的意義，及中和思想應用現代社會的可能性。

　　「中和」在《中庸》文本的意義為何？此問題可分別從《中庸》所呈現之人倫思想，及形而上思想以作理解。從《中庸》文中之人倫思想來看，「中和」之「中」，代表人際關係中最恰當之行為狀態，「中和」之「和」，代表人際關係之和諧。而從《中庸》文中之形上思想而言，「中和」之「中」，代表人根本之性，以及宇宙之根本，「中和」之「和」，代表情感發動符合節度，亦代表普及天下之道理，「致中和」則代表宇宙萬物得到養育之和諧。

　　而《中庸》中和思想之價值理想為何？此呈現之價值理論為何？此問題可分別自《中庸》形上本根論、人性價值論、實踐方法論，以及君子之人格典型，來作理解。從形上本根論而言，《中庸》中和思想之價值理想，在其指出價值最客觀的泉源。從人性價值論來說，《中庸》中和思想之價值理想，在於其指出人內在價值根源之本性，並依循價值本性，推展出理想政治社群之價值，此有別於現實政治組織。從實踐方法論而言，《中庸》中和思想之價值理想，在指出實踐價值善之廣大，亦即將價值推廣於內、外、上、下、現在、未來。而自君子之人格典型來看，《中庸》中和思想之價值理想，在指出價值之高度要求，此不僅對外在行為要求，更對內在人格特性作要求，使整個人呈現高度之卓越。

　　「中和」在《中庸》文本的意義，可從《中庸》之人倫思想，及形而上思想作理解。不論自具體之人倫思想，或高度普遍的形上思想，皆爲高度之理想性。其中人倫思想，可追溯自孔子對人倫規範之探究，而形上思想，則可追溯到孔子弟子之子思學派，並能發展出宋明理學家的高度思維，此等皆展現高度理想。從人倫思想中，「中」代表最恰當之行爲狀態，「和」代表人際和諧，都是卓越之君子，所表現之樣貌。從形上思想，「中」爲宇宙最恰當之根本，「和」爲宇宙總體和諧，表示宇宙總體皆能化惡爲善，此種廣度與深度亦是高度理想，其後宋明理學家，亦將此理想之根本與天理作連結，並將宇宙總體之善，發展爲彰顯宇宙天理之聖賢，亦表現他們對聖賢的渴望。從原本的孔子，到宋明之發展，不論是君子或聖人，皆是對理想的渴望。

　　中和思想之理論，亦可說明「價值」概念諸多層面。「價值」乃是有機之總體概念，涉及客觀與主觀層面，並涉及具體情境。《中庸》中和思想的理論結構，則能涉及價值概念的各層面。從涉及形上本根論之「天下大本」，即可見最客觀之價值標準。從人性價值論來說，中和思想指出人主體內在之價值根源，即天命之性與未發之中，以及從價值根源開展出的政治社群，亦即君子順從主體之「天命之性」，而向外推展出充滿善德之「天下國家」。再從實踐方法論來說，中和思想指出價值善的普遍推展，亦即推廣至每一個具體情境，而使自身、他人、宇宙萬物以及未來世界，皆能化惡爲善。由此觀之，中和思想之理論結構，確實能說明價值的諸多層面。

　　中和思想不但說明價值概念的諸多面向，更指出價值理想，例如先前所提及，中和思想指出宇宙最高的價值泉源，以及主體最根本的價值根源，而非自然欲望，並指出不同現實政治體制的政治社群，亦即充滿善德的政治社群，並將價值推到最廣。除此之外，中和思想之價值理想，亦表現在其高度的價值要求，此不僅要求外在行爲符合價值善，並要求內在人格的卓越，此包括意志力的卓越、認知能力的卓越、情感的卓越，不僅如此，外在人際與宇宙萬物的和諧，也必須與卓越之人格密切相關，才得以稱爲和諧，而此等卓越，更不是一般的卓越，而是超乎常人的認知與感受能力，此種極高度之卓越能力，才能感通宇宙最深的價值根本，並感通宇宙天地萬物，雖然是高度卓越的要求，而其目的，又不是爲了個人自身卓越，而是爲成就每一個天地萬物，更展現高度的價值要求。而至宋明理學家，又不只說明聖人人格的卓越，亦逐漸深入探究學作聖人的工夫，他們表現價值要求的廣度與深度，

發展中和思想高度之價值要求。

中和思想有如此高度之價值要求，其在現代社會之意義爲何？筆者認
爲，此種高度之價值要求，得以爲現代社會樹立價值評判之標準，亦給予渴
望價值理想之人，一項追求之目標。現代社會乃是科技發達，與重視經濟資
本的社會，在此中人們強調客觀事實，以及經濟利益之追求，相對缺乏價值
善惡的判斷，在此之中，追求價值理想之人，不易找到評斷價值善惡的標準，
與追求價值理想的目標，沈清松即曾提及：「大家愈來愈只見到有效的科技發
展、有效的經濟成就，宗教上的極端行爲也愈來愈多。這些都反映了一個現
象：人們的心靈缺乏值得奉獻的理由。」〔註1〕根據沈清松所述，在科技與經
濟發展的現代社會，缺乏價值理想，以作爲人們一生奉獻的目標，中和思想
之價值理想，則可樹立一種價值評判之標準，例如，有人想學作完善之人，
或是做聖人，需要評判價值善惡的標準，中和思想所塑造的聖賢，如舜、文
王或孔子等，即可作爲人們思考完善之人或聖人之模範，又如在其他世界渴
望學作聖賢，可能以蘇格拉底、耶穌或甘地等人格典型，爲完善之模範，波
伊曼博士亦提及：「蘇格拉底、耶穌、甘地、泰瑞莎修女、與高比神父的生命，
提供道德卓越可能性的例子，並啓發我們成爲理想的類型。」〔註2〕可見在其
他世界則可能以蘇格拉底等聖賢爲模範，人若渴望完善，即可以聖賢之模範，
以爲評判善惡之標準，沈清松亦提及：「孔子和孟子只是明說出他們所處時代
的中國人的希望與心靈的需要，這些眞理在被他們明說出以後，就變成中國
人達成自覺與價值理想的依據，所以能影響中國人那麼久。」〔註3〕由此看來，
儒家倫理思想之價值理想，可作爲人們依據的標準，人們如果渴望價值理想，
即可以此爲評判價值善惡的最高標準，與追求價值理想之最高目標。

第二節 中和的價值觀與現代社會

《中庸》的中和思想，乃是高度之價值要求，要求使內在人格與外在種

〔註1〕 沈清松，《對比‧外推與交談》，台北市：五南，2002 年，頁 319。
〔註2〕 原文爲 "The lives of Socrates, Jesus, Gandhi, Mother Teresa, and Father Maximillian Kolbe provide examples of possibilities of moral excellence and inspire us to become ideal type." 參照 Louis Paul Pojman, *Ethics: discovering right and wrong.*（Belmont, CA: Wadsworth/ Thomson Learning, C2002），pp. 62。
〔註3〕 沈清松，《對比‧外推與交談》，台北市：五南，2002 年，頁 346。

種人事，皆能化惡爲善，亦即百分之百的價值要求，而不是追求自身的利益
與成就，由此觀之，中和思想的關注焦點，並非個人求生存與個人之利益，
普羅大眾所關注的則多爲個人求生存，因此，中和思想百分之百的價值要求，
在現代社會中，難以普遍要求每個人，如果不能作爲普遍之要求，是否表示，
中和思想的價值理想不能運用於現代社會，而需要放棄？筆者認爲，中和思
想百分之百的價值理想，雖不能普遍要求每個人，但也不必放棄，因爲此等
價值理想，對於自身渴望理想的人，例如渴望聖賢之人，可作爲他們追求之
目標，而對現代社會之普羅大眾，則應以基本價值作要求，亦即六十分之價
值要求，例如不偷搶拐騙等，而不是要求人人應該作聖賢。

　　中和思想呈現高度之價值要求，使內在人格與外在人世間，皆得以化惡
爲善，此種完善之價值要求，爲百分之百的價值要求，所關注的亦非個人成
就或個人求生存，甚至爲了此等價值理想，中和思想的價值觀，會要求以理
想爲優先，個人生死則爲次要，如《中庸》引孔子所言：

　　　故君子和而不流，強哉矯；中立而不倚，強哉矯；國有道，不變塞
　　　焉，強哉矯；國無道，至死不變，強哉矯。

由此看來，身爲一個君子，不論國家治亂，不論是生是死，要以價值理想爲
優先，個人利益或求生存並非優先，信廣來亦曾說明：「因此，雖然儒家思想
家承認滿足人基本需求及物質福利的重要，他們仍指出各種不同的事情，是
人類視爲比一般私人財產，甚至自身生命更重要。」〔註4〕由此觀之，儒家以
價值理想優先於個人物質福利與生命，此看來是重視資本的現代社會，甚至
一般大眾所難以作到，相較之下，在社會中求生存與利益，是一般人較能接
受，例如先秦墨子主張「興天下之利」，或先秦楊朱學說主張之「貴生」，較
能被一般人接受。儒家聖賢之價值理想，則看來難以普遍要求大眾，若聖賢
難以普遍作要求，是否表示此價值理想不能用於現代社會，甚至需要放棄？
筆者認爲，此價值理想不需放棄，此仍能用於現代社會，亦即樹立典範，換

〔註4〕　原文爲"Thus, while Confucian thinkers acknowledge the importance of satisfying
　　　　basic human needs and promoting material well-being, they also point to various
　　　　things that human beings regard as more important than these ordinary goods, even
　　　　more important than life itself. " Kwong-loi Shun,"The person of Confucian
　　　　Thought" 引自 Kwong-loi Shun, David B. Wong ed. , *Confucian Ethics: A
　　　　Comparative study of self, Autonomy, and Community*. （New York: Cambridge,
　　　　2004）, pp. 196。

言之，能標舉出百分之百的目標，給渴望理想的人追求之目標，至於能普遍要求一般人的，乃是六十分之基本規範，何懷宏曾說明：「道德的基本立場之所以要從一種社會精英的、自我追求至善、希聖希賢的觀點轉向一種面向全社會、平等適度，立足公平正直的觀點，在某種意義上正是因為社會從一種精英等級制傳統形態轉向了一種『平等多元』的現代形態。」〔註5〕根據何懷宏所言，現代社會並非人人追求聖賢，並非人人追求至善之價值理想，因而應該普遍要求的，是適度之基本道德，例如不做偷搶拐騙等惡行，而非要求人人一定要追求完美與聖賢，對於追求完美至善的價值理想，則由渴望價值理想的人追求，《中庸》亦引用孔子所言：

> 君子之道，辟如行遠必自邇，辟如登高必自卑。

由此觀之，即使渴望價值理想，亦要從最近的自身，與最低處做起，而不是從頭到尾皆以價值理想作要求，至於什麼才是適度之基本價值？如何能符合社會的基本生存？此問題，乃是未來能繼續追問與探討的問題。

〔註5〕何懷宏，《底線倫理》，瀋陽市：遼寧人民出版社，1998 年，頁 9。

參考書目

一、原　典

1. 吳光主編，《劉宗周全集》，杭州市：浙江古籍，2007 年。
2. 〔宋〕朱熹撰，《四書章句集注》，台北市：大安，1996 年。
3. 〔宋〕朱熹撰，《四書章句集注》，長沙市：岳麓書社，2008 年。
4. 〔宋〕程顥、程頤，《二程集》，台北縣樹林鎮：漢京文化事業有限公司，1983 年。
5. 李學勤主編，《十三經注疏——孟子注疏》，北京市：北京大學出版社，2000 年。
6. 李學勤主編，《十三經注疏——論語注疏》，北京市：北京大學出版社，2000 年。
7. 〔明〕王陽明，《傳習錄》，長沙市：岳麓書社，2003 年。
8. 〔唐〕楊倞注，《荀子集解・考證》，台北市：世界書局，2000 年。
9. 〔漢〕孔安國傳；李學勤主編，《十三經注疏——尚書正義》，北京市：北京大學出版社，2000 年。
10. 鄭玄注，李學勤點校，《禮記正義》，北京市：北京大學，1999 年。

二、註釋、專書與相關研究

1. 王忠林譯注，《新譯荀子讀本》，台北市：三民，1977 年。
2. 王澤應注譯，《新譯學庸讀本》，台北市：三民，2004 年。
3. 古清美註譯，《近思錄今註今譯》，台北市：台灣商務印書館，2000 年。
4. 周秉鈞注譯，《尚書》，長沙：岳麓書社，2001 年。
5. 屈萬里註譯，《尚書今註今譯》，台北市：台灣商務印書館，1970 年。

6. 陳榮捷，《王陽明傳習錄詳註集評》，台北市：台灣學生書局，1983 年。

7. 黃永堂譯注，《國語》，台北市：台灣古籍出版，1997 年。

8. 謝冰瑩等編譯，《新譯四書讀本》，台北市：三民，2003 年。

9. J. F. Donceel 著；劉貴傑譯，《哲學人類學》，台北市：巨流，1990 年。

10. 方迪啟（Risieri Frondizi）著、黃藿譯，《價值是什麼？》，台北市：聯經，1984 年。

11. 牟宗三，《中國哲學十九講》，台北市：台灣學生，1983 年。

12. 牟宗三，《中國哲學的特質》，台北市：台灣學生書局印行，1990 年。

13. 何懷宏，《底線倫理》，瀋陽市：遼寧人民出版社，1998 年。

14. 吳怡，《中庸誠的哲學》，台北市：東大，1976 年。

15. 李賢中，《墨學——理論與方法》，台北市：揚智文化，2003 年。

16. 杜維明主編，《思想、文獻、歷史：思孟學派新探》，北京市：北京大學，2008 年。

17. 杜維明著、段智德譯，《論儒家的宗教性——對《中庸》的現代詮釋》，武漢：武漢大學出版社，1999 年。

18. 沈清松主編，《中國人的價值觀：人文學觀點》，台北市：桂冠，1993 年。

19. 沈清松，《對比・外推與交談》，台北市：五南，2002 年。

20. 沈清松主編，《詮釋與創造：傳統中華文化及其未來發展》，台北市：聯合報系文化基金會，1995 年。

21. 周桂鈿，《中國哲學研究方法論》，太原：山西教育出版社，2006 年 7 月。

22. 彼得 A. 安傑利斯（Peter A. Angeles），《哲學辭典》，台北市：城邦，2001 年。

23. 洪櫻芬，《價值與道德之融通》，台北市：洪葉文化，2003 年。

24. 洪櫻芬，《論人的價值：綜述謝勒與孔孟的價值觀》，台北市：洪葉文化，2000 年。

25. 唐君毅，《中國哲學原論原性篇》，台北市：台灣學生，1989 年。

26. 徐復觀，《中國人性論史先秦篇》，台北市：台灣商務，1969 年。

27. 徐復觀，《中國思想史論集》，上海：上海書店出版社，2004 年。

28. 徐儒宗，《中庸論》，杭州：浙江古籍出版社，2003 年。

29. 高柏園，《中庸形上思想》，台北市：東大，1988 年。

30. 張立文，《中國哲學範疇發展史・人道篇》，台北市：五南，1996 年。

31. 張立文，《中國哲學邏輯結構論》，北京市：中國社會科學，2002 年。

32. 張岱年，《中國哲學大綱》，雲南縣斗六鎮：藍燈出版社，1992 年。

33. 梁濤，《郭店竹簡與思孟學派》，北京：中國人民大學出版社，2008年。

34. 郭沂，《郭店竹簡與先秦學術思想史》，上海：上海教育出版，2001年。

35. 陳來，《宋明理學》，上海：華東師範大學出版社，2003年。

36. 陳榮捷編著，楊儒賓等譯，《中國哲學文獻選編》，台北市：巨流，1993年。

37. 陳滿銘，《中庸思想研究》，台北市：文津出版社，1989年。

38. 傅偉勳，《學問的生命與生命的學問》，台北市：中正書局，1998年。

39. 勞思光，《新編中國哲學史》，台北市：三民，1981年。

40. 勞思光，《新編中國哲學史》，台北市：三民，2004年。

41. 馮友蘭，《中國哲學史》，北京市：中華書局，1992年。

42. 馮達文、郭齊勇等，《新編中國哲學史》，台北市：洪葉文化，2005年。

43. 楊祖漢，《中庸義理疏解》，台北市：鵝湖，1986年。

44. 董根洪，《儒家中和哲學通論》，濟南：齊魯書社，2001年。

45. 錢穆，《中國學術思想史論叢》，台北市：東大，1970年。

46. 羅光，《士林哲學——理論篇》，台北市：台灣學生書局，1982年。

47. 羅光，《中國哲學的精神》，台北市：台灣學生，1990年。

48. 羅光，《儒家的生命哲學》，台北市：台灣學生，1995年。

49. 羅伯特・奧迪（Robert Audi）主編，《劍橋哲學辭典》，台北市：貓頭鷹，2002年。

三、英文著作

1. Chinn, Ewing. Rosement, Henry Jr. ed. *Metaphilosophy & Chinese thought-Interpreting David Hall*. New York: Global Scholarly Publications, 2003.

2. Pojman , Louis Paul. *Ethics: discovering right and wrong*. Belmont, CA: Wadsworth/ Thomson Learning, C2002.

3. Rachels, James. *The Elements of Moral Philosophy*. Boston: McGraw-Hill, c2007.

4. Shun, Kwong-loi. Wong, David B. ed. *Confucian Ethics: A Comparative study of self, Autonomy, and Community*. New York: Cambridge, 2004.

四、期刊論文

1. Chong, Kim-chong. "Confucius's Virtue Ethics: *Li, Yi, Wen* and *Chih* in the *Analect*," *Journal of Chinese Philosophy* 25 （1998）.

2. 沈清松（1998）。〈公民德行的陶成〉，《哲學與文化》，25卷第5期。

3. 沈清松（1998）。〈情意發展與實踐智慧〉，《通識教育季刊》，第 5 卷第 1

期。

4. 張永儁（2000）。〈劉蕺山心學之特質及其歷史意義〉，《哲學與文化》，第二十五卷第十一期。

5. 張永儁（2008）。〈宗法之禮與家庭倫理——禮文化的思想特質〉，《哲學與文化》，第卅五卷第十期。

6. 黃秋韻（2007）。〈《中庸》道德哲學之方法論研究〉，《哲學與文化》，第卅四卷第四期。

7. 萬俊人，〈儒家美德倫理及其與麥金太爾之亞里士多德主義的視差〉，收入劉東主編，《中國學術》2001 年第二輯（總第六輯），北京：商務印書館，2001 年。

8. 劉進（2008），〈《禮記》"中和"思想的人格價值論〉，《船山學刊》，復總第 68 期。

五、博士論文

1. 黃秋韻（2001）。《先秦儒家道德基礎之研究——兼論「惡」的問題》，台北：輔仁大學哲學研究所博士論文。

2. 廖連喜（2008）。《論易經中庸樂記致中和之貫通原理與適性之道》，台中：東海大學哲學研究所博士論文。

《孝經》孝治思想研究

林佩儒　著

作者簡介

林佩儒，民國88年政治大學文學碩士，論文主題「《孝經》孝治思想研究」，爾後於任職之馬偕醫護管理專科學校陸續發表多篇以孝道思想為研究核心之期刊論文。民國99年於淡江大學取得文學博士學位，研究主題為「先秦德福觀研究」。

提　　要

　　《孝經》每每被視為一部談論家庭孝道之書，而被歸為純粹家族倫理之專著，然細觀《孝經》之篇章安排及內容，孝道在《孝經》的闡述脈絡中，似乎是置於政治領域而得到它的意義和價值的。說得更明確些，《孝經》真實的撰作要旨，其實是主張以孝治天下的政治思想。但前人對於《孝經》的孝治思想，鮮少進行全面而嚴格的檢查，致使這支自漢代之後影響中國政治甚為深遠的孝治思想，不但無法得其應有之地位，同時也使得《孝經》在後人時以倫理、時以政治為標準的不同檢視下，始終無法有一致的評價。本論文便是這樣一種努力，期望透過對《孝經》孝治思想體系的釐清與探討，以還原《孝經》及其核心思想——孝治思想應有歷史定位與公允的評斷。

　　本論文共分為四章及結論，第一章首先先從文體形式、概念演進的順序、分類標準以及後人徵引等方面，對《孝經》成書年代進行一個合理的範圍釐定。其次，在確認並拈出《孝經》一書的核心思想為孝治思後，進一步將孝治思想納入儒家德治主義的範疇中，而確定孝治思想的根本性質。

　　接著，第二章分別從社會背景及思想淵源兩方面，論述《孝經》孝治思想之形成。《孝經》孝治思想之問世，是按著儒家德治思想的基本路數，在周朝末年封建宗法制度崩潰、而民間社會仍重視親親精神的特定時代氛圍中，擇定自西周以來已逐漸隱含政治力量的孝德，發展而為孝治思想。

　　而在探討了《孝經》孝治思想之所以產生的外緣條件與思想淵源後，第三章則闡述孝治思想的實質內涵，這包括孝治思想的理論基礎和實際運作的具體步驟。在理論基礎方面，《孝經》孝治思想基本上是立論於性善論，除此之外，《孝經》亦將孝道的根源推而歸於天道，使孝治主義有了形上論的基礎，並從天道的角度保障了孝治的成效。而在具體運作的步驟方面，《孝經》的孝治主義則是透過君王盡孝、實施孝德教化以及要求天下人行孝等三個步驟而得到完全的施展。

　　第四章則從天子孝道之重要性以及「忠」「孝」兩德目交互融滲等兩個角度，闡揚《孝經》孝治思想的重要特色，並由此剖析《孝經》之能受到歷代君王極端重視的根本因素。

　　最後，在結論部分，本論文除了提出「以孝治思想為核心思想的《孝經》，不是一部具有政治傾向的倫理性著作，而是一部具有倫理色彩的政治理論專著」的看法外，亦更進一步嚴格檢視孝治思想在當世的實際成效，以闡明《孝經》作者在戰國末期提出孝治主張的深刻用心，並冀望藉由此給予《孝經》孝治思想一個最真實的歷史定位及最公允的歷史評價。

感　謝

　　回視撰寫論文的過程，我要由衷感謝指導教授劉又銘博士，因著他在學術領域的專精與執著，以及對學生的體貼與信任，使我在學習過程中得到最具啓發性的成長。同時，也要感謝黃俊郎教授及王俊彥教授擔任本論文之口試委員，黃教授的悉心批閱，王教授的精闢見解，都使我受益良多。

　　最後，謹將本論文獻給我的家人，他們的支持與體諒，一直是我生命歷程中最堅強的後盾。

林佩儒謹誌

目
次

第一章　緒　論

第一節　研究動機及研究範圍

　　對孝道的重視是中華文化的一大特點，而名列十三經的《孝經》便是孝道思想中極重要的一部著作。《孝經》自漢代帝王以政治力量大力崇倡後，歷代帝王皆給予極多的重視，有的爲它設立博士，有的甚至親撰注文。〔註1〕這本全文不到二千字的經書中的思想，便透過這樣的強勢背景而深深影響並形成一部分中華民族的性格。

　　《孝經》的影響是如此無遠弗屆，然而，歷來對於《孝經》的評價卻是褒貶不一的：在帝王以政治的角度對《孝經》推崇備至的同時，卻也有學者從《孝經》的成書問題、書中的思想高度等學術角度，駁斥官方所給予《孝

〔註 1〕 關於歷代帝王對《孝經》的重視可從下列記載中顯現出來：趙岐〈孟子題辭〉：
「漢興，除秦虐禁，開延道德，孝文皇帝欲廣遊學之路，《論語》、《孝經》、《孟子》、《爾雅》皆置博士」（見《孟子注疏》，頁 7，十三經注疏本，台北：藝文印書館，民 78）；《後漢書・荀爽傳》：「故漢制使天下誦《孝經》，選吏舉孝廉」（卷 62，頁 2051，北京：中華書局，1973）；《隋書・經籍志》：「《孝經義疏》十八卷，梁武帝撰。……梁簡文《孝經義疏》五卷……。」（卷 32，頁 934，北京：中華書局，1982）；《舊唐書・玄宗皇帝本紀》：「（開元十年）六月辛丑，上訓註《孝經》頒于天下。」（卷 8，頁 183，北京：中華書局，1975），又：「（天寶三載十二月）詔天下民間家藏《孝經》。」（卷 9，頁 218）；《宋史・藝文志》：「唐明皇註《孝經》一卷」（卷 202，頁 5066，北京：中華書局，1977）；《新唐書・玄宗皇帝本紀》：「（天寶三載十二月）詔天下家藏《孝經》。」（卷 5，頁 144，北京：中華書局，1975）；《清史稿・藝文志》：「《孝經注》一卷，順治十三年御撰。《孝經集注》一卷，雍正五年敕撰。」（卷 145，頁 4247，北京：中華書局，1977）。

經》過多過高的肯定。〔註2〕造成這種紛爭的根本因素，在於《孝經》一書的基本背景，如作者、成書年代、甚或是思想內涵的確認，皆尚未有一公認之定論；尤其，自宋代朱熹疑《孝經》為「齊魯間陋儒纂取《左氏》諸書之語為之」〔註3〕，在根本上否定了《孝經》的經典價值之後，後世學者或附益之，或批駁之，更可謂是持論紛紜，莫衷一是。雖然，《孝經》因其歷史悠久的官方經典和儒家經典的名份，所受的推崇與讚揚還是多過於批判，但是，其思想本身的模糊定位，的確是產生眾多疑義的主因。而造成《孝經》定位問題的最主要的因素，其實是後世對於《孝經》一書立論要旨與核心思想的不同認知所致。

《孝經》一書，每每被當成是一部談論孝道的典籍，而被歸為純粹家族倫理範圍的專著，然而，細觀《孝經》一書的篇章安排及其內容，其所論之孝道孝行，卻較少論及親子之間的親情倫理內涵，而多從君王治國的角度來談孝道的內容與表現；由此看來，孝道在《孝經》的闡述脈絡中，似乎是被置於政治領域而得到它的意義和價值的。說得更明白些，整部《孝經》論孝之要旨主在以孝德發揮政治效用，以達到治國平天下的政治目的。《孝經》的撰作意圖，一言以蔽之，可謂是以孝治天下也。明太祖說《孝經》是「孔子明帝王治天下之大經大法」〔註4〕；陳澧《東塾讀書記》中稱《孝經》是「論述以孝治天下之書」〔註5〕，不但明白指出《孝經》的中心要旨，也標誌出《孝經》一書的政治屬性。在這樣的政治要求下論孝道，可以想見的，《孝經》的孝道思想必然與純倫理面向的孝道有著本質上的差別，最明顯的轉變莫過於少言家族倫理意義的孝德，卻極言屬於政治操守的忠德。近人蔡汝堃甚至以為：「《孝經》名為講孝，實為勸忠」，並進而批評《孝經》為「變樣《忠經》」〔註6〕。依目前學界一般觀點，《孝經》的孝道思想是傳承自孔子、曾子一派儒者的孝道思想的，〔註7〕換言之，「《孝經》與《論語》的孝道理路與精神，

〔註2〕 有關對《孝經》之批判，可參見蔡汝堃《孝經通考》第四篇〈孝經之批判〉中〈歷代帝王對於孝經之尊崇〉及〈歷代學者對於孝經之評判〉二章（頁82～95，台北：台灣商務印書館，民56）。

〔註3〕 朱熹〈跋程沙隨帖·孝經論〉，《晦菴集》卷84，《景印文淵閣四庫全書》，冊1145，頁756，台北：台灣商務印書館，民72。

〔註4〕 參見《明會要》卷26。台北：世界書局，民49。

〔註5〕 參見陳澧《東塾讀書記》，台北：商務印書館，民64。

〔註6〕 參見蔡汝堃《考經通考》，頁87。

〔註7〕 目前學界較傳統的意見是傾向《孝經》撰作本意出自孔子，而著於竹帛則為

不但不相矛盾，而且有傳承的關係」〔註8〕。但事實上，《孝經》這種著重於將家庭的倫理完全擴展應用到社會上，並期望以倫理的力量發揮政治效用的情況，與《論語》、《孟子》言孝之偏向家庭倫理頗有分別；而自〈天子章〉至〈庶人章〉止，對所有社會階層進行全面的倫理規範，亦與孔孟傾向對門人弟子指點傳道不同。所以，雖然同為儒家思想立場，《孝經》中的孝道思想與《論語》、《孟子》中的孝道思想仍然是有所區別的。這個區別，正說明了《孝經》之孝道思想，在孝治主義的引導下，已有了新的轉化。從這個意義上來說，《孝經》的孝道思想，便是孝治思想。

　　而自漢代之後，《孝經》透過君王的大力提倡，使得孝治思想在實際的政治運作中產生極為深遠的影響。然而，《孝經》自漢代受到朝廷與儒士的重視開始，歷代對《孝經》的研究不曾間斷，其研究範圍雖可以廣泛地包括所有相關傳注解釋、疏講義旨、考證刊誤、仿衍理趣、讖緯演化等著作，〔註9〕但其中可以涉及思想評價的注解義疏類著作，則多從帝王提倡倫理教化的角度，給予《孝經》高度的肯定；或者，泥於傳統之觀念，將《孝經》籠統歸於孔門曾子所作，而給予聖人撰作應享有的尊崇。總之，對於《孝經》的孝治思想，前人是較少進行嚴格的檢查的。而這種對《孝經》孝治思想體系研究的模糊，不但使《孝經》之孝治思想在中國政治思想史上只得隱身於德治思想的背後，成為德治思想的一個分支，無法得其應得之正確評價與地位，連帶也使《孝經》在得到官方高度重視與肯定的同時，卻也在後人以純家族倫理標準的檢視下，背負維護專制主義的罪名。一如前述，《孝經》所受到的兩極評價，實起因自後人對《孝經》思想的本質認知不同所致。

　　由此看來，《孝經》究竟是在如何的背景之下，雜揉多少的孝道與政治的考量，以形成它自己獨立的孝治思想體系，實是一個頗值探究的課題；尤其，在《孝經》思想定位尚有爭議的今日，釐清《孝經》孝治思想的真實面目，實有助於給予《孝經》一個更為合理的地位與評價。本論文便是這樣一種努力，期望透過對《孝經》孝治思想體系進行完整而全面的整理與檢視，還原《孝經》孝治思想應有的歷史定位，以得一公允的歷史評斷，並期望對後人

　　　　曾子一派的後學者。這是關於《孝經》作者及成書年代的多種論調中最為折衷的說法。然而事實上若真對《孝經》進行客觀、嚴格的思想檢察，則會發現這種說法實在過於籠統而有失其真相。
〔註8〕參見林安弘《儒家孝道思想研究》，頁263，台北：文津出版社，民81。
〔註9〕關於歷代《孝經》之研究著述，可參閱寧業高、寧業泉、寧業龍《中國孝文化漫談》中之簡介（頁224～230，北京：中央民族大學出版社，1995）。

之研究《孝經》有所裨益。

　　而本論文之寫作既是要探討《孝經》孝治思想之完整體系，首先必須確認《孝經》的成書時代。《孝經》究竟成於何時、出自何人之手，至今尚有爭議。相關的考據問題，早自唐玄宗時便已有學者進行研究，之後如朱熹《孝經刊誤》、《朱子語類》、姚舜牧《孝經疑問》、姚際恆《古今偽書通考》、近人梁啓超《要籍解題及其讀法》、徐復觀《中國思想史論集》、王正己〈孝經今考〉、蔡汝堃《孝經通考》等，皆對此問題有過深入的探索，本論文亦將參考上述研究成果，以對《孝經》的成書年進行合理的範圍界定。總言之，本論文將先處理《孝經》成書年代的問題，因為惟有為《孝經》尋求一合理的成書年限以為前提，才能進行對《孝經》思想與其他思想的連繫。

　　其次，本文以釐清《孝經》孝治思想內涵為主要目標，旨在還原《孝經》真實之思想面貌，而不在瞭解後世學者對《孝經》做了哪些層面、何種深度的思想擴展，故研究重心將置於《孝經》本身思想體系之重，而關於歷代《孝經》之注釋義疏，將僅為輔佐理解之用。易言之，本文將不討論歷代《孝經》注疏之發展，亦即不處理《孝經》學史的問題。

第二節　《孝經》成書年代之釐定

　　任何思想的成形必與其時代背景有著或多或寡的關聯，經世致用的學問尤其如此。《孝經》書中論及之孝道與孝行，旨在建立一個以孝治為中心的太平盛世，其思想應是對某一特定時代的時代問題與需求提出的解答，故為要對《孝經》有更真切的理解之前，確認《孝經》的成書年代是首要的工作。

　　成書年代的確定，最直接的途徑當然便是確認撰作者，然而，《孝經》未提撰作者，而《孝經》的作者問題，學界亦持論紛紜，至今尚無定論。綜合歷來各家諸說，較重要的主張大致有：出自孔子之手、出自曾子之手、成於曾子門人、出自子思之手、成於七十子之徒、成於齊魯間儒者及漢儒、以及出自孟子門人之手等七說。此七說何者為是，從目前研究成果看來，實無從擇定。〔註10〕故確認《孝經》作者雖極有助於爬梳此書的思想特質，然而，

〔註10〕關於歷來學者對《孝經》作者的探討，可參考王正己〈孝經今考〉（收於《古史辨》第四冊，頁141～175，台北：藍燈文化，民76），及蔡汝堃《孝經通考》（頁3～40），兩書蒐集了各家對《孝經》作者的看法，並對之進行深入的辨析。

在未有新出土文物以打破關於《孝經》作者說法繁雜之膠著狀態的情況下，吾人只得退而求其次的對《孝經》可能的成書年代範圍進行界定。

一、《孝經》成書年代上限：

首先，從文體方面來考量，《孝經》一書分爲十八章，各章篇幅雖短，然各章章旨分明，論述完整；這種獨立成篇的文體，當在《論語》、《孟子》等隨順對話而記錄成文的文體之後才得產生。〔註11〕

另一項足以影響《孝經》成書年代判別的文獻資料是：《後漢書·祭祀志中》，梁劉昭注引蔡邕〈明堂月令論〉內引魏文侯《孝經傳》之說〔註12〕，以及清朱彝尊《經義考》以爲賈思勰《齊民要術·耕田篇》中魏文侯之言爲《孝經》經文之注語〔註13〕二處，有學者因此認定《孝經》成書當早於魏文侯（西元前四二四年至三八七年在位），亦即在孟子之前數十年。然而，關於《孝經傳》之記事，不見於當時之書，亦不見載於漢隋唐〈志〉，且細究蔡邕與賈思勰所引文侯之語，亦皆非注《孝經》之語，故謂文侯有《孝經傳》之著作，實難確定。〔註14〕因此這二項引文尚不足爲劃定《孝經》成書年代之有力判

〔註11〕蔡汝堃《孝經通考》：「明初王禕謂《孝經》古無章次，至漢始定爲十八章，唐名其篇，宋後始分爲經傳，此說良是。」（頁72。按：王禕當爲王禕，蔡氏蓋融會王禕〈孝經集說序〉〔《王忠文集》卷2，《叢書集成新編》冊75，頁276，台北：新文豐出版公司，民74〕、〈跋古文孝經〉〔《王忠文集》卷17，《叢書集成新編》冊75，頁354〕而言。）細觀《孝經》全書，書中出現四次曾子提問，而孔子皆就其問題進行回覆、說解。首先爲〈開宗明義章〉中，曾子避席請教先王之至德要道，而引出〈開宗明義章〉後半部以及〈天子章〉至〈庶人章〉；其次爲〈三才章〉中，曾子一句「甚哉，孝之大也」（見《孝經注疏》卷3，頁28，十三經注疏本，台北：藝文印書館，民78），往前總結了前六章孔子所言之孝道，往後爲下文孔子言孝爲天經地義民行做伏筆，具承上啓下之關鍵作用；再者，〈聖治章〉中曾子問聖人之德是否以孝爲最，便是前承〈孝治章〉章尾處言君王「有覺德行，四國順之」（見《孝經注疏》卷4，頁34）的德行問題而來；最後，〈諫諍章〉中，曾子言已聞慈愛、恭敬、安親、揚名之道，實已總結《孝經》已論及的所有孝道內涵。故就《孝經》一書之論述結構而言，大抵可利用孔子與曾子的問答模式而將十八章串聯成一長篇的論文，王禕之論《孝經》古無章次，應也是留意到這種文章內部結構上前後聯貫的特點。但即便《孝經》原是一篇長文，這樣一篇層次分明、已稍具系統性的長篇論述之產生，亦當晚於簡短對話記錄型式的《論語》、《孟子》等書。

〔註12〕司馬彪著；劉昭注《後漢書志》卷8，附於前引《後漢書》後，頁3179。

〔註13〕朱彝尊《經義考》卷222，《景印文淵閣四庫全書》冊679，頁844，台北：台灣商務印書館，民72。

〔註14〕參見日人佐藤廣治〈孝經考〉，今收於江俠菴編譯《先秦經籍考》中冊，頁152

準。由此可知，《孝經》成書之年代，仍應於《論語》、《孟子》成書之後。

其次，從概念演進的順序來看，《孝經》將孝提昇至可以統攝眾德的最高德目的地位，這種對「孝」的彰顯與重視，其實是有其發展脈絡的。若從儒家思想發展史來考察對「孝」重視程度的消長，可以發現：孔子以「仁」爲其學說中心，孝、悌、忠、恕等德目皆由「仁」派生，故《論語》中是以「仁」來統攝眾德的；對於「孝」，孔子則大多從實踐的孝行方面立說，較無太多理論上的闡述。〔註15〕到了孟子，他承創了孔子的倫理思想，對孝有了更進一步的闡發，除了談孝言論明顯增多外，更言「堯舜之道，孝悌而已矣」〔註16〕，可見「孝」在孟子思想中已受到相當程度的重視，〔註17〕這種情況，誠如徐復觀先生所言：「孝的思想，在《孟子》一書中的分量，比在《論語》中的分量卻大爲擴大了……《論語》只把孝視作人生德行的初步，也即是人生德行中的一部份；而《孟子》則有把孝擴大爲德性的最高表現，因而有以孝來貫通德性全體的趨向」〔註18〕，順著「孝」在儒家思想中這個發展脈絡，《孝經》將孝提昇爲最高的德性，亦應是《孟子》之後理所當然的發展。

而《孝經》中的〈孝治章〉主要闡明的以孝治理天下的理念，這種孝治天下的觀念勢必也要在「孝」受到相當重視的情況下才可能產生。故承上所述，孝治主張至少要到孟子之後才能成熟。〔註19〕而徐復觀先生在檢視孔子、曾子、子思、孟子等人論孝言論中的政治成份後，也提出「一直到荀子爲止，先秦儒家中，沒有孝治思想」〔註20〕的看法。如果這樣的檢視無誤，則孝治思想的產生年代定不得早於荀子的時代，而《孝經》之成書，亦當更在此之後；此外，還有一個有助於這個假說得以成立的佐證是：《孝經》每章皆引

〜153，台北：河洛圖書出版社，民64。

〔註15〕參見林安弘《儒家孝道思想研究》中論孔子之孝道思想部分。

〔註16〕《孟子・告子下》，見《孟子注疏》卷12上，頁210。

〔註17〕相關之詳細論述可參見佐藤廣治〈孝經考〉之中論孟子之孝道思想部分（《先秦經籍考》中冊，頁143〜146。

〔註18〕參見徐復觀〈中國孝道思想的形成、演變及其在歷史中的諸問題〉，收於《中國思想史論集》，頁163，台北：台灣學生書局，民63。

〔註19〕孟子言：「三代之得天下也以仁，其失天下也以不仁」（《孟子・離婁上》，《孟子注疏》卷7上，頁126），又言「仁之實，事親是也」（《孟子・離婁上》，《孟子注疏》卷7下，頁126，137），似乎孟子已十分重視發揮孝的政治作用，強調「孝」對得天下之重要性。然而孟子究竟未曾明言孝治，故只可謂孟子學說已有些許孝治主義的傾向，至於孝治主張之確立則有待於《孝經》。

〔註20〕參見徐復觀〈中國孝道思想的形成、演變及其在歷史中的諸問題〉，收於《中國思想史論集》，頁166〜167。

《詩》，與《荀子》的文章型式頗為類似，此或可說明《孝經》《荀子》皆是屬於同一個撰文風潮中的作品。〔註21〕故由上列種種線索看來，《孝經》的成書年代上限已可由孟子之時更進一步後推至荀子之時。

二、《孝經》成書年代下限

　　關於《孝經》成書年代的下限，則可自他書引《孝經》原文的情況來判斷。《孝經》一書，《呂氏春秋》已加徵引；如在〈察微〉篇中〔註22〕：

　　《孝經》曰：「高而不危，所以常守貴也；滿而不溢，所以常守富也。

　　富貴不離其身，然後能保其社稷，而和其民人。」

此段文字與《孝經·諸侯章》自「高而不危」至「而和其民人」文字全同〔註23〕。

此外，在《呂氏春秋·孝行》中也提到〔註24〕：

　　故愛其親不敢惡人，敬其親不敢慢人，愛敬盡於事親，光燿加於百

　　姓，究於四海，此天子之孝也。

〔註21〕周伯戡曾表示：「《孝經》中論孝分天子、諸侯、卿大夫、士、庶人等階級，這和以前荀子為代表的當時儒學氣氛相同。荀子論禮制，也分天子、諸侯、卿大夫等階級，《禮記》論禮也依然如此。在孟子思想中則不提禮如此分類，可證《孝經》非受孟子的影響」（參見周伯戡《先秦兩漢忠孝觀念的發展》，頁146，台灣大學歷史學研究所碩士論文，民國66年），事實上，周氏此論證恐有待商榷，《荀子·禮論》、《荀子·大略》與《禮記·王制》中論禮的確是以天子、諸侯、大夫、士、庶人等階級為論述的分類項目，孟子論禮也未有以此分類的跡象，然而，《孟子·離婁上》曾有「天子不仁，不保四海；諸侯不仁，不保社稷；卿大夫不仁，不保宗廟；士庶人不仁，不保四體」（《孟子注疏》卷7上，頁126）之語，這種天子不仁、諸侯不仁、卿大夫不仁的論述與思維模式，反倒更類似《孝經》之論天子不孝、諸侯不孝、卿大夫不孝的意念表達；此外，《孟子·盡心下》有「是故得乎丘民而為天子，得乎天子為諸侯，得乎諸侯為大夫」（《孟子注疏》卷14上，頁251）的文字，在〈公孫丑下〉及〈滕文公下〉中亦有「自天子達於庶人」之言，可見，周代封建體制應是戰國時期儒家論述政治理念時共同套用的論述體例，故實無法由《荀子》、《禮記》論禮的型式來判定《孝經》的年代。值得一提的是，周氏緊接著說：「荀子為首的儒學極力攻擊陰陽五行，《孝經》也不講陰陽五行」，但事實上，《孝經》論天已有摻雜陰陽的色彩了（詳見後文論述）。

〔註22〕見許維遹《呂氏春秋集釋》卷16，頁724，台北：世界書局，民51。

〔註23〕陳昌齊、黃雲眉、衛聚賢力主此為注語誤入正文，然從《呂氏春秋》此段上下文意看來，此段文字實無法刪除，可知並非注語。（蔡汝堃《孝經通考》，頁22～23。）王念孫亦曰：「〈孝行篇〉『故愛其親不欲惡人』以下八句，亦與《孝經》同，則此似非注文。」（見許維遹《呂氏春秋集釋》卷16，頁724）

〔註24〕見許維遹《呂氏春秋集釋》卷14，頁539。

這與《孝經・天子章》在文字上略有出入，而文句大致相同；汪中《經義知新記》即曰：「〈孝行〉、〈察微〉二篇，並引《孝經》，則《孝經》爲先秦之書明矣」〔註25〕。當然，在上述兩段引文中，〈孝行〉一段是《呂氏春秋》引自《孝經》，或《孝經》引自《呂氏春秋》，尚有異說，如王正己先生以爲：「今文《孝經》經過漢人的刪改無疑，而這裡（按：指〈孝行〉）還保存一點眞的面目」〔註26〕；而蔡汝堃先生則以爲：「係《孝經》抄自《呂覽》」〔註27〕。姑且不論孰是孰非，若撇開〈孝行〉來看，光是〈察微〉中此段文字不但與《孝經・諸侯章》中之文字全同，又已明言引自《孝經》，即可確認爲《呂氏春秋》引《孝經》之文無誤，而單單如此，亦足以成爲判定《孝經》成書年代下限之有力證據了。故由此推知，《孝經》之成書當不得晚於《呂氏春秋》成書年代（約西元前二四一年）。

三、《孝經》成書年代釐定

綜合上述的討論，吾人大致可從《孝經》的文體形式、概念形成的順序、分類標準，以及與後人徵引等若干方面，對《孝經》可能的成書年代進行一個較合理的範圍釐定。而依當時思想發展脈絡及文獻資料，吾人可判定：《孝經》合理的成書年代大致可確認在戰國末期，即在荀子同時或稍後，最晚當不過《呂氏春秋》成書。時代確定之後，吾人始可將《孝經》置於合理的時空背景中，進行較正確的思想分析。

〔註25〕 汪中《經義知新記》，《叢書集成新編》冊 10，頁 276，台北：新文豐出版公司，民 74。

〔註26〕 見王正己〈孝經今考〉，《古史辨》第四冊，頁 174。

〔註27〕 〈孝行〉中尚有若干文意與《孝經》極爲相似之文字，如引曾子「身者，父母之遺體也」（見許維遹《呂氏春秋集釋》卷 14，頁 539）、「能全支體，以守宗廟，可謂孝矣」（見許維遹《呂氏春秋集釋》卷 14，頁 540），其文意與《孝經・開宗明義章》言「身體髮膚，受之父母，不敢毀傷，孝之始也」（見《孝經注疏》卷 1，頁 11）相同；又其引《商書》曰「刑三百，罪莫重於不孝」（見許維遹《呂氏春秋集釋》卷 14，頁 540），《孝經・五刑章》亦云「子曰：『五刑之屬三千，而罪莫大於不孝』」（見《孝經注疏》卷 6，頁 42）。蔡汝堃以此論證今文《孝經》爲經秦火之後，漢初儒者依據《呂氏春秋・察覽》所引原文，又暗襲〈孝行〉全篇大意，雜採先秦各書僞纂而成。（《孝經通考》，頁 24）關於蔡氏此說法，只可謂有此可能性，然至目前爲止，尚無任何文獻之證據足資證明此說爲眞，故吾人不得不採取較爲謹愼保守之態度，將之視爲一假說。但值得留意的是，即便此說成立，亦可反過來證明先秦已有《孝經》一書，漢初學者才得據其殘文進而雜採各書而成。

第三節　《孝經》孝治思想的基本考察

一、《孝經》的核心思想：孝治思想

　　《孝經》，顧名思義，是一部談論孝道的典籍，但仔細考察此書的內容，卻不難發現《孝經》並非單純的論述如何踐履親子倫理，取而代之的，實有更深、更高一層的謀慮，主導著整部《孝經》的理論發展。

　　綜觀《孝經》全書內容，〈孝治章〉、〈聖治章〉兩章說明聖王以孝治天下之道；〈廣要道章〉、〈廣至德章〉、〈三才章〉及〈感應章〉四章闡述推廣孝道以收歸服萬民之效；〈廣揚名章〉、〈事君章〉、〈諫諍章〉三章則屢言事君之道；而〈天子章〉、〈諸侯章〉、〈卿大夫章〉、〈士章〉、〈庶人章〉五章，表面上分述不同社會職守的人所需盡的不同的孝道內容，但事實上所有規範都指向同一個目標，即恪盡個人職分以維持社會及政治的正常運作。由此看來，看似闡述家庭倫理的《孝經》，其內容實際上卻著重在闡述政治效用的發揮上。換言之，如何治理天下、和順萬民，才為《孝經》一書中最主要的問題意識。

　　故《孝經》一如其名，所論皆以「孝」為中心，但若扣緊其問題意識來看，則吾人可推斷：《孝經》之言孝，皆是基於政治層面之考量，是為其政治課題尋求解決之道的。換言之，《孝經》其實未曾從純倫理的角度來探討孝的根本問題，而是反過來，以孝的角度，提出對政治問題的解答。如此，則在《孝經》談孝言論背後，實是有一更高更終極的思想，貫穿並統攝書中所有的孝德與孝行，此即──「以孝治天下」的孝治思想。呂維祺於《孝經或問》中即明白指出《孝經》一書的著作旨趣：〔註28〕

　　　或問：《孝經》何為而作也？曰：為闡發明王以孝治天下之大經大法
　　　而作也。孔子本欲得明王輔之，以行孝治天下之道，而道卒不行，
　　　故其晚年傳之曾子以詔天下與來世，非特為家庭溫凊定省之儀節言
　　　也。

　　《孝經》是否完全出自孔子本意，仍待商榷，然而呂維祺以為《孝經》的撰作宗旨是為「闡發明王以孝治天下之大經大法」，即已準確掌握《孝經》一書的思想重心。易言之，《孝經》中反覆論述的孝行，其實都是由此一核心思想所開展出的主張。後世學者如康學偉認為「總觀《孝經》全書，其宣揚孝道的目的和宗旨，便是實行『孝治』。『孝治天下』、『孝順天下』，是貫穿於全書

〔註28〕〈論孔子作孝經大義〉，（明）呂維祺《孝經或問》卷1，《叢書集成新編》冊
　　　　25，頁383，台北：新文豐出版公司，民74。

的中心思想」〔註29〕，亦是同樣正確的見解。事實上，《孝經》在首章〈開宗明義〉章中也早已開門見山的對「孝」下了這樣的定義〔註30〕：

仲尼居，曾子侍。子曰：「先王有至德要道，以順天下，民用和睦，上下無怨。汝知之乎？」曾子避席曰：「參不敏，何足以知之！」子曰：「夫孝，德之本也，教之所由生也。」

很明顯的，在這開示全書宗旨的篇章中，「孝」已被界定爲可以順天下、達到民用和睦、上下無怨這個政治目的的「至德要道」，此中政治意味之濃厚，不僅成爲《孝經》一書的基調，也明白標示出「孝治」是《孝經》一書的綱領。

最後，必須說明的是，「孝治」一詞其實在《孝經》本文中並未眞正形成。「孝」與「治」兩字僅在〈孝治章〉的文句中出現過兩次連用的情況，分別是「昔者明王之以孝治天下也」以及「明王之以孝治天下也如此」，不過，就詞意而言，將這兩句中的「以孝治天下」化約成「孝治」一詞，在意義指涉範疇上並無出入，加上早期儒者對《孝經》進行整理，凝鍊各章章旨而成其章名時，已明白標示其中一章爲〈孝治章〉，〔註31〕更加強吾人使用「孝治」一詞的正當性與適切性，故雖然除了章名之外，「孝治」在《孝經》中並未正式成詞，但「孝治」一詞實可涵蓋《孝經》中「以孝治天下」的思想。

在確定使用「孝治」一詞的適當性後，接著，便可更進一步分析「孝治」此一概念的基本內蘊。謝幼偉在其〈孝治與民主〉一文中論及孝治的根本意

〔註29〕請參見康學偉《先秦孝道研究》，頁205，台北：文津出版社，民81。

〔註30〕見《孝經注疏》卷1，頁10。

〔註31〕據邢昺《孝經正義》：「劉向校經籍，比量二本，除其煩惑，以十八章爲定，而不列名。又有荀昶集其錄及諸家疏，並無章名。而《援神契》自〈天子〉至〈庶人〉五章，唯皇侃標其目而冠於章首。今鄭注見章名，豈先有改除，近人追遠而爲之也。御注依古今集詳議，儒官連狀，題其章名」（即《孝經注疏》，引文在卷1，頁10），可知《孝經》成書之初並未別立章名，故〈孝治章〉章名亦非《孝經》作者之創作，而是出自後人之手。但值得注意的是，各章章名雖是後人所創，然細觀章名則不難發現，自首章〈開宗明義章〉至尾章〈喪親章〉，各章章名皆是依據各章要旨所拈出的，換言之，章名其實是各章之精義。而其中〈天子章〉、〈諸侯章〉、〈卿大夫章〉、〈士章〉、〈庶人章〉、〈孝治章〉、〈五刑章〉、〈廣要道章〉、〈廣至德章〉及〈喪親章〉章名更是直接由經文中摘出，可見章名與經文緊密之連結性。故從這個意義上來說，「孝」與「治」兩字在《孝經》中雖未成詞，但在〈孝治章〉此一章名出現而實可總括「以孝治天下」所有內涵之情況下，吾人應可認可「孝治」一詞在《孝經》中的適切性而使用之。

義時認為：孝道是依據親親、敬長、返本及感恩四種意義而發展出來的道德，依據此道德去治國，便是孝治；所謂「以孝治天下」，即是以孝的道德去治天下；〔註32〕謝氏說法大致不誤，然此亦僅是從字面涵義來說解「孝治」一詞，未就「孝治」的根本問題及性質進行探索。而若要扣緊《孝經》本文，從其具體內涵來釐析「孝治」，則「孝治」一詞可釋為君王盡孝以為人民典範，並實施具備孝德意義的教育及禮樂制度，以教導人民行孝；而藉由人民實行這種君王制定的、十足政治意味的孝行內容，進而使天下得治的一種施政型態。〔註33〕

二、《孝經》孝治思想與儒家德治主義

孝治既是以孝為治理國家天下的手段，換言之，即是運用「孝」此一種道德規範以發揮強大的政治效用。這種以道德為首要訴求與手段的施政型態，淵源甚早，中國古代政治史上的德治主義，便是這種政治型態。所謂「德治」，大致可釋為治國以德，君王以道德教化維持統治之意。而說得更具體些，便是治理國事者本身要有德，有德基於修德，而治理國事的方式是教化，教化的工具主要是禮。〔註34〕

對「德」的看重，其實可以遠溯至周代甚或更早，在《尚書》中即有不少關於敬德的論述：

> 嗚呼！天亦哀于四方民，其眷命用懋，王其疾敬德……曰：其稽我古人之德，矧曰其有能稽謀自天……王敬作所，不可不敬德……我不敢知曰，不其延，惟不敬厥德，乃早墜厥命……知今我初服，宅新邑，肆惟王其疾敬德。王其德之用，祈天永命。〔註35〕
> 自成湯至于帝乙，罔不明德恤祀；亦惟天丕建，保乂有殷……惟天不畀不明厥德。〔註36〕

上述反覆出現的「敬德」、「明德」，是指君王要謹慎地行德，這包括君王努力修明德性並施行德政。又如〈堯典〉中記載四岳推辭堯帝的讓位理由是「否

〔註32〕收於謝幼偉《中西哲學論文集》頁27～38，香港：新亞研究所，民58。

〔註33〕關於詳細的孝治原則、精神及運作進程，則待後文詳述之。

〔註34〕此定義採自《中國哲學大辭典》（北京：中國社會科學出版社，1994）及《中國哲學辭典》（韋政通，台北：水牛，民77）之釋「德治」一條。

〔註35〕《尚書·召誥》，見《尚書注疏》卷15，頁220～223，十三經注疏本，台北：藝文印書館，民78。

〔註36〕《尚書·多士》，見《尚書注疏》卷16，頁237。

德忝帝位」〔註37〕，以為他們薄弱的德行不足以代堯而治天下；緊接著他們推薦舜，也正是因為舜能夠「克諧，以孝烝烝，乂不格姦」〔註38〕，具備令人稱道的德性，可見對治天下者的遴選標準，不重政治才能、聰明才智，而首重品德修養。同樣的要求也出現於《詩經》，如〈魯頌·泮水〉的「穆穆魯侯，敬明其德……明明魯侯，克明其德」〔註39〕；〈大雅·文王〉的「無念爾祖，聿修厥德」〔註40〕；〈大雅·抑〉的「有覺德行，四國順之」〔註41〕，無一不是在強調君王要修德行德，以發揮政治效用。由此看來，周人已明確意識到君主之個人品德與政治道德性格對國家統治的重大影響力。〔註42〕

而這種重德的思想，被後來的儒家所吸收，成為儒家政治思想一個十分重要的特徵。《論語·季氏》中孔子批評季氏伐其屬國顓臾時已表示：「故遠人不服，則脩文德以來之」〔註43〕，充分展現孔子反對武力攻伐，而認同以德性感化來建立政治秩序的態度〔註44〕。到了孟子，則又更進一步提出「三代之得天下也，以仁；其失天下也，以不仁；國之所以廢興存亡者亦然」〔註45〕、「仁則榮，不仁則辱」〔註46〕的以仁為政治之必要原則的主張，隨後並依據此仁心建立一套保民而王、尊賢使能的、具體的仁政措施。而換個角度來看，要建立並落實仁政，則必先有待於君王本身能立仁心，所謂「先王有不忍人之心，斯有不忍人之政」〔註47〕，這其實還是前人重德的政治思想基調，只是孟子在此更具體的充實了仁政的內涵。在孔孟學說中，仁是涵攝眾德的最高德目，從這個意義上看說，仁政當然也就是一種最高層級的

〔註37〕 見《尚書注疏》卷2，頁28。
〔註38〕 見《尚書注疏》卷2，頁28。
〔註39〕 見《毛詩注疏》卷20〜1，頁768〜769，十三經注疏本，台北：藝文印書館，民78。
〔註40〕 見《毛詩注疏》卷16〜1，頁537。
〔註41〕 見《毛詩注疏》卷18〜1，頁645。
〔註42〕 參見陳來《古代宗教與倫理——儒家思想的根源》，北京：三聯書店，1996。
〔註43〕 見《論語注疏》卷16，頁146，十三經注疏本，台北：藝文印書館，民78。
〔註44〕 勞思光在其《新編中國哲學史》中論及《論語·季氏》此段時指出「孔子反對用強力建立秩序，而開始提出德性指導政治之觀念。此一主張對後世儒者之政治思想，影響頗大」（頁125，台北，三民書局，民84）。的確，強調德性在政治上的效用正是儒家政治思想鮮明的特徵，然而從上文對《尚書》、《詩經》的檢視看來，筆者以為，孔子這種以德性指導政治的思想並非首創，而是前有所承的，他所承繼的正是周初以來的這種重德的政治思想傾向。
〔註45〕 《孟子·離婁上》，見《孟子注疏》卷7上，頁126。
〔註46〕 《孟子·公孫丑上》，見《孟子注疏》卷3下，頁63。
〔註47〕 《孟子·公孫丑上》，見《孟子注疏》卷3下，頁65。

德治。周初以來重德的政治思想，經過孔子到了孟子，終於形成一個較完整成熟的德治主義。

同樣的，若以德治的特徵爲標準來檢視孝治思想，則可以確定的是：孝治既然是君王盡孝以爲人民典範，並實施具備孝德意義的教育及禮樂制度，使天下得治的一種施政型態，那麼，無疑的，孝治亦是一種德治。有學者曾謂：「(《孝經》) 它特別強調了孝對於治理國家天下的意義，把儒家的德治主義簡化成孝治主義」〔註48〕，在論述具體政治措施方面，《孝經》的確是匱乏的，故從此方面言之，《孝經》孝治主義確有較德治主義簡化之嫌。然而這句話亦只能做此種程度之理解，不得推求太過，因爲就其各自設定的理論高度來說，《孝經》中的「孝」一如《論語》中的「仁」，已提昇到統攝眾德的地位，故《孝經》中的孝治與《論語》《孟子》中的仁政，都同屬以最高德目來治國的德治主義。

最後，值得一提的是，在實際的政治運作中，期望以德性發揮強大的政治規範力，這種想法毋寧帶有相當的理想色彩。畢竟，要能夠妥善處理政治領域中複雜的行政庶務，權衡各種利弊得失而做出適當的判斷，也是需要相當的政治才能。光有政治德性而無政治才能的人，實無法勝任治民的重責大任，而這也是德治主義在理論推行上一個極爲嚴重的缺憾。〔註49〕孝治爲德治思想的一支，自然也無可避免地帶有德治主義的理想成份，以及隱含其中可能存在的實踐困境。然而，因著時局變遷的刺激，及其他思想主張先後興起的影響，孝治主義實已在暗中轉換了若干必要的內涵，〔註50〕而成爲一種較孔孟的仁政主義更具實際效益的政治主張。漢代標榜以孝治天下，實也從旁突顯了孝治主義比傳統德治主義在實際的政治運作中，更具可行性與政治效果。

〔註48〕 參見焦國成《中國倫理學通論》上冊，頁222，山西：山西教育出版社，1997。
〔註49〕 雖然如此，但強調君德仍有其重要意義，因爲在世襲的君王體制中，君王的品德無疑是影響政治發展的關鍵因素，它的優位性恐是政治才能無法比擬的。
〔註50〕 詳見本文第四章之論述。

第二章 《孝經》孝治思想的社會背景與思想淵源

　　政治思想是一門與現實密切相關的學問，這一點在《孝經》孝治思想中可說表露無遺。換言之，《孝經》之出現，是因應當時時代社會情境的產物；而其核心思想——孝治思想，也正是某個既存的政治思想因子，遭逢這個特定的時代契機，逐漸發展，而終至成熟的結果。是故，探討《孝經》孝治思想之成因，必然不可忽略其社會背景與思想淵源。而關於這兩個面向的因素，大抵可分述如下：

第一節　社會背景

一、周代封建社會、宗法制度對「親親」精神的重視

　　封建制度是周朝施行的政治社會制度，王國維早已明言：「殷周間之大變革，自其表言之，不過一姓一家之興亡與都邑之移轉。自其裏言之，則舊制度廢而新制度興，舊文化廢而新文化興」，而此異於商朝且能定天下之新制度，「一曰立子立嫡之制，由是而生宗法及喪服之制，并由是而有封建子弟之制，君天子臣諸侯之制。二曰廟數之制。三曰同姓不婚之制。此數者，皆周之所以綱紀天下」〔註1〕。細觀這些制度之異於商朝者，其實皆根源於宗法封建制度之創立與推行，而此亦為周朝與商朝在社會制度上最根本的差異。更

〔註1〕 參見王國維〈殷周制度論〉，收入《觀堂集林》卷10，頁2，台北：藝文印書館，民47。

進一步來看，此差異不僅來自制度層面，更是兩種截然不同的社會型態及文化意識的表徵。

就性質上而言，周朝實施的宗法封建制度，是一套以土地制度為中心的政治承繼制度，故封建社會在種植農業未成為主要的生產方式之前，不會形成。成熟的封建制度既始於周朝，可推知周朝之前的商朝時代，應仍為一農業發展未完全的時代，加以從古代文獻上來考證，殷商時人民使用牛羊的數量極多，亦可佐證殷商時代仍以畜牧經濟為主，至多發展到初期農業為止。根據眾多學者的研究成果顯示：在畜牧及初期農業時代，土地是屬於全族的，是屬於血緣團體及大家庭的，每人同樣享受公產的利益。於是，在財產繼承上，亦自然產生平等的觀念。易言之，每人皆享有同等之繼承權——殷商時代的兄終弟及制正是這種觀念的最佳展現。〔註2〕王國維亦注意到：〔註3〕

> 商之繼統法以弟及為主，而以子繼輔之，無弟然後傳子。自湯至於帝辛二十九帝中，以弟繼兄者凡十四帝。其傳子者亦多傳弟之子，而罕傳兄之子。蓋周時以嫡庶長幼為貴賤之制，商無有也。故兄弟之中有未立而死者，其祀之也與已立者同。

商朝的繼承法以傳弟為主，無弟才傳子，這種兄終弟及制完全迥異於周朝分別嫡庶、以嫡長子一系相承的宗法制度。而由這兩種不同的繼承制之轉換，亦可看出由商朝到周朝社會型態的轉變。但重要的是，這兩種制度所代表的精神內涵，亦有極大區別。其中，最明顯變化在於封建宗法社會對「親親」精神的重視。

關於周代的宗法制度，可從《禮記‧大傳》中略窺大概：〔註4〕

> 別子為祖，繼別為宗。繼禰者為小宗。有百世不遷之宗，有五世則遷之宗。百世不遷者別子之後也，宗其繼別子之所自出者，百世不遷者也。宗其繼高祖者，五世則遷者也。尊祖故敬宗。敬宗，尊祖之義也。

宗法制度以嫡庶制度為中心，只有一系相承的嫡長子能繼承大統，稱為大宗。其餘嫡子，只能受分封。封建政治其實便是以此宗法制度為骨幹而形成的政治制度。這種以縱向直系血親關係為分配原則的繼承方式，勢必導致父子關係的

〔註2〕關於封建社會之形成及其特質，參見瞿同祖《中國封建社會——周代社會組織》，台北：里仁書局，民73。

〔註3〕參見王國維〈殷卜辭中所見先公先王考〉，收入《觀堂集林》卷9，頁11。

〔註4〕見《禮記注疏》卷34，頁620，十三經注疏本，台北：藝文印書館，民78。

強化，而這種基於血緣關係而發展出的政治型態，自然也以家族倫理爲其統治的根據，以家族情感之連繫爲其精神內蘊，《禮記・大傳》也指出：〔註5〕

> 自仁率親，等而上之至于祖，自義率祖，順而下之至于禰，是故人道親親也。親親故尊祖，尊祖故敬宗，敬宗故收族，收族故宗廟嚴，宗廟嚴故重社稷，重社稷故愛百姓，愛百姓故刑罰中，刑罰中故庶民安，庶民安故財用足，財用足故百志成，百志成故禮俗刑，禮俗刑然後樂。

封建社會以宗法制度爲其實質內涵，宗法制度以嫡庶親疏長幼來決定身份的尊卑貴賤，然其根本精神正是這種「親親」的精神。周王室由親親之心而尊祖敬宗，在尊祖敬宗的過程中加強家族意識，加強各人對自身權責義務的認知，進而促進家族和睦與團結。周王室家天下，故一家和而天下和，一家治而天下治。王室族人對宗族忠心，便是對社稷忠心，是故宗廟嚴而能重社稷，重社稷遂能專心致力於治民之事，而致庶民安財用足。由此可見，宗法制度這種「親親」的精神，也正是周朝封建政治的根本精神，而以孝弟禮讓仁愛爲本的道德要求，也都是由此發展出來的。

　　春秋戰國以後，封建制度逐漸崩潰，世卿世祿之制不復存在，但由宗法所維繫的家族制度，卻因著民間家族之日趨強大，轉而保存某一部分於民間社會中。〔註6〕而這份對家族倫理的重視與依賴，由此深入民間，成爲一種普遍的社會意識。換言之，周朝宗法制度的「親親」精神，藉由封建制度的政治力量而深入周王室，並進而影響由周王室所統治的天下，成爲周朝的時代精神；而後，即便是封建制度崩塌，這樣的精神仍然持續爲時人所重視。在一個重視家族倫理的環境中，提倡以家族倫理來治國於是成爲可能。《孝經》在戰國末年提出以孝治天下的主張，就其時代精神而言，便是以宗法制度中「親親」精神爲其根本依據的。

二、戰國時期對民間社會的正視

　　周末是個十分動亂的時期，隨著封建制度之傾頹，周王室已名存實亡，早在春秋，孔子已喟然嘆道：「天下有道，則禮樂征伐自天子出，天下無道，

〔註5〕《禮記・大傳》，見《禮記注疏》卷34，頁622。
〔註6〕關於宗法制度向社會的移轉，徐復觀在其《兩漢思想史——周秦漢政治社會結構之研究》（台北：台灣學生書局，民74）中論及封建政治社會的崩潰及典型專制政治的成立時有詳細的論述。

則禮樂征伐自諸侯出。自諸侯出，蓋十世希不失矣；自大夫出，五世希不失矣；陪臣執國命，三世希不失矣」〔註7〕。到了戰國時期，這種僭越的情況更形嚴重，顧炎武在論及周末風俗時即指出：〔註8〕

> 春秋時猶尊禮重信，而七國則絕不言禮與信矣。春秋時猶宗周王，而七國則絕不言王矣。春秋時猶嚴祭祀、重聘享，而七國則無其事矣。春秋時猶論宗姓氏族，而七國則無一言及之矣。春秋時猶宴會賦詩，而七國則不聞矣。春秋時猶有赴告策書，而七國則無有矣。邦無定交，士無定主。此皆變於一百三十三年之間，史之闕文而後人可以意推者也。

西周封建制度下的禮樂朝儀，經春秋而至戰國，已然破壞殆盡。局勢之亂，尤以各國相互兼併為最。戰國時戰爭次數之頻繁，規模之龐大，皆是空前的。劉向〈戰國策序錄〉中對這亂世有著生動的描繪：〔註9〕

> 至秦孝公捐禮讓而貴戰爭，弃仁義而用詐譎，苟以取強而已矣。夫篡盜之人列為侯王，詐譎之國興立為強，是以〔轉〕（傳）相放效，後生師之，遂相吞滅，并大兼小，暴師經歲，流血滿野，父子不相親，兄弟不相安，夫婦離散，莫保其命。溍然道德絕矣。

在這紛亂的政治局勢中，封建制度已成歷史名詞，周王室再無力發揮任何實質制衡作用。各國面對如此的亂世，無不以富國強兵為當務之急，大國意欲擴張勢力，小國則力求自保。在這種普遍的需求下，各種政治主張應運而生，孝治思想便是屬於這一波政治思潮中的政治主張。

但值得注意的是，《孝經》從宗法倫理的角度提出對當時政治問題的解決之道，相較與其他政治主張，其著眼點是落在民間社會這個層面的。戰國時期政治上的失序，造成當時人民的大流動，梁惠王在向孟子請教治國之道時曾感慨問道：「察鄰國之政，無如寡人之用心者。鄰國之民不加少，寡人之民不加多，何也」〔註10〕，足見當時各國人民是處在一種可以流動且是十分流動的狀態下，而統治者也已清楚認知到人民是政治基本力量的來源；商鞅在秦國變法，抑商重農，在相當程度上也是想透過農民對土地的強烈附著

〔註 7〕《論語・季氏》，見《論語注疏》卷16，頁147。
〔註 8〕〈周末風俗〉，見顧炎武《原抄本日知錄》卷17，頁375，台北：台灣明倫書局，民68。
〔註 9〕見劉向《戰國策》下冊，頁1196，台北：里仁書局，民79。
〔註10〕《孟子・梁惠王上》，見《孟子注疏》卷1上，頁11～12。

性而將社會成員固定下來，成爲國家最基本穩定的根柢。雖然，對於如何管理、運用人民這股資源，各家看法迥異，但人民的地位與力量，在封建制度崩潰之後，基於政治的考量，終於受到統治者初步的正視；孔子與孟子德治思想的提出，從某方面來說，亦是曲折的反映了人民群眾在社會歷史中的作用。〔註11〕《孝經》一書以封建制度中的階級制爲論述對象，扣緊宗法倫理中的「親親」精神而言孝治，就當時政治社會情勢看來，與其說是異想天開的幻想恢復封建制度的血緣統治，開歷史的倒車，毋庸說是符合當時重視平民的思潮的一種表現，還較能符合史實。《孝經》的孝治思想，是戰國末年逐漸正視平民階層的趨勢中，企圖透過發揮當時平民家族宗法化的特質，加強民間社會對宗法倫理的認同，進而由下而上的培養一種政治共識，再現周初理想政治。

第二節　思想淵源

一、周代政治領域中之孝德

　　「德」的出現和發展，對中國文化而言，極具重要意義。「德」字在金文中早已產生；在文獻上，有關德行觀念的出現，亦已見於《尚書》、《詩經》等書，如「明德」〔註12〕、「敬德」〔註13〕、「好是懿德」〔註14〕、「聿修厥德」〔註15〕等對於德性德行觀念的使用，在這些文獻中俯拾皆是。今日考察「德」的意義時，可以發現：早期文獻中肯定的德及具體德目，多體現於政治領域──這可從西周文獻中經常出現的關於德行的命題得到線索。在《尚書》和

〔註11〕焦國成指出：人民對於統治階層壓迫的反抗，使得統治階層不得隨心所欲的安排歷史，孔子與孟子比當權者更清楚的看到人民的力量。而所謂的德治、仁政，在實質上是爲了統治階級的長遠利益著想。（參見焦國成《中國倫理學通論》上冊，頁322。）孔孟的政治思想之立意與其價值，絕不僅僅如焦氏所言，是爲統治階層著想的；但焦氏從政治的功利現實面來看孔孟政治主張的實際效用，以及對人民力量的正視，實是道出了這些政治主張背後若干眞實的考量。

〔註12〕《尚書・康誥》：「惟乃丕顯考文王克明德慎罰。」，見《尚書注疏》卷11，頁201。

〔註13〕《尚書・召誥》：「王其疾敬德。」，見《尚書注疏》卷15，頁221。

〔註14〕《詩經・大雅・烝民》，見《毛詩注疏》卷18〜3，頁674。

〔註15〕《詩經・大雅・文王》，見《毛詩注疏》卷16〜1，頁537。

《詩經》中，「敬德」、「明德」是兩種經常被論述的主題：敬德是指謹慎的行德，或謹慎於德；明德有時指光明之德行，有時意謂發揚彰顯德行。不過，無論是敬德或明德，兩者之論述對象皆以統治者為主，亦即要求統治者要修明、彰顯德性，審慎的施行德政。由此可見，早期的「德」大都與政治道德有關；〔註16〕「孝」作為中國傳統德性之一，亦有這種傾向。

孝德與政治的最明顯的關係，首先表現在對統治者的德性要求中十分強調孝德的培養這一點上。如《尚書・微子之命》中明白訓示將要領導商朝遺民的微子「爾惟踐修厥猷，舊有令聞，恪慎克孝，肅恭神人」；〔註17〕又如《詩經》中曾大力讚頌君王的孝德：「成王之孚，下土之式。永言孝思，孝思維則。媚茲一人，應侯順德。永言孝思，昭哉嗣服」〔註18〕，武王能法先祖，永存孝思，遂能「於萬斯年，受天之祐」。〔註19〕據《尚書・堯典》記載，堯在徵尋繼位者時，四岳在謙辭的同時力薦虞舜，推薦的理由正是舜能「克諧，以孝烝烝，乂不格姦」，〔註20〕孝順的品德，在此成為人君最根本且重要的修養。孝德在統治者個人道德規範中之地位，由此可見一斑。〔註21〕

孝德除了成為人君的基本品德修養而富含濃厚政治意味外，它透過君王實際施政而對政治所產生直接的影響，更讓它與政治有更緊密的關聯。《尚書・君陳》所謂「惟爾令德孝恭，惟孝友于兄弟，克施有政」〔註22〕，即明白指出君王須將本身孝友恭敬之心，轉化成為自己的施政態度。將孝友之心用於施行政務上，則存於內為孝心，形於外為孝行，施於政則為具備孝德之措施。君王之德性修為一旦透過行動展現而為政治措施，影響所及不只一家一室，而為整個國家、整個天下，君王之德性亦因此而與政治產生更密切的

〔註16〕 參見陳來《古代宗教與倫理——儒家思想的根源》。

〔註17〕 見《尚書注疏》卷13，頁195。

〔註18〕 《詩經・大雅・下武》，見《毛詩注疏》卷16～5，頁581。

〔註19〕 《詩經・大雅・下武》，見《毛詩注疏》卷16～5，頁582。

〔註20〕 見《尚書注疏》卷2，頁28。

〔註21〕 這種在政治場域中對孝德的重視，在漢代的選舉制度中也得到了保存，漢武帝採納董仲舒建議，每年察舉孝子、廉吏各一人，通稱舉孝廉，孝廉入中央後再依其行政才能品第，授予相稱的官職。

〔註22〕 見《尚書注疏》卷18，頁273。按：《尚書・君陳》雖經後人考訂為《尚書》之偽篇，然《論語・為政》記載孔子之言，已引〈君陳〉此段文字（見《論語注疏》卷2，頁19），以說明孝悌的功用及意義，可見這段文字實有所本，且〈君陳〉雖偽，並不就意味著這段文字為偽。故由此看來，其年代是早於孔子的，故仍可判定為早於孔子時代的思想。

關聯，具備更強烈的政治色彩。將孝德「克施於政」，「孝」由此蘊涵更深厚的政治意義。

　　而孝德與政治的關聯除了展現在統治者的修爲上，亦表現在對一般士人的道德要求上。西周的孝道內容，大致包括對父母的孝養、對先祖的祭祀「追孝」，以及對宗室、大宗的盡孝，其中，尤以後兩者爲主要內容。在封建宗法制度之下，這種孝道內容無疑是以維持宗族整體利益爲重要目標的，〔註23〕族人在對所屬宗族表示順從敬重的同時，也是對這個宗族所屬的大宗（周天子）表示崇敬恭順，曲折的表現對周朝的認同與服從。從這個角度來看，族人對宗族的表現忠誠、恪盡孝道，說是一種政治行爲亦不爲過。不管是奉養父母也好，祭祀先人也罷，都是族人盡孝追孝的表現，這種孝德孝行置於封建宗法的社會架構中，因而富含政治意味。查昌國甚至認爲：「西周孝的對象爲神祖考妣……孝是君德、宗德，其內容爲尊祖，有敬宗抑父的作用……孝子在其時是表示政治地位的稱謂，而非後代敬養父母優異者之美稱」〔註24〕，姑且不論這種論斷是否有推求太過之虞，查氏至少注意到西周時孝德並非純然爲單一家庭倫理道德，而與當時的宗法政治型態有密不可分的關係。

　　由上可知，早期孝德與政治有著十分密切的關聯。孝德具備的政治屬性，其實意味著孝德隱含足以安家定邦的可能性。這股政治力量，雖然並未在西周得到完全的施展，但這種特質卻讓孝的思想在東周特定的時代契機下，終於發展成熟爲孝治思想。

二、孔孟荀政論中的孝治思想

　　孝治作爲儒家的一種政治主張，其思想內涵除了淵源自上述孝德本身所蘊藏的政治屬性外，以儒家的政論發展看來，其出現亦是水到渠成之事。

　　先秦的政治思想以儒道墨法四家爲大宗，而儒家之政治思想又以孔子、孟子及荀子思想爲主要代表。孔子、孟子、荀子三人政治學說之異同，除了來自三人本身性情氣質之異，亦與三人所面對的世局動盪程度息息相關。更進一步來說，三人主張之變化，不但反應出時代情勢的變化，也顯示出儒家在面對世變之時，如何隨時調整自身，以做出最適切回應的努力。孝治思想之完成便是在對時代問題挑戰的回應之中，儒家政論思想發展的必然結果。

〔註23〕參見張錫勤《中國傳統道德舉要》，黑龍江教育出版社，1996。
〔註24〕參見查昌國〈西周「孝」義淺探〉，收於《中國史研究》，1993 年第 2 期。

　　孔子學說一言以蔽之，曰「仁」是也。孔子的政治思想，當然也立基於同一種學說基調之上，梁啓超所謂「儒家言道言政，皆植本於仁」〔註25〕，即明白標舉出孔子學說以仁爲本色的學說特點。孔子以仁統攝眾德，而在論及政治問題時，其實亦無繁複深奧的理論，他只提示一個重要的原則，即主張「爲政以德」〔註26〕：

　　　　子曰：「爲政以德，譬如北辰，居其所而眾星共之。」

　　　　子曰：「道之以政，齊之以刑，民免而無恥。道之以德，齊之以禮，有恥且格。」

孔子認爲：統治者以德導民才是根本的治民之道，而以德導民的唯一途徑即是經由君王的修德行德，所謂「政者正也。子帥以正，孰敢不正」〔註27〕，修身以正人，則「上好禮則民莫敢不敬，上好義則民莫敢不服，上好信則民莫敢不用情」〔註28〕，身處在諸侯恣行、禮崩樂衰的春秋末葉，這種以「君子之德風，小人之德草。草上之風必偃」〔註29〕爲理論假設的政治思想，無疑是來自對德性的高度肯定與自覺，〔註30〕而此亦正是諸子百家中儒家思想之最特出的本色。

　　孔子政治思想以德治爲其內容，作爲眾德之一的孝德，自然也在他的考慮之列：〔註31〕

　　　　季康子問：「使民敬忠以勸，如之何？」子曰：「臨之以莊則敬，孝慈則忠，舉善而教不能則勸。」

所謂「孝慈則忠」，是要統治者先培養孝慈之德，之後人民自然能受其感化而盡忠於君。姑且不論這過程如何成爲可能，亦不論孔子以仁統攝眾德，「孝」只爲「仁」之初步發用，〔註32〕並未位居樞紐而具關鍵性，但至少在孔子的

〔註25〕參見梁啓超《先秦政治思想史》，北京：東方出版社，1996。

〔註26〕《論語・爲政》，見《論語注疏》卷2，頁16。

〔註27〕《論語・顏淵》中孔子回應季康子之問政，見《論語注疏》卷12，頁109。

〔註28〕《論語・子路》，見《論語注疏》卷13，頁116。

〔註29〕《論語・顏淵》，見《論語注疏》卷12，頁109。

〔註30〕孔子之政論雖以德治爲其主要堅持，但並非以道德規範爲唯一的施政工具，適當的刑罰仍是必要的。孔子在論爲政之先後時，先論正名，後及禮樂，殿以刑罰的論述順序（《論語・子路》，見《論語注疏》卷13，頁115），即明白標示這些施政措施在孔子學說中之輕重主從。

〔註31〕《論語・爲政》，見《論語注疏》卷2，頁18～19。

〔註32〕《論語・學而》中，有子所謂「孝弟也者，其爲仁之本與」（見《論語注疏》卷1，頁5），雖將孝弟置於行仁之源頭，卻也同時說明了孔子學說中，「孝」

德治思想中，孝德已成為君德之一，且間接成為一種潛在的、可以影響政治的力量。嚴格說來，孝治思想在孔子政論中尚未發跡，然而這種德治的政治思想，對孝治思想之產生而言，實是不可或缺之前奏。至於孝治思想的真正成形，則需到孟子的學說才有較為清晰的輪廓。

　　儒家思想在孔子手中定了向，到了孟子，才形成較完整的體系；在孔子學說中尚未居要位的孝德，在孟子學說中則受到相當程度的重視。「孝」在《孟子》一書出現近三十次，而全書論述孝道之處，當然更不限於出現「孝」字之章句，而這些陳述孝道之言論，包涵了孝德在理論上的擴展推演，也包涵了孝德落在具體行為上的實踐方式，孟子對於孝道，可說是進行了較全面而細膩的思考。

　　孟子以仁、義、禮、智為人性的四端，並主張孝德之展現即為仁德的具體內容之一，所謂「仁之實，事親是也」〔註33〕，這種以孝德為仁德基本內涵的觀點，無疑是承自《論語》中的對孝德的看法，朱熹注《孟子》時曰：「故仁義之道，其用至廣，而其實不越於事親從兄之間，蓋良心之發，最為切近而精實者，有子以孝弟為為仁之本，其意亦猶此也」〔註34〕，確是的論。而孟子論孝之特出，首在為孝德找到人性上的根源：〔註35〕

　　　　人之所不學而能者，其良能也；所不慮而知者，其良知也。孩提之

　　　　童，無不知愛其親者，及其長也，無不知敬其兄也。

這種不待學習、不待思慮而具備的良知良能，孟子認為是人異於禽獸之根本處，亦即人性本然之特質。孩提之童而知愛其親，可說是孝德之發端，而此發端正涵攝於本然的人性中，如此，則孝德源自人性，自不待言。

　　其次，面對世局丕變，孟子學說既針對現實政治局勢而立說，故具備更強烈的時代感和政治色彩；孝德與政治的關係，較之孔子，也有著更顯著的加強。孔子只將孝德納入君德，而孟子則將孝德提昇為君王治道之重要內容，所謂「堯舜之道，孝悌而已矣」〔註36〕。堯舜之能治天下，其關鍵即在孝德之發用；君王欲治國平天下，必須推廣一己的孝弟之心〔註37〕：

　　　　只為「仁」之初步體現。
〔註33〕《孟子‧離婁上》，見《孟子注疏》卷7下，頁137。
〔註34〕參見朱熹《四書章句集註》，《孟子集注》卷7，頁287，北京：中華書局，1983。
〔註35〕《孟子‧盡心上》，見《孟子注疏》卷13上，頁232。
〔註36〕《孟子‧告子下》，見《孟子注疏》卷12上，頁210。
〔註37〕《孟子‧梁惠王上》，見《孟子注疏》卷1下，頁22～23。

老吾老，以及人之老；幼吾幼，以及人之幼；天下可運於掌。《詩》
云：「刑於寡妻，至于兄弟，以御于家邦。」言舉斯心加諸彼而已。
故推恩足以保四海，不推恩無以保妻子；古之人所以大過人者無他
焉，善推其所爲而已矣。

孟子在與梁惠王討論治理天下是「爲不爲」或「能不能」的議題時，指出治
理天下只是孝弟心的發用，透過老吾老，推及到敬養天下的老者，透過幼吾
幼，呵護天下的幼孩。這種對弱勢族群的重視和照顧，是孟子理想社會的重
要內涵，而要達到這種理想，最重要的即是君王要善推其孝弟之心，這種善
推可有兩層作爲，一則據此孝慈之心施行不忍人之政，以使百姓養生喪死無
憾；一則也教化百姓，使知孝悌敬老之義，如此，人人豐衣足食，又能克己
復禮，一種敬老慈幼的理想社會境界亦不遠矣。這種推擴的模式在儒家的政
治思維中是可行的，如周文王施其敬祖盡孝之儀法於其妻，而至於兄弟，終
能齊家治邦；又如「舜盡事親之道而瞽瞍底豫；瞽瞍底豫而天下化，瞽瞍底
豫而天下之爲父子者定」〔註 38〕，天下人之所以能受其感化，正因孝德一旦
源自人性，則是天下人皆具此孝德，所謂「親親，仁也；敬長，義也。無他，
達之天下也」〔註 39〕，君王推廣其孝弟之心而能達到安邦定國的政治效果，
其根本依據即在掌握這種人性上的普遍特質，君王只要善用這個原則，治國
平天下於是乎成爲可能。孟子在此將君王之孝德在政治上所具備的感化力
量，在理論上做了更細緻的推演與確認。

　　孟子將堯舜之道一言以蔽之而曰孝弟，則孝德在此已躍居君德與治道之
首。如此看來，孝德的地位在孟子政治理論中已得到相當程度的提升。但除
了在理論上對君王孝德的高度肯定外，孟子還更進一步將君王的孝德具體化
爲施政措施，而強調孝德教育，主張「謹庠序之教，申之以孝悌之義，頒白
者不負載於道路矣」〔註 40〕、「壯者以暇日修其孝悌忠信，入以事其父兄，出
以事其長上」〔註 41〕，如此，則「人人親其親，長其長，而天下平」〔註 42〕，
孝德蘊藏的政治力量，透過孝德教育而得到空前的開展。由上可知，從理論
建構到實際施政措施，孝德在孟子的學說中，經由君王的運作而展現了巨大

〔註 38〕　《孟子‧離婁上》，見《孟子注疏》卷 7 下，頁 137。
〔註 39〕　《孟子‧盡心上》，見《孟子注疏》卷 13 上，頁 232。
〔註 40〕　《孟子‧梁惠王上》，見《孟子注疏》卷 1 下，頁 24。
〔註 41〕　《孟子‧梁惠王上》，見《孟子注疏》卷 1 上，頁 14。
〔註 42〕　《孟子‧離婁上》，見《孟子注疏》卷 7 下，頁 132。

的政治力量，這種對孝德的重視以及將孝德與政治進行緊密的聯結，是孔子之後、儒家論孝的一個重要趨向。順此趨勢而下，儒家政論中的孝治思想已儼然形成。

戰國中期之後，各國之間征戰殺伐愈烈，情勢更形緊繃，強秦併吞六國、一統天下之氣勢已不可遏抑，儒家面臨這種艱難的時局，感受到各國間更為強烈的政治問題與需求，於是繼孟子之後，出現了另一位大儒——荀子，而荀子以性惡論為立論基調的政治學說，對以孔孟思想為代表的原始儒家政論而言，無疑是一大轉折。儒家思想中已然成形而呼之欲出的孝治思想，受到荀子學說的影響，也有了新的轉化與補強，而終於在稍後完成了完整的體系，此即《孝經》的問世。

荀子的政治思想以其性惡論為理論基礎，認為「今人之性惡，必將待師法然後正，得禮義然後治」〔註43〕，所以「聖人化性而起偽，偽起而生禮義，禮義生而制法度」〔註44〕。荀子特重禮法，主張以禮來化性起偽，並期望由此建立社會的秩序性，這種對禮的重視，很明顯的，是著重禮所具備的外在規範性，而非內在自發的道德力量。荀子的強調禮制他律性的論政傾向，根源自他對人性的缺乏信心。荀子認為人性中本不具備先驗的道德性，所謂「今人之性，固無禮義，故彊學而求有之」〔註45〕，禮義既不根源於人性，則合於禮讓原則的孝行，亦是由於外在的克制工夫而產生：〔註46〕

> 今人飢，見長而不敢先食者，將有所讓也；勞而不敢求息者，將有
> 所代也。夫子之讓乎父，弟之讓乎兄，子之代乎父，弟之代乎兄，
> 此二行者，皆反於性而悖於情也。然而孝子之道，禮義之文理也。
> 故順情性則不辭讓矣，辭讓則悖於情性矣。

荀子認為孝道是出自聖人制作的禮義文理，孝行非由天性，而是經由學習聖人造作之禮義法度而成。如曾參、閔子騫等人之享孝順美名，亦是由於他們能恭行禮義之故：〔註47〕

> 天非私曾、騫、孝己而外眾人也，然而曾、騫、孝己獨厚於孝之實
> 而全於孝之名者，何也？以綦於禮義故也。

〔註43〕　《荀子・性惡》，見《荀子集解》卷17，頁435，北京：中華書局，1988。
〔註44〕　《荀子・性惡》，見《荀子集解》卷17，頁438。
〔註45〕　《荀子・性惡》，見《荀子集解》卷17，頁439。
〔註46〕　《荀子・性惡》，見《荀子集解》卷17，頁436～437。
〔註47〕　《荀子・性惡》，見《荀子集解》卷17，頁442。

不同於孟子之視孝爲內在道德，爲仁心之發用，荀子是將孝納入禮的範疇中，而將孝外化爲禮法，成爲一種社會規範，荀子認爲只要謹守這些規範，符合孝道的要求，便算盡了孝。

　　而荀子既然主張禮治，孝行屬於禮的一支，則孝行以禮義法度的面貌出現，也必然可以產生若干政治作用，〈大略〉中引曾子言曰：〔註48〕

　　　　孝子言爲可聞，行爲可見。言爲可聞，所以說遠也；行爲可見，所

　　　　以說近也。近者說則親，遠者說則附。親近而附遠，孝子之道也。

孝子之道可以親近附遠，實已隱含可供發揮的政治力量。只是，在荀子學說中，孝只爲眾多禮義法度之一，加以孝德本身最根本強烈、可供運用的血緣特質，並不爲荀子所重，〔註49〕故對孝德所蘊含感化人民的、招服人民的力量，只在此處曇花一現地顯露，在荀子整個政論中終是呈現萎縮狀態的。只是，《孝經》由此吸收了荀子特重禮法外在規範性的特質，而強調對禮法的絕對遵守與服從。〔註50〕

　　此外，值得注意的是，荀子重禮，強調禮是「尊先祖而隆君師」〔註51〕的，其中，對君王的重要性尤其看重：〔註52〕

　　　　君〔之〕（子）喪所以取三年何也？曰：君者，治辨之主也，文理

　　　　之原也，情貌之盡也，相率而致隆之，不亦可乎！《詩》曰：「愷悌

　　　　君子，民之父母。」彼君子者，固有爲民父母之說焉。父能生之，

　　　　不能養之，母能食之，不能教誨之，君者，已能食之矣，又善教誨

　　　　之者也，三年畢矣哉！

君王之恩，以三年之重喪猶未可報，如此看來，君王是比父母更爲重要的了。這種對君主的重視，反應出當世眾多學說急爲世用、故皆重在爲君王立論的時代風潮，〔註53〕一如荀子在論及孝道時，主張「從義不從父」〔註54〕中的

〔註48〕《荀子‧大略》，見《荀子集解》卷19，頁507。

〔註49〕康學偉於《先秦孝道研究》中指出：「荀子之所以並不把孝道看得那麼重，其最根本的原因，是由於他看問題的出發點著眼於文明社會，不同於孟子，孟子主要是從民族社會那種自然生長的結構看問題，所以特重血緣關係」（頁199）

〔註50〕如在論及各階層應盡之孝道時，多言對君王禮制的遵守，如諸侯之制節謹度，卿大夫的言先王之法言，服先王之法服等，關於此點更詳細之論述，待後文更進一步論之。

〔註51〕《荀子‧禮論》，見《荀子集解》卷13，頁349。

〔註52〕《荀子‧禮論》，見《荀子集解》卷13，頁374。

〔註53〕富國強兵爲當代各國當務之急，故如法家思想在當時已受相當之重視及影響力。

「義」，毋寧也是符合君主的統治觀念及利益的。這種對君王的高度重視，深深影響了《孝經》：《孝經》孝治思想中將君王置於極高的地位，從理論上給予君王行孝最終極的價值肯定，這個特質，就儒家內部思想發展脈絡來看，實可視爲荀子重君思想的影響與接續發展。〔註55〕此外，《孝經》孝治思想亦十分強調對君王言行的倣效、對禮制的遵守〔註 56〕，這與荀子論禮亦同樣是重其外在規範性的。由此看來，荀子重君隆禮的精神對《孝經》孝治思想的形成有著不可忽視的影響。

　　很清楚的，儒家之孝治思想，自孟子學說中逐漸脫出成形以來，面臨封建制度全面崩潰、強秦兼併六國之情勢迫近的現實情況，遂受到這種時代思維的影響，吸收了荀子重君隆禮的思想成份以爲最後之補強，至《孝經》始完成一份以原始儒家精神爲根柢、而能滿足當時一統天下之需求的治國理想藍圖。由孔孟思想發展延伸而來的初期孝治主張，在荀子政論中得到了新的轉化與補強，而終在戰國末期成熟問世。

〔註54〕《荀子‧子道》，見《荀子集解》卷20，頁 529。
〔註55〕對君王行孝的重視，參見本論文第四章論「《孝經》孝治思想之特色」中第一個特色。
〔註56〕參見本論文第三章論人性以及君王施行孝德教育之處，將對《孝經》之重外在規範有更詳盡的論述。

第三章 《孝經》孝治思想析論

第一節 《孝經》孝治思想的理論基礎

一、人性論

　　政治是國家統治的表現，是政府處理公共事務的作用，它所牽涉到的不是孤立的個人，而是所謂的眾人或社會，故政治的基本特質之一，便是具備「社群性」；〔註1〕而政治事務既然是以眾人為其對象，則所有的政治思想必立基於某種對人性的根本認識或假說上，思想家對人性的認知將直接影響到其政治思想的建構與發展。換句話說，人性論是政治思想最重要的基礎理論之一。由此看來，《孝經》一書雖不以精闢深刻的人性論見長，然而其核心思想—孝治思想，做為一種政治思想，其理論背後必定蘊涵著對人性的某種見解，而重要的是：《孝經》中所有的政治主張必皆依此人性論而得到合理的發展。故吾人必先從《孝經》未明白論述人性觀點的文字中釐析出作者對人性的看法，方能通透《孝經》孝治思想的精髓。

　　隨著社會矛盾的日益尖銳，諸子百家苦思治世之道，而與治世緊密相關的人性問題，在《孝經》成書的戰國末年，也已開展成一個明顯而重要的中心議題，受到相當的重視。當時各家各派皆針對人性問題進行認真的思索，並因此展開了激烈的爭論。就善惡而言，當時已有人性善論、人性惡論、人性兼有善惡論、人性無善惡論等諸說，開展了中國人性論的大致規模，奠定了往後數千年思想家談論人性的主要基調。先秦儒家發展至戰國末年，對人

〔註1〕參見任德厚《政治學》，台北：三民書局，民81。

性問題也已產生不同的界說與主張；春秋時孔子言「性相近也，習相遠也」
〔註2〕，尚未明白的從善惡角度對人性下一個明朗的定義。至戰國時，儒家
先有孟子倡言「君子所性，仁、義、禮、智根於心，其生色也睟然，見於面，
盎於背，施於四體，四體不言而喻」〔註3〕，主張人之異於禽獸者，即在於
人性中先天具備的善端，有不學而能的良能，不慮而知的良知，人性因此顯
其價值與獨特；而繼孟子之後，荀子從情慾等人類本然之慾望來定義人性，
遂主張「人之性惡，其善者偽」〔註4〕，而批評孟子之言性善是「不察乎人
之性、偽之分者也」〔註5〕。孟荀同為戰國時期的儒者，然而對人性的界說
與看法已然分殊，並由此分歧點而發展出不同路徑的思想學說。《孝經》做
為戰國晚期儒家政治思想的一支，則其人性論必然不離儒家本色。然而在儒
家內部對人性界說已有分歧的情況下，《孝經》的人性主張仍待進一步探索，
始知其明確內涵及屬性。

　　《孝經・聖治章》中所言「父子之道，天性也」〔註6〕，是《孝經》一書
中最明顯披露其人性觀點的文字。天性也者，指人類天生自然的本性，而父
子之道，自然是指孝慈之道。《孝經》認為：父親之所以教養慈愛其子，子女
之所以奉養孝順其父，都是人類與生俱來的本性展現。《孝經正義》中唐玄宗
注「父子之道，天性之常」之疏解時說：〔註7〕

　　　　「父子之道，天性之常」者。父子之道，自然慈孝，本乎天性，則

　　　　　生愛敬之心，是常道也……父子相親，本於天性，慈孝生於自然。

父子之道，自然慈孝，是本乎天性；而父子相親，相互產生慈愛與孝敬之情，
既是再自然不過的人性流露，則人性中本然蘊涵孝慈等德性，自不待言。德性
既根源於人性，換言之，此人性已具備先天的善性、先天的善端，這就是《孝
經》論人性的根本觀點。這種觀點，很明顯的，不同於荀子的性惡論觀點。一
如上節所述，荀子認為「今人之性，固無禮義，故彊學而求有之」〔註8〕，人
性中是不具備先驗的道德性的。所以，「孝子之道，禮義之文理也」〔註9〕，在

〔註2〕　《論語・陽貨》，見《論語注疏》卷17，頁154。
〔註3〕　《孟子・盡心上》，見《孟子注疏》卷13上，頁233。
〔註4〕　《荀子・性惡》，見《荀子集解》卷17，頁434。
〔註5〕　《荀子・性惡》，見《荀子集解》卷17，頁435。
〔註6〕　見《孝經注疏》卷5，頁38。
〔註7〕　邢昺《孝經正義》，即《孝經注疏》，引文在卷5，頁38。
〔註8〕　《荀子・性惡》，見《荀子集解》卷17，頁439。
〔註9〕　《荀子・性惡》，見《荀子集解》卷17，頁437。

荀子的觀點下，孝子之道是不源自天性，這與《孝經》的孝道根源於人性的看法顯然是兩極的意見。《孝經》主張孝德孝道源自人性，其實與孟子之言孝悌是「不學而能」、「不慮而知」〔註10〕的良能良知，主張孝德是發端於人性的說法，都屬性善論的觀點。曹元弼於《孝經學》論「孝子之道，天性也」時也指出：
〔註11〕

> 此《中庸》性、道、教之義所自出。性者生也，天性猶云天生，生之膝下，一體而分。喘息呼吸，氣通於親。子之親嚴其父母，天生自然，所謂「天命之謂性」，孟子所謂性善也。天性親嚴，是謂父子之道，五倫皆從此起，所謂「率性之謂道」。

曹氏此處對人性善惡屬性的認定，無疑也是採取肯定的態度的，率天命之性以為道，即認為人性本具可供遵循的理則，只要順此先天普遍的人性特質，便可成教於民，此「率性之謂道」直可謂是孟子性善論之本意；而曹氏在此以〈中庸〉「天命之謂性，率性之謂道，修道之謂教」〔註12〕闡釋《孝經·聖治章》所謂「父子之道，天性也」〔註13〕，不但闡明了《孝經》人性論之屬性，更擴充了父子天性的形上學意義。故由此可見，《孝經》孝治思想雖近承荀子若干政治觀點，然其據以立論的思想立場，就人性論來說，基本上仍是遠紹孔孟的。

而一如曹元弼著眼於親子之間最無可逃遁的血緣關係來論子之親嚴其父母為天生自然之事，《孝經》早已蘊涵此種觀點。〈聖治章〉所謂「故親，生之膝下，以養父母日嚴」〔註14〕，認為子女對父母的親愛之心，在幼年時即自然天成，年歲漸長而嚴敬之心日加。這份伴隨血緣關係生成而自然產生的親愛之心，即《孝經》論人性之為善的根本基礎，亦為孟子所言「孩提之童，無不知愛其親」〔註15〕的根本基礎—即為人不學而能的良能。今人寧業高等學者指出：人性的最根本、最初級的潛蘊內容與表現形式無疑是「親親」。而《孝經》中「故親，生之膝下，以養父母日嚴」、「父子之道，天性也」之語，即是明白命之所由繫，身之所由出；懂得酬報父母賦命養身之恩，此為人類

〔註10〕《孟子·盡心上》，見《孟子注疏》卷 13 上，頁 232。
〔註11〕參見（清）曹元弼《孝經學》卷 2，頁 629，收於《續修四庫全書》冊 152，上海：上海古籍出版社，1995。
〔註12〕見《禮記注疏》卷 52，頁 879。
〔註13〕見《孝經注疏》卷 5，頁 38。
〔註14〕見《孝經注疏》卷 5，頁 37。
〔註15〕《孟子·盡心上》，見《孟子注疏》卷 13 上，頁 232。

的天性，是與生俱來的品德素養。孟子的人性善說大抵同於此。〔註16〕寧氏等人對《孝經》中人性內涵的判定是十分正確的。

除了〈聖治章〉中這些明顯蘊涵人性觀點的文字外，《孝經》的其他篇章亦或多或少透露出對《孝經》作者對人性的看法。〈開宗明義章〉中首言「先王有至德要道，以順天下」〔註17〕，阮元於〈釋順〉中即指出：〔註18〕

> 其稱至德要道之於天下也，不曰治天下，不曰平天下，但曰「順天下」，順之時義大矣哉……《孝經》順字凡十見，順與逆相反，《孝經》之所以推孝弟以治天下者，順而已矣……聖人治天下萬世，不別立法術，但以天下人情順逆，敕而行之而已。

此處強調「順天下」而非「治天下」，即重視人性中的善端，在位者掌握此種人性上的特質，便能憑藉這點加以利用而感化萬民；故這種感化的施政方式，其前提必為人人皆具可供誘發的善性，至德要道始可立基於此，而行感發推廣之實，收順天下之效。人性論是政治思想的理論基礎之一，相對地，從政治思想亦得窺見人性論之屬性。此處所言政治上順民之要，實際上亦是再度印證《孝經》的孝治思想根本上是立論於性善論之上的〔註19〕。

然而，很重要的是：《孝經》雖與孟子同屬性善論的觀點，但在《孝經》中此善性的發用卻未如孟子般俐落、直接。孟子所說之性善，是指人皆具有仁義禮智四端，「人之有是四端也，猶其有四體也」〔註20〕；而雖然此四端甚微，但只要善加存養，不使之放失，就能更進一步擴充，而真正發揮道德的力量〔註21〕：

> 凡有四端於我者，知皆擴而充之矣，若火之始然，泉之始達。苟能充之，足以保四海，苟不充之，不足以事父母。

孟子認為：道德的展現與實踐，是要反求各人內心的善端而後據之而擴充外

〔註16〕 參見寧業高、寧業泉、寧業龍《中國孝文化漫談》〈卷首語〉頁2。書中原意為「孟子"人性善"說大抵本此（指《孝經·聖治章》中論及人性之文字）」，作者之所以發孟子之說本於《孝經》之語，乃因作者於文中認定《孝經》成於孔子之手，以為《孝經》成書早於孟子之故，作者對《孝經》成書年代之判定顯然有誤，然此並不妨礙其論孟子與《孝經》對人性看法之正確性。

〔註17〕 見《孝經注疏》卷1，頁10。

〔註18〕 參見阮元〈釋順〉，《揅經室一集》卷1，《揅經室全集》，《叢書集成新編》冊69，頁164，台北：新文豐出版公司，民74。

〔註19〕 不過，《孝經》據此性善論而發展出的孝治思想，也並不完全等同由孟子性善論而建立起來的政治思想，此則有待後文詳論。

〔註20〕 《孟子·公孫丑上》，見《孟子注疏》卷3下，頁66。

〔註21〕 《孟子·公孫丑上》，見《孟子注疏》卷3下，頁66。

推，這種向內探求而外推的道德踐履方式，極重人們本身的道德自覺。而反觀《孝經》，雖同樣主張人具備先天的道德性，是性善論的思想路數，然而，它在談論如何將人性中的孝德開拓展現出來時，卻十分強調人民對君王言行舉止的效法與學習。如〈聖治章〉中要求在上位的君子要修養自己的品德，留意自身的言行，只因為他要成為人民的典範，以供人民「畏而愛之，則而象之」〔註22〕，十足表現出對人民仿傚的重視。至於〈三才章〉中引《詩》「赫赫師尹，民具爾瞻」作結，也有相同的意味〔註23〕；此外，〈聖治章〉、〈廣要道章〉、〈廣至德章〉等章中屢言君王教民親愛、禮順、孝悌之事，這種對君王教化的強調，從另一方面看來，其實也強調人民學習的重要性。所以，很明顯的，《孝經》的作者認為人民的孝德有賴於君王的牽引誘發始能真正發用。孟子雖也倡言君王的孝德教育，然而，對孟子而言，這個外在的力量只居於輔助的地位，德性的開展，最主要還是對內心德性的擴充，是要靠自我修養，是用力於內的；至於《孝經》，卻極少論及人民善性的自我修持與擴張，而將重點置於對君王德行的學習與模仿，這是用力於外的。簡言之，孟子重內發的工夫，而《孝經》重外學的工夫。而由德性開展的不同態度，再看回到兩者對人性的看法，吾人實可發現：此兩者主張雖同屬性善論，孟子對人性毋寧是既樂觀又深具信心的，相形之下，《孝經》對於人性的態度，反而多所保留的。而這個對人性態度的差異，也將深深影響兩者政治思想的發展。

二、天道論

　　《孝經》以性善論為其對人性之假設，以孝治理天下百姓的主張遂有了人性上論的依據。然而，此人性論的根源為何？也就是說，這種孝道的人性根源，其背後是否有更深層的形上理論來給予支撐。而事實上，關於這個層面的觀點，也才是《孝經》思想最高最後的理論根據，這是吾人探討《孝經》不可忽視的一個問題。

　　一如對人性的觀點，《孝經》並未對其天道觀有明白而具體的描述，但〈聖治章〉中所謂「天地之性，人為貴」〔註24〕，實已隱涵對天道的看法：人性是稟受天地之性而來，而人性既為善，則可回推天地之性也是善性的；換言之，天地之性是有其價值意涵的，很明顯的，此處的「天」是不同於荀

〔註22〕見《孝經注疏》卷5，頁39。
〔註23〕見《孝經注疏》卷3，頁29。
〔註24〕見《孝經注疏》卷5，頁36。

子式的自然意義的天的。《孝經·三才章》認為「夫孝，天之經也，地之義也」〔註25〕，指出孝道是天經地義，是天道可以展現在人身上的運行原則。如此一來，這蘊涵孝道的天道之富含道德價值，更是不在話下。〈三才章〉也繼續指出〔註26〕：

> 天地之經，而民是則之，則天之明，因地之利，以順天下。是以其教不肅而成，其政不嚴而治。

天地運行，有其不變的規律法則，人既生存在天地之間，自然應效法天地間恆久不變的運行法則，故謂天地二儀可兼人而為三才。在這個意義上，人與天地有了對等的連繫；人性可通天性，而內含於人性中的孝德，便因此與天地有了某種內在的同質性與聯結性，從而由人性內涵的地位，被提升至天經地義的高度。君王欲治理天下，必須掌握這種人性與天道相通相應的特質，以孝為一切行為的準則，進而達到不需使用嚴厲極端的手段而政治得以清明、天下得以太平的政治目標。邢昺《孝經正義》疏曰〔註27〕：

> 人生天地之間，稟天地之氣節，人之所法，是天地之常義也。聖人司牧黔庶，故須則天之常明，因地之義利，以順行於天下。

邢昺將〈三才章〉的文字做了更細緻的闡釋：人是稟天地之氣而生於天地之間，屬於天地創生的結果，故所有人事作為也必以天地運行的規律為規律，以自然更迭的法則為法則，聖人依據此天地自然運行不變之原理而治，遂可順行於天下。

然而，必須更進一步指出的是：聖人透過「則天之常明，因地之義利」以司牧黔庶，這表面上是法天地的表現，實則是彰顯內含於人性中的天道。就邏輯上而言，上天創造的萬物的本性，必能反映出上天本身所具備的本性。人稟受天地之氣而生成，則人性必然蘊涵天性，人道因此而與天道相通。換言之，天人關係在此已有某種程度的會通。就這個角度視之，《孝經》中的人性觀與其天道觀其實有著互為表裏的緊密關係—天道包涵著人道，而人道則是天道在人這裏的展現，此亦孟子「盡其心者，知其性也。知其性，則知天矣」〔註28〕的思想路數。君王依天道而行，也就是依著人道而行，依人道而行，天下豈有不治之理？由此看來，若人性的根源來自上天，則孝治思想中

〔註25〕見《孝經注疏》卷3，頁28。
〔註26〕見《孝經注疏》卷3，頁28。
〔註27〕即《孝經注疏》，引文在卷3，頁28。
〔註28〕《孟子·盡心上》，見《孟子注疏》卷13上，頁228。

掌握人性孝德的特質以順天下的根本原則，便不只是人性論層次的原理，而是內含於人道之中天道的展現，孝治思想的理論基礎已由此上溯至天道層次。換言之，《孝經》中孝道的施行、人性的推展，實際上皆屬天道的彰顯。馬浮於〈孝經大義〉中指出：〔註29〕

> 《中庸》曰：「唯天下至誠，爲能盡其性。能盡其性，則能盡人之性。能盡人之性，則能盡物之性。能盡物之性，則可以贊天地之化育。可以贊天地之化育，則可以與天地參矣。」此皆極言天人一性。故同其大。〈繫辭〉曰：「《易》之爲書，廣大悉備。有天道焉，有人道焉，有地道焉，兼三才而兩之，故六。六者，非他也，三才之道也。」……在《孝經》則曰「天之經，地之義，民之行。天地之經，而民是則之」，是明人道即兼天地之道。離天地無別有人，離人道亦無別有箇天地之道。雖三而一，即一而三，此其所以爲大也。

馬浮以《中庸》盡人性而參贊天地之化育的進路，以及《易經・繫辭》並列天道地道人道三者以概括《易經》一書特色的詮釋方式，來強調《孝經》亦是將人道溝通天道，以「明人道即兼天地之道」「離天地無別有人，離人道亦無別有箇天地之道」爲其基調的；也正因爲如此，人性中蘊涵的孝德在《孝經》中始能被提昇至天經地義的地位，並進而發揮天人相通、獎善懲惡的感應作用，〈感應章〉中所謂：〔註30〕

> 昔者明王事父孝，故事天明；事母孝，故事地察；長幼順，故上下治。天地明察，神明彰矣……孝悌之至，通於神明。

聖明的君王若能善事父母，並以同樣虔誠恭敬的心情奉祀天地，上天便會洞察君王的孝心，從而顯現其神靈，降下福佑。玄宗注所謂「事天地能明察，則神感至誠，而降福佑」〔註31〕是也；邢昺亦疏曰：〔註32〕

> 言昔者明聖之王事父能孝，故事天能明，言能明天之道……事母能孝，故事地能察，言能察地之理……又明王之事天地既能明察，必致福應，則神明之功彰見，謂陰陽和，風雨時，人無疾屬，天下安寧也。

〔註29〕〈孝經大義四・釋三才〉，馬浮（馬一浮）《復性書院講錄》卷3，頁128～129，濟南：山東人民出版社，1998。
〔註30〕見《孝經注疏》卷8，頁51。
〔註31〕見《孝經注疏》卷8，頁51。
〔註32〕見《孝經注疏》卷8，頁51。

孝道是天之經地之義，故君王極盡孝悌之道，當能直通天地神明，參透天地間最根本的原理法則，一窺天地運行之奧密。而天道亦非單方面的、消極的顯露於人，在《孝經》中，它能透過感應人事的良窳而懲惡揚善，降下災異或福祉，展現具體的、積極的左右人世的力量。換言之，《孝經》中的天不但是人性的根源，尚能與人事相感相應。這種天道所具備的隨順人道彰明與否而降下災禍福祉的感應能力，正是《孝經》孝治效用的絕對保障，只要君王順人道而力行孝治，上天自然會給予護佑。如此看來，明王推行孝治，不但在動機上有了人性論的支撐，在最終的效用上亦有了上天的保障。在這種人性論及天人關係的理論基礎上，《孝經》孝治思想亦終於得其成立之合理性與成效卓越之必然性。

第二節　《孝經》孝治思想之具體內涵

一、確認明王為實踐孝治之主體

　　統治者在政治運作過程中向來是居於主導地位，尤其在傳統的封建制度及君主專制制度時期，更是如此。《孝經》中的孝治主張雖是暗承周朝末期轉移至民間社會的親親精神而興起的一支治世思想，對民間階層的力量給予了相當程度的關注，然而，在政治體制正處於轉型時期的戰國時代，整體時代趨勢與政治思潮仍舊是傳統的、典型的君王體制，君王仍是主控整個政治運作的人。當時各家各派所提出的政治主張，亦跳脫不了這種以君王為主導的思考模式，無論是儒家的德治、法家的法治，甚或是道家的無為而治，各家主張君王的作為儘管有異，然亦皆是從不同向度肯定君王的作為是政治體制運作的軸心；同樣的，蘊含在《孝經》中這種具備德治屬性的孝治主張，雖有著其對民間力量之新考量，卻不影響它以君王為立論中心的基本性質。換言之，《孝經》中孝治天下的思想是以君王為論述對象及實踐主體的。《孝經》中再三出現的君王治天下的言論，如「『先王』有至德要道，以順天下」〔註33〕、「『先王』見教之可以化民也」〔註34〕、「昔者『明王』以孝治天下也」〔註35〕、「昔者『明王』事父孝，故事天明……

〔註33〕《孝經・開宗明義章》，見《孝經注疏》卷1，頁10。
〔註34〕《孝經・三才章》，見《孝經注疏》卷3，頁28。
〔註35〕《孝經・孝治章》，見《孝經注疏》卷4，頁33。

長幼順，故上下治」〔註36〕等等，正說明了《孝經》中的孝治主張仍是專屬君王的治術，其他的社會階層當然需要配合著有相應的作為，然而真正操持孝治的人仍是最高的在位者；以孝道治理天下的所有具體措施，皆自君王始。

在闡明君王是孝治的實踐主體之後，接著必須釐清的是：《孝經》中最高位階的統治者的稱謂為何？是一朝之天子、一國之諸侯，抑或是聖人、君子之類？

綜觀《孝經》全書內容，作者其實早已指出能夠實施孝治功能的施政者是所謂的「明王」：〔註37〕

> 子曰：昔者明王之以孝治天下也，不敢遺小國之臣，而況於公、侯、伯、子、男乎？故得萬國之懽心，以事其先王……故明王之以孝治天下也如此。

既言「明王之以孝治天下」，毫無疑問的，孝治天下是屬於「明王」的作為。而在〈感應章〉中也有提示「明王」以孝治天下的言論：〔註38〕

> 昔者明王事父孝，故事天明；事母孝，故事地察。長幼順，故上下治。

很清楚的，「明王」是《孝經》中施展孝治的主體。所謂「明王」，玄宗注為「聖明之王」，邢昺則更進一步疏解曰：「明王，則聖王之稱也……聖王之有德者」〔註39〕，所謂聖明，是指具備德性修養而言，〔註40〕換言之，並非所有的君主皆能施展以孝治世的治術，因為就邏輯上來說，孝治既是一種德治思想，唯有注重道德修為的君王始能真正明瞭孝治的蘊涵，進而發揮孝治的功效，達到民用和睦、上下不亂的治世效果。是故《孝經》中所舉以孝治天下的君王，即便有不同的稱謂，亦應皆指此明王而言。其中最明顯的例子，即是「先王」。〈開宗明義章〉所謂「先王有至德要道以順天下」，〈三才章〉的「先王見教之可以化民也」，都提及以孝治天下的「先王」，此「先王」實即前述「昔者明王」之簡稱。邢昺在疏解「明王」時，已經注意到這個指稱上的問題：〔註41〕

〔註36〕《孝經·感應章》，見《孝經注疏》卷8，頁51。
〔註37〕《孝經·孝治章》，見《孝經注疏》卷4，頁33～34。
〔註38〕見《孝經注疏》卷8，頁51。
〔註39〕此為《孝經·孝治章》注疏，見《孝經注疏》卷4，頁33。
〔註40〕至於是何種道德修養，《孝經》亦頗有論述，此待後文詳論。
〔註41〕《孝經·孝治章·疏》，見《孝經注疏》卷4，頁33。

　　《經》言明王還指首章之先王也。以代言之，謂之先王。以聖明言

　　之，則爲明王。

以朝代言之，有先後次序之分，則言先王；以德性修行來看，則言聖明之君
王。由此可知，先王、明王實爲同一主體不同面向的異稱罷了。〔註42〕

　　而除上述先王、明王外，在《孝經》中具備政教力量的尚有聖人及君子。
先就聖人來說，在《孝經》中，他不僅是最高的德性修持者，更具有教化百
姓的君王身份，如〈聖治章〉的「聖人因嚴以教敬，因親以教愛，聖人之教
不肅而成，其政不嚴而治，其所因者本也」〔註43〕，〈喪親章〉的「三日而食，
教民無以死傷生，毀不滅性，此聖人之政也」〔註44〕，其中「聖人之教」、「聖
人之政」以及「聖治」等聖人教民治世之語，已然說明聖人其實是個有極高
德性修爲的統治者─此即前文所謂「明王」是也。

　　至於君子，除了〈廣揚名章〉與〈事君章〉中出現的君子仍需有侍奉君
王的作爲，故應是指稱次於最高統治者的統治階層外，〔註45〕〈廣至德章〉
中「君子之教以孝也，非家至而日見之也……詩云：『愷悌君子，民之父母』」
〔註46〕，明白地表示和樂平易的君子是爲民表率、並以孝德教化萬民的君王；
而闡述聖人治天下之事的〈聖治章〉中論到「君子則不然，言思可道，行思
可樂……以臨其民，是以其民畏而愛之，則而象之，故能成其德教，而行其
政令。詩云：『淑人君子，其儀不忒』」〔註47〕，很明顯的，修身成德以教化
人民的君子，其實也正是章名中的「聖人」之謂。總的來看，君子在修德以
化民這個意義上是等同於聖人與明王的。

　　總而言之，《孝經》中實踐孝治的主體是所謂的「明王」、「先王」、「聖人」
以及「君子」。關於稱謂之間的關聯，呂維祺說得好：〔註48〕

〔註42〕惟〈孝治章〉中「以事其先王」（《孝經注疏》卷4，頁33）依上下文來看指
　　　　的是明王之先王。
〔註43〕見《孝經注疏》卷5，頁37。
〔註44〕見《孝經注疏》卷9，頁55。
〔註45〕〈廣揚名章〉中「君子之事親孝，故忠可移於君」（《孝經注疏》卷7，頁47）
　　　　之語，而〈事君章〉則明言君子事上之事（《孝經注疏》卷8，頁52），故此
　　　　二處之「君子」可確定不是最高的統治者。
〔註46〕見《孝經注疏》卷7，頁47。
〔註47〕見《孝經注疏》卷5，頁39。
〔註48〕〈論經內稱先王明王聖人君子〉，（明）呂維祺《孝經或問》卷2，《叢書集成
　　　　新編》冊25，頁386。

> 或問：《經》內或稱先王，或稱明王，或稱聖人、君子，何也？曰：
> 先王以位言，而德在其中。聖人、君子以德言，而位在其中。明王
> 則德位兼言之。然或意義所至，各舉所重，猶《中庸》所稱至誠、
> 至聖。聖人、君子非有軒輊等次也。

同樣是指有德的君王，卻有如此不一的稱謂，實是側重點有異所致。言聖人、
君子者，是以其德性名之；言先王者，是以其官位言之；而明王則是兼具德
位的稱謂。《孝經》是以封建制度為其立論的政治架構，在此架構中，統理萬
民庶務的人是天子，故若扣緊《孝經》中理想的政治體制而言，天子即是得
以施展孝治的明王是也。

二、確立施行孝治之必然性

　　《孝經》之孝治主張是為解決戰國時期天下亂象而提出的一種治國平天下
的方案，故《孝經》一開頭便須明示君王以孝治天下之正統性與必要性。〈開宗
明義章〉中所謂「先王有至德要道，以順天下，民用和睦，上下無怨」〔註49〕，
已將孝道定義為歷代帝王用以治國順天下的最佳工具，而這種高舉孝道為治國
良方的說法，不僅是為後文從政治角度以論孝道的傾向預留伏筆，更是利用先
王本身不容質疑之權威性與正統性，賦予孝治思想同樣的特質，並進而展現以
孝治天下的必然性。呂維祺曾明確指出這種利用先王立言的用心：〔註50〕

> 或問：《孝經》以先王立言者，何也？曰：此先王即後章之明王也，
> 以此立言，蓋謂孝道最大，非明王不能全盡。

呂維祺所謂「孝道最大，非明王不能全盡」者，正道出《孝經》論孝道之特
出處。按常理言，孝道人人可盡，《孝經》卻特別提出以為先王之至德要道，
非明王不能窮盡之，可見《孝經》中之孝道內涵已然超越一般倫理層面的意
義，而有別的側重層面。呂氏於是緊接著表示：〔註51〕

> 其曰至德要道以順天下，民用和睦，上下無怨，古昔聖明之世，太
> 和至順景象，恍然如睹，而孔子欲輔明王孝治之意，情見乎詞矣。

很明顯的，《孝經》中的孝道是蘊涵政治考量及作用的治國之道。將孝道提昇
為順天下之良方，目的即在於為「明王孝治」之用。既是如此，反過來看，

〔註49〕見《孝經注疏》卷 1，頁 10。
〔註50〕〈論先王有至德要道〉，（明）呂維祺《孝經或問》卷 2，《叢書集成新編》冊
　　　　25，頁 386。
〔註51〕〈論先王有至德要道〉，（明）呂維祺《孝經或問》卷 2，《叢書集成新編》冊
　　　　25，頁 386。

則亦非得明王不能全盡此孝道。「古昔聖明之世，太和至順景象」，更是先王實施孝治最精彩的政治成果。先王有如此良好的治世經驗，後王豈有不從之理？《孝經》以先王爲孝道立言，一方面點出《孝經》論孝的政治意味，一方面亦藉著先王的權威象徵與經驗性賦予以孝治思想施行的正統性與合理性。事實上，也正由於這種理論上的預先鋪設，《孝經》遂能在稍後的〈孝治章〉中水到渠成的提出「昔者明王以孝治天下也」的主張。〔註52〕

　　《孝經》對於孝治思想，在論述上除了藉由歷代帝王從傳統的角度給予所謂「至德要道」的認定保證外，對於孝治思想的施行，在德治的範疇中亦強調有其絕對優先的地位。《孝經‧開宗明義章》將孝德置於德性之源頭處，所謂「夫孝，德之本也，教之所由生」〔註53〕是也，這種將孝德視爲眾德之本源、教化之所由出的說法，無疑地是承襲了《論語》中以孝爲仁之本的思想，但重要的是：孝一旦成爲人最根本的德性，則在理論上，所有的德性皆必始於孝德，所有德性力量的施展亦皆源於孝德力量；若君王採用德治主義以治國，希望透過德性的力量來感化人民，則孝治便是必然的途徑；換言之，孝治不但是德治，還是最根本的德治。因爲處於最根本的地位，也就有了最終極的價值與意義。於是，孝不但爲「德之本也」，亦爲聖人之德之最，〈聖治章〉所論證的「夫聖人之德，又何以加於孝乎」〔註54〕，也說明了孝德爲至德。因此，眾德之本、教化之源的孝道，才能成爲君王治國的「至德要道」。在《孝經》中，孝德之所以能順理成章的成爲治世的「至德要道」，實有這層理論上的轉折。馬浮在其〈孝經大義〉中「釋至德要道」時便指出：〔註55〕

> 聖人何以特標至德要道之目……德是自性所具之實理，道即人倫日用所當行；德是人人本有之良知，道即人人共由之大路……德即是性，故曰性德，亦曰德性。道即是性，故曰性道，亦曰天性，亦曰天道，亦曰天命……《孝經》則約此性德之發現而充周者，舉示於人，使其體認親切，當下可以用力。踐形盡性之道即在於是……故先標至德要道，復曰德教，曰天性，曰人之行，明所因者。

〔註52〕見《孝經注疏》卷4，頁33。
〔註53〕見《孝經注疏》卷1，頁10。
〔註54〕見《孝經注疏》卷5，頁36。
〔註55〕〈孝經大義二‧釋至德要道〉，馬浮（馬一浮）《復性書院講錄》卷3，頁112-113。

孝道之能爲先王的至德，爲治國之要道，正因其爲德性之本，人人皆可得而踐之，故謂所因者本矣。《孝經・三才章》中將孝視爲「天之經也，地之義也，民之行也」〔註56〕，先王進而可以「則天之明，因地之利，以順天下」〔註57〕的說法，也是著眼於孝德在人類德性中的根本地位以立論的。

　　總而言之，《孝經》一開頭即利用象徵權威的先王給予孝治主張的存在進行傳統淵源上的確認，並以先王施政的經驗爲孝治的效用給予擔保；次則更深層的將孝定位爲眾德之本，指出行德治必不離孝治，孝治是最根本義的德治，由此突顯孝治實行之必然性。孝治之推行至此已得其堅強根據及必要性，《孝經》接著便開始建構孝治理論的具體內容。

三、明王實踐孝治的具體內容及步驟

（一）天子盡孝道

　　德治是以道德教化來維持統治的治國方式，既是德性教化之事，則執政者者必先成爲德性的典範，即其自身必須先培養相當的德性，始能據之而教化其民；孝治亦是如此─君王欲以孝治天下，則本身先需培養孝德，盡孝道。《孝經》中主要操持孝治措施者是天子，則實踐孝治的具體步驟首在天子必須盡孝，〈感應章〉中即指出：〔註58〕

> 昔者明王事父孝，故事天明。事母孝，故事地察。長幼順，故上下
> 治……故雖天子，必有尊也，言有父也；必有先也，言有兄也；宗
> 廟致敬，不忘親也；脩身愼行，恐辱先也。

天子雖貴爲一國之尊，然亦爲父母所生養，故天子跟庶民一般，有其所尊所敬之雙親。天子欲以孝教化人，本身必先體認孝的眞義，始能切實而深刻的明瞭孝治的眞正力量與根本原理。理論上，天子在奉養父母、善事父母的同時，實可從中體會天地如父母般孕生萬物生民的奧秘與原則。天子是稟承天命以治理天下的人，〔註59〕若天子明白這種宇宙運行衍生的原則，及天地無

〔註56〕見《孝經注疏》卷3，頁28。
〔註57〕見《孝經注疏》卷3，頁28。
〔註58〕見《孝經注疏》卷8，頁51。
〔註59〕邢昺疏〈天子章〉章名：「《禮記・表記》『惟天子受命於天』，故曰天子；《白虎通》『王者，父天母地，亦曰天子』。（按：《白虎通》作「王者父天母地，爲天之子也」〔見陳立《白虎通疏證》卷1，頁2，北京：中華書局，1994〕）虞夏以上，未有此名，殷周以來，始謂王者爲天子也。」（見《孝經注疏》卷1，頁11）。

私涵蘊孳養萬物的用心，便可進而將這種無私的態度與仁心，轉移成治民的根本態度，以臨萬民。運用天地運行之自然法則以治理秉天地之性而生的天下生民，〔註60〕是再自然不過的事了，於是「長幼順，上下治」，也是指日可待的成效。

天子盡孝既為孝治的首要步驟後，則《孝經》所訂定的天子孝道的內容究竟為何呢？

> 愛親者，不敢惡於人；敬親者，不敢慢於人。愛敬盡於事親，而德
>
> 教加於百姓，刑于四海，蓋天子之孝也。〔註61〕

〈天子章〉是定義天子孝道的篇章，在此章一開頭，作者即提示了一種愛敬的普遍原則，即：真正懂得親愛尊敬自己父母的人，絕不敢厭惡、輕侮他人的父母，因為明白了父母的意義，所以能將心比心的尊重他人的父母。天子如此，庶人亦然；總之，這個原則具備了人性上的共通性與普遍性，適用於天下所有愛親敬親者。而值得注意的是，就一市井小民而言，敬愛自己的父母實已足夠，對他人父母敬愛與否，就其應盡的孝道來看，實非屬必要之內容，且即便他們能夠敬愛他人之父母，囿於身份與權限，就促進整個社會和諧而言，影響畢竟不大；然而，對於手握生殺大權、身繫全民福祉的天子而言，情況便非如此。天子的意念及政令之施行，是以天下生民為範圍；天子所言所行，攸關全天下百姓的生息與安危。故若按照〈天子章〉所提示的這個理論來推，天子真能愛敬其雙親，則他不敢輕侮怠慢的便是全天下之為父為母者，即使對於匹夫匹婦，亦是兢兢業業，小心至極；換言之，天子孝心之展現，便是對所有人事物皆持謹慎敬重對待的態度。天子之孝道是以愛敬雙親，進而愛敬天下生民百姓為主要內容；從更根本處來看，天子的孝德是著重在「敬」的精神的發揮，是一種敬德的展現，而在《孝經》中是扣緊人類最自然的親子血緣關係而以「孝德」呈現出來的。

君王實行孝治既是首重發揮敬的精神，如此，則君王本身必先具備此敬德，始能據之而發揮於外；故除了上述〈天子章〉將愛敬雙親之心列為天子首要培養的德性外，在專談以孝道治理天下的〈孝治章〉中，亦十分清楚的提出君王以孝治天下該有的修養與態度：〔註62〕

> 昔者明王之以孝治天下也，不敢遺小國之臣，而況於公、侯、伯、

〔註60〕《孝經・聖治章》：「天地之性，人為貴」（見《孝經注疏》卷5，頁36）。

〔註61〕《孝經・天子章》，見《孝經注疏》卷1，頁11～12。

〔註62〕見《孝經注疏》卷4，頁33～34。

子、男乎？故得萬國之懽心，以事其先王。治國者不敢侮於鰥寡，
而況於士民乎？故得百姓之懽心，以事其先君。治家者不敢失於臣
妾，而況於妻子？故得人之懽心，以事其親……《詩》云：「有覺德
行，四國順之」。

無論是以孝治天下者之「不敢遺小國之臣」、以孝治國者之「不敢侮於鰥寡」、
或以孝治家者之「不敢失於臣妾」，皆在顯示在上位者採取孝治時的根本態
度，是一種不敢怠慢他人、對所有人事物都秉持著同樣敬重的態度。這種敬
重謹慎的態度，其實就是一種德性修為，一種君王本身敬德的培養。在《孝
經》中此種君王所需具備的敬德，並非做為一種最終極的價值而存在，而是
做為孝道的一個面向的展現，是在上位者行孝的必要修養。玄宗御注《孝經·
孝治章》中「不敢遺小國之臣，而況於公、侯、伯、子、男乎」此句時曰：
「小國之臣，至卑者耳，主尚接之以禮，況於五等諸侯。是廣敬也」〔註63〕，
所謂「廣敬」，便是推廣愛敬於所有人。由此可知，「孝治」的重要特徵是著
重在對君王本身的德性涵養的要求上，實施孝治的領導者必須先在己身德性
上有所修持─至少要具備此孝敬父母之敬德，才能據之外推以治天下，君王
在「有覺德行」後之所以能「四國順之」，其銜接關鍵便在此廣敬的工夫上。
〔註64〕〈廣要道章〉中也明白說到：〔註65〕

故敬其父則子悦，敬其兄則弟悦，敬其君則臣悦，敬一人而千萬人
悦。所敬者寡而悦者眾，此之謂要道也。

天子敬愛天下之為人父、為人兄、為人君者，便可得其晚輩下屬之認同與歡
心，故舉凡天下無不欣悅歸服，治天下亦宛若四兩撥千金，此謂之要道。這
個以愛敬之心治理天下的原則，其實就是天子「愛親者，不敢惡於人；敬親
者，不敢慢於人」〔註66〕的行孝原則。運用這個根本原則以治天下，即可發
揮順天下的政治效用；這樣的治世理念，即孟子所言「老吾老以及人之老，
幼吾幼以及人之幼，天下可運於掌」〔註67〕之謂也。由此看來，《孝經》將此

〔註63〕見《孝經注疏》卷4，頁33。
〔註64〕在由君王行孝而為天下人之典範，進而使人人起而仿效，天下因此得治的過
程中，其實仍有諸多限定條件，諸如人性論方面的假設、政治型態的類型等
前提需要釐清。此處既只探討「孝治」的意涵與特質，則上述諸項問題則暫
不討論，留待後文詳論之。
〔註65〕見《孝經注疏》卷6，頁44。
〔註66〕《孝經·天子章》，見《孝經注疏》卷1，頁11。
〔註67〕《孟子·梁惠王上》，見《孟子注疏》卷1下，頁22。

愛親敬親的原則特標於〈天子章〉章首，而不置於其他論孝的篇章中，實有不可忽略之深意。由這種政治上的考量來定義天子行孝內容的安排上，也可以預先嗅到《孝經》論孝是從政治角度來立論的氣息。

天子在透過敬愛父母的孝行實踐中以體認孝行中的愛敬精神及孝治的真正力量後，便可更進一步的秉持這種愛敬的態度來施行教化，落實爲真正的政治措施，以治天下，所謂「愛敬盡於事親，而德教加於百姓」〔註68〕是也。此處的「德教」，即是指君王實行德性教化，其施政精神即是上述天子行其孝道的愛敬精神；〈開宗明義章〉中以爲孝是「德之本也，教之所由生也」〔註69〕，其實也就是「德教」之本之謂也。由此看來，天子行孝，首在體認愛親敬親的道理，並進而將此愛敬之心化爲德教，施行於天下百姓。玄宗在注〈聖治章〉中「聖人因嚴以教敬，因親以教愛」此句時說得好：「蓋愛敬二字，爲孝治之本。故先王以此設教，而使萬民皆相愛敬也」；呂維祺在論《孝經》全篇大指時亦留意到天子的行德教在《孝經》一書中所佔的關鍵位置：「一部《孝經》只是德教二字。孝，德之本，教所由生，是一部《孝經》綱領。《孝經》重天子，故德教二字獨于〈天子章〉發之，諸侯以下皆各有德教，而皆天子之教之也」〔註70〕。

而照德治主義的主張來看，天子是領導萬民的人，他的所言所行對民眾而言，皆具示範性。事實上，《孝經》十分注重君王個人言行對群眾的感召及影響力的。〈聖治章〉中曾明白的指出：〔註71〕

> 君子則不然，言思可道，行思可樂，德義可尊，作事可法，容止可觀，進退可度，以臨其民，是以其民畏而愛之，則而象之；故能成其德教，而行其政令。《詩》云：「淑人君子，其儀不忒」。

首先，由「以臨其民」、「成其德教」與「行其政令」等文字可判知：此處的君子指統治人民的君王而言。君王凡有所言，必慮及所言可使人民稱道；凡有所爲，必使人民得到歡樂；其立德行義，務必得到人民的尊敬；其所作所爲，必思及可爲人民所效法；容貌儀表，可爲人民所仰望；行爲舉止，可爲人民之法度。君王隨時注意己身的修爲，便可成爲人民行爲的準則、典範，

〔註68〕《孝經・天子章》，見《孝經注疏》卷1，頁11。
〔註69〕見《孝經注疏》卷1，頁10。
〔註70〕〈論《孝經》全篇大指〉，(明) 呂維祺《孝經或問》卷2，《叢書集成新編》册25，頁386。
〔註71〕見《孝經注疏》卷5，頁39。

人民皆取法仿傚之。如此，君王便能輕易的完成他的德教，推行他的政令。所以，〈廣至德章〉說「君子之教以孝也，非家至而日見之也」〔註72〕；此亦《禮記·大學》「君子不出家而成教於國」〔註73〕之謂也。而這種君王個人言行對人民具有深刻影響的說法，其實是來自儒家德治主義的特質，《論語·顏淵》所謂「政者，正也，子帥以正，孰敢不正」〔註74〕，《荀子·君道》在論君王治國時亦表示：〔註75〕

> 請問爲國？曰：聞修身，未嘗聞爲國也。君者，儀也，儀正而景正；君者，槃也，槃圓而水圓；君者，盂也，盂方而水方……故曰：聞修身，未嘗聞爲國也。

荀子將君子與人民的關係比喻成容器與水，水的形狀隨著容器而變，這種比喻實是德治主義中君民關係極貼切的說明。很明顯的，《孝經》是完全吸收了這種德治思想的成份的。

　　由此看來，君王的言行舉止、道德修爲，必須無一不考量到對人民造成的示範作用，職是之故，天子必須努力修德，以立下良好的典範，而爲人民之表率。〈廣至德章〉中引《詩·大雅·泂酌》曰：「愷悌君子，民之父母」，說明惟有良好的德性，始能爲人民之君主；〔註76〕〈孝治章〉中論及明王以孝治天下時亦引《詩·大雅·抑》曰：「有覺德行，四國順之」，再次強調君王修德一事對統治天下的必要性與重要性。〔註77〕而孝德既爲德之本，又爲德之至，則天子盡孝，便是培養、發揮了最重要的品德；故儘管行孝的具體實踐內容不盡相同，但在德性的培養上，天子所爲的確是「刑於四海」〔註78〕，是爲天下人行孝的典範的。

　　總而言之，《孝經》認爲天子的孝道是推廣一己之孝心而施德教於天下，事實上，這種孝道，一言以蔽之，正是《孝經》全書的宗旨──以孝治天下，《孝經》將孝治天下的要義全部收束在天子的行孝內容中；惟天子可以以孝治天下，而孝治亦反過來成爲天子盡孝的具體展現。〔註79〕換言之，就理論

〔註72〕見《孝經注疏》卷7，頁47。
〔註73〕見《禮記注疏》卷60，頁986。
〔註74〕見《論語注疏》卷12，頁109。
〔註75〕見《荀子集解》卷8，頁234。
〔註76〕見《孝經注疏》卷7，頁47。
〔註77〕見《孝經注疏》卷4，頁34。
〔註78〕《孝經·天子章》，見《孝經注疏》卷1，頁11。
〔註79〕值得留意的是：《孝經》第二章〈天子章〉中將「愛敬盡於事親，而德教加於

上而言，只要天子能盡孝道，必可收孝治之效，《孝經》在此確保了天子盡孝的實際效用；而若扣緊《孝經》的時代背景來看，《孝經》或許也是藉由這個必然的效益，提高了在以武力競賽爲主的戰國末年裏君王施行孝治的意願。

（二）天子以孝德教化天下

1. 孝德教化之內容

一如上述，就孝治的實踐而言，首要步驟在於天子要能盡孝，而天子行孝必先愛敬其雙親，其次始可推廣此愛敬之心而教化百姓，所謂的「德教加於百姓」﹝註80﹞，說得更具體些，即是對民眾實施孝德教育。《孝經》一書其實十分注重教民化民，在全書十八章的篇幅中，有將近一半的篇章提及君王教民之事。﹝註81﹞這種對教民的重視，是跟《孝經》對人性的看法有相當大的關係─《孝經》對人性的認定並非孟子式的全然性善論觀點，人性中本然具備的孝德，尚需外力的誘發與培養，才可得到完全的發用。這種外力，正是君王的教化，亦即君王所實施的孝德教育。孝德教育之價值，也就是在於它能喚起人們孝悌的天性，而達到以孝治天下的目的。《孝經》極言教化之事，良有以也。

而關於孝德教育的內容，則是以教民孝悌愛敬爲主，〈聖治章〉曰：﹝註82﹞

> 聖人因嚴以教敬，因親以教愛，聖人之教不肅而成，其政不嚴而治，
> 其所因者本也。

聖人根據子女能夠尊嚴父母的天性，就教導他們敬親的道理；根據世人對父母很親近的天性，因而教導他們愛父母；因爲聖人能根據人們的本性，而以

百姓，刑於四海」（見《孝經注疏》卷1，頁11。）定爲天子行孝的主要內容，此處天子之孝道仍以事親化民爲主，強調推廣愛敬之心以教化百姓，至於天下得治與否只是行孝之結果，並非行孝之必要內涵；而到了第九章〈孝治章〉言明王以孝治天下時，「得萬國之懽心」是爲了「以事其先王」，「得百姓之懽心」是爲了「以事其先君」，「得人之懽心」是爲了「以事其親」（見《孝經注疏》卷4，頁33～34。），治理天下之成果至此反成爲君王盡孝之必要條件，換言之，君王孝治至此已不是一種推廣，而是一種盡孝的境界。相較於第二章，這之間無疑是隱含著理論層次的向上發展的。

﹝註80﹞《孝經·天子章》，見《孝經注疏》卷1，頁11。

﹝註81﹞《孝經》之〈開宗明義章〉、〈天子章〉、〈三才章〉、〈聖治章〉、〈廣要道章〉、〈廣至德章〉以及〈喪親章〉皆論及教民之事，《孝經》對教民之事著墨甚多，由此可見對此事之注重。

﹝註82﹞見《孝經注疏》卷4，頁37。

孝道去引導他們，所以聖人教化人民，不需要採取嚴厲的手段就能有很顯著的成效。〈聖治章〉這番對孝治之所以可行的理論推演是十分合理的。人民對父母的尊敬與親近，是自幼受父母呵護、朝夕相處而自然產生的情感，聖人施行教化只需從這種親子血緣的自然關係與情感上著手，而將人們本然具備的孝德逐次引發出來，使之符合社會既有的道德規範之形式及秩序即可；換言之，聖人施其德教是透過最自然的情感基礎，進而教導百姓發掘己身的孝德，並經由社會認可的行孝方式而將孝德展現出來。更進一步來看，聖人教導人民敬愛之方，其實也有其治國層面的考量，因為人民孝悌愛敬的德性，是社會和諧不可或缺的基石，人民若皆能親愛父母，善事長上，並因此相互親愛敬重，則社會自然和睦有序。是故聖人教化人民首以培養人民親愛禮順為要，而培養人民親愛禮順又以教民以孝悌為最自然有力的方式，〈廣要道章〉即指出：「教民親愛，莫善於孝；教民禮順，莫善於悌」〔註83〕，正因為孝悌源自人類的本性，所以聖人施教便從此人性之源頭著手，教導人民孝順父母，敬愛兄長，如此，依據此德性而發展出敬愛親愛他人的行為，便得其依據而可逐次衍生。

　　如此看來，天子主要的教民內容是孝悌，孝悌的精神是愛敬，而若扣緊君王治國的需求，則君王教民愛敬之旨，則在培養人民合禮順從的性情，以遵守一切現存的社會規範，並服從君長的威權，〈廣至德章〉提到：〔註84〕

　　　　教以孝，所以敬天下之為人父者也。教以悌，所以敬天下之為人兄

　　　　者也。教以臣，所以敬天下之為人君者也。

君王以孝悌教化人民，是要天下百姓皆能敬愛其父其兄；以臣道教人，則是希望天下人民皆能敬愛其君主，不使目無尊長，以致於悖禮犯上。對所有天下百姓而言，父兄、君主關係性質不同，前者是與生俱來的血緣連繫，後者則是後天的人事遇合，〔註85〕親疏遠近不同，意義自然有別。然而，《孝經》此處卻將父兄及君王並列，並言事天下之為人父、為人兄以及為人君者之理，皆在一「敬」字。很明顯的，此論述的重點是撇開這三種角色的歧異處，而立基於三者的共通性質上的一父兄君主實際上都是象徵一種既存的威權，一種統治管束的力量；《孝經》在這種威權下言「敬」，無疑是強調敬德所蘊涵

〔註83〕見《孝經注疏》卷6，頁43。

〔註84〕見《孝經注疏》卷7，頁47。

〔註85〕即便是在封建宗法社會中，天下萬民也並非皆是由這個皇室家族的架構延伸
　　　　出來的，故天子與人民的關係仍異於真實的父子關係。

的順從特性。〔註86〕〈廣揚名章〉則更明白指出：〔註87〕

> 君子之事親孝，故忠可移於君。事兄悌，故順可移於長。居家理，
> 故治可移於官。

孝悌對一個有修爲的君子而言，是可以轉化爲對君長的忠誠與服從的。而從
天子治國的角度來看，這種轉化不僅是可以發生，而且是必須發生的。〔註88〕

　　所以，總的來說，君王的孝德教育主在「教民親愛」、「教民禮順」、「教
以孝」、「教以悌」、「教以臣」；旨在根據人民對雙親的自然情感，引導出內含
於人性中的孝悌敬愛，而以合乎當時社會規範形式的行爲表現出來。而一般
而言，這種社會規範的形式，就是指當時的禮法了。

2. 孝德教化的施行方式

　　在確認君王孝德教化的內容後，其次便可更進一步探討君王是採用何種
方式來落實孝德教化。綜觀《孝經》一書，關於君王教化人民的方式，可包
括內在的感發與外在的規範二個面向，而外在規範又涵蓋禮樂制度與刑罰。

　　《孝經》重在引發培養百姓的德性，故教化人民的方式首重在德性的相
互感發，這種感發主要是經由德性典範的觸發而產生：

> 先王見教之可以化民也，是故先之以博愛，而民莫遺其親。陳之以
> 德義，而民興行。先之以敬讓，而民不爭……《詩》云：「赫赫師尹，
> 民具爾瞻」〔註89〕

《孝經》認爲：先王以身作則，展現博愛的施政作爲，人民受到先王博愛精
神的感發，引動心中原有的愛敬之情，就不會遺棄父母親；先王陳述道德仁
義來感動人民，人民也就會起而仿傚；或者，率先以恭敬謙讓的德行垂範於
人民，則人民就不敢強取豪奪；這些德性的引發與培養，完全是因著人民從
君王的施政以及行爲中感受到君王的德性後，進而觸動、發掘本身本然具備

〔註86〕 這種服從並非毫無條件的順從，在《孝經》仍有一〈諫諍章〉（見《孝經注疏》
　　　　卷7，頁48。），闡明諫諍之必要，然而這並不妨礙「順從」成爲侍奉君王長
　　　　上的基本態度。

〔註87〕 見《孝經注疏》卷7，頁47。

〔註88〕 必須注意的是：這種轉化在形式上是對象的轉移，但對象的轉換也可能反過
　　　　來導致內涵的改變，對父兄的順從與對君長的順從看似都是順從，但對父兄
　　　　的順從有自然情感爲基礎，這是要求順從君長時所缺乏的道德情感。抽去了
　　　　親情的基礎，對君長的順從可說是對父兄順從的高度凝煉，所以，這種「移」
　　　　不僅是對象轉移，它更是敬德某種形式的提升，從敬順親人，往外推擴到其
　　　　他無血緣關係的長上和君王。

〔註89〕 《孝經·三才章》，見《孝經注疏》卷3，頁28～29。

的德性而完成，此所以謂「教之可以化民也」。曹元弼在注解《孝經》此段文字時也指出：〔註90〕

> 見教之可以化民，因其固有，而利導之，以人治人也。先之以博愛，先之以敬讓，以己治人也。有諸己而後求諸人，以身教者從，至誠而不動者，未之有也。

教之可化民，是因德性本人人所具有，君王用修己的方式，提供人民一個可供模仿的典範，並因勢利導，激發人性中的德性。教化之所以可行，其根本是立基於這種德性共鳴的特性之上，君王修德愈完滿，對人民的感化能力就愈強，引動的驅力也愈強。所以，君王若能掌握這種德性共鳴的特質，明白感化人民之所以成為可能的基本原則，便懂得要「言思可道，行思可樂，德義可尊，作事可法，容止可觀，進退可度，以臨其民」，如此，則「其民畏而愛之，則而象之」〔註91〕，人民敬畏的是君王謹言慎行所展現出的威儀，並進而由這份敬畏中產生一種希望與之相同的效法、學習的欲望，此則《詩經·魯頌·泮水》中「敬慎威儀，維民之則」〔註92〕之謂也。然而值得注意的是：人民對君王的「則而象之」，並非僅僅是學習外在的法度規範，更重要的，是透過對外在行為的模仿過程，逐漸引發潛藏於本性中的德性，並進而培養壯大，再由裏通透到外，真正由自己的德性外化為自己的德行。事實上，也惟有如此，君王才能真正「成其德教，而行其政令」〔註93〕。

　　君王教化人民，首先得以用上述的內在感化方式，以培養人民的內在德性；其次，為了確保這些德性能確實無誤的外化為德行，聖人還得制定外在的規範以供人民遵循。這種實際的行為準則，簡言之，即是禮樂制度。

　　禮樂制度向來是儒家用以治世的具體方法，從聖人制禮樂的用意看來，儒家之「禮樂」，指的是具有正統道德意義的行為與音樂。而《孝經》對禮樂的認定，無疑是襲取傳統儒家態度的，《孝經·三才章》說到：「導之以禮樂，而民和睦」〔註94〕，正是因為禮樂制度是指聖人所制、符合道德意識的人際關係的準則，以及對社會行為的各種規範，是故人民若皆能依禮而行，則彼此自然能和睦相處，社會也因此得以有序地運作。《禮記》即指出：「樂，所

〔註90〕 參見（清）曹元弼《孝經學》卷2，頁627，收於《續修四庫全書》冊152。
〔註91〕 《孝經·聖治章》，見《孝經注疏》卷5，頁39。
〔註92〕 見《毛詩注疏》卷20～1，頁768。
〔註93〕 《孝經·聖治章》，見《孝經注疏》卷5，頁39。
〔註94〕 見《孝經注疏》卷3，頁28。

以脩內也；禮，所以脩外也。禮樂交錯於中，發形於外，是故其成也懌，恭敬而溫文」〔註95〕，可見禮樂制度是聖人用以融合人們內在德性與外在行為最為有效的工具。所以，對君王而言，「移風易俗，莫善於樂；安上治民，莫善於禮」〔註96〕，禮樂制度在此展現了最大的政治效用，《孝經》倡言禮樂制度，亦是著眼於此。

而禮樂制度做為孝德教育的一種施行方式，它與孝德的關係，自然不可小覷。關於此點，孟子早已說得極為明白：〔註97〕

> 仁之實，事親是也；義之實，從兄是也；智之實，知斯二者弗去是
> 也；禮之實，節文斯二者是也；樂之實，樂斯二者，樂則生矣；生
> 則惡可已也？惡可已，則不知足之蹈之、手之舞之。

孟子將孝悌視為仁義道德的具體實踐，而禮則是節制、文飾這些孝悌的表現，使這些表現不致過份，也不會不足。至於樂，則是行孝悌時自然產生的快樂情緒的展現。總言之，禮樂制度是一種用來教民孝悌，使之行為合度並樂在其中的人倫教育制度。故《孝經》在培養人民的孝德之後，其次便主張採用禮樂制度以教民，將人民的孝德完全外化為合宜的外在行為舉止，以符合當時的社會規範。

禮既然是人民平日生活所奉行的行為準則，〔註98〕則禮的名目當極為繁多，如《儀禮》所載關於禮儀的名目，如士冠禮、士相見禮、鄉射禮等等，即多達十餘種。《周禮》中亦有所謂的吉、凶、軍、賓、嘉五禮，以涵蓋古時各項王朝之禮。《孝經》雖亦倡言禮樂制度以治天下，然而值得注意的是，在聖人治民的具體禮制中，《孝經》獨重喪禮與祭禮之論述。首先，在喪禮部分，《孝經》特闢一〈喪親章〉以論孝子之喪禮：〔註99〕

> 孝子之喪親也……三日而食，教民無以死傷生，毀不滅性，此聖人
> 之政也。喪不過三年，示民有終也。為之棺、椁、衣、衾而舉之，
> 陳其簠簋而哀感之，擗踊哭泣，哀以送之；卜其宅兆，而安措之；
> 為之宗廟，以鬼享之；春秋祭祀，以時思之。

〔註95〕 《禮記・文王世子》，見《禮記注疏》卷20，頁397。
〔註96〕 《孝經・廣要道章》，見《孝經注疏》卷6，頁43。
〔註97〕 參見《孟子・離婁上》，見《孟子注疏》卷7下，頁137。
〔註98〕 禮樂雖是並稱的二套制度，有各自的指涉的內容，然而禮的外延比樂廣泛，就概念的範圍而言，禮實可涵蓋樂。傳統儒家言禮，通常即兼有禮樂二義。
〔註99〕 見《孝經注疏》卷9，頁55～56。

人民痛失朝夕相處、且有養育之恩的父母親，悲慟逾恆是最自然的情緒反應。聖人因此制作喪禮，教導人民如何適當地處理喪葬事宜：從為亡者準備棺木、衣物，陳設祭拜物品，卜地以安葬之，到依照時令以祭祀追念父母，無一不是孝子應盡的禮節。而盡禮的主要作用，除了可藉由這一連串安葬祭祀的行動中，給予人民得以抒發情緒的機會，使人民逐漸調節心中不可抗拒的哀傷情緒外，主要仍是表達對亡者的哀思與感念，而這份永不止息的追念，正代表人民已能超越形骸存在與否的限制，而展現出的對父母永遠的敬愛之心，因此，緊接著喪禮之後，《孝經》倡言祭禮，而聖人制作的祭禮已將子女對父母的孝提昇到與對天地神明的敬奉是同等不朽的、永恆的地位：

> 天地之性，人為貴。人之行，莫大於孝。孝莫大於嚴父，嚴父莫大
> 於配天，則周公其人也。昔者，周公郊祀后稷以配天，宗祀文王於
> 明堂，以配上帝。是以四海之內，各以其職來祭，夫聖人之德，又
> 何以加於孝乎？〔註100〕

《孝經》認為孝是人的德行中最偉大的展現；孝行之中，又以尊嚴父親為最；而對父親的尊敬，則沒有比祭天時以父祖先輩配祀來得更加顯榮的了。周公制禮作樂，在其國都郊外祭天時，以周族的始祖后稷配祀天帝；在聚集族人而進行明堂祭祀時，以其父文王配祀上帝。后稷傳為周人之始祖，而文王之於周公，為君為父，故周公以后稷配祀上天，以文王配祀上帝，是尊嚴其君與其父其先祖的最高表現，在封建宗法的社會中，周公行此郊社宗廟之祭，不但彰顯了君王與父祖的崇高地位，從另一方面來看，也是強調敬君敬父的重要性；換言之，郊社宗廟之祭禮，不但可以讓人民表達對先人的敬愛追思之情，同時也反過來培養人民忠君孝親的理想道德；尤其，在整個祭祀進行的過程中，各人必須依照與亡者親疏遠近的不同關係，遵守不同的祭祀儀節，而這種對各人關係與職份的再確認，實際上也是再次強化這個群體的倫理關係與倫理意識，正如《禮記‧中庸》所說的：〔註101〕

> 宗廟之禮，所以序昭穆也。序爵，所以辨貴賤也。序事，所以辨賢
> 也。旅酬下為上，所以逮賤也。燕毛，所以序齒也。

由此看來，祭禮於此，已非一單純的宗教儀式，而是富涵政治與倫理意義的

〔註100〕《孝經‧聖治章》，見《孝經注疏》卷5，頁36。
〔註101〕見《禮記注疏》卷52，頁886～887。

活動。〔註102〕而關於這種特質，《禮記‧祭統》也已經很清楚的提到：〔註103〕

　　夫祭有十倫焉：見事鬼神之道焉，見君臣之義焉，見父子之倫焉，
　　見貴賤之等焉，見親疎之殺焉，見爵賞之施焉，見夫婦之別焉，見
　　政事之均焉，見長幼之序焉，見上下之際焉。此之謂十倫。

祭禮不但體現了「報本返始」的精神，更體現了大一統社會中上下尊卑、貴賤親疏的等級秩序與相應的倫理規範；而這些用以維繫社會運作的倫理規範，也正是君王用以教民的主要內容，所以《禮記‧祭統》又說：〔註104〕

　　凡治人之道，莫急於禮；禮有五經，莫重於祭……忠臣以事其君，
　　孝子以事其親，其本一也。上則順於鬼神，外則順於君長，內則以
　　孝於親，如此之謂備。
　　順以備者也，其教之本與？是故君子之教也，外則教之以尊其君長，
　　內則教之以孝於其親。是故明君在上，則諸臣服從；崇祀宗廟、社
　　稷，則子孫順孝。盡其道，端其義，而教生焉……是故君子之教也，
　　必由其本，順之至也，祭其是與？故曰：祭者，教之本也已。

祭禮教人外以忠事其君，內以孝順其親，總言之，就是培養一種愛敬其君長的德性，這種德性展現在事神爲敬德，在事君爲忠德，在事親則爲孝德。對封建宗法社會的統治而言，這種愛敬精神毋庸是人民首先需要養成的德性，而祭禮正可培養人民這種根本的倫理精神。所以說，祭禮爲君王禮樂教化之本，亦即爲治國平天下之本。有人問孔子關於禘禮一事，孔子「曰：『不知也，知其說者之於天下也，其如示諸斯乎』，指其掌」〔註105〕，《禮記‧中庸》對孔子之論禘禮而加以引申說：〔註106〕

　　郊社之禮，所以事上帝也。宗廟之禮，所以祀乎其先也。明乎郊社
　　之禮，禘嘗之義，治國其如示諸掌乎。

正因爲「祭者，教之本也」，若天子眞能通透郊社宗廟之禮的眞實涵義，那麼，他就會重視祭禮的舉行，「是以四海之內，各以其職來祭」〔註107〕，各地的諸侯若皆能各按其職守前來進貢，以助天子祭祀先王，代表各地諸侯都將謹守

〔註102〕關於禮樂文化的相關論述，可參見謝謙《中國古代宗教與禮樂文化》一書，
　　　　頁1～6，四川人民出版社，1996。
〔註103〕見《禮記注疏》卷49，頁834。
〔註104〕見《禮記注疏》卷49，頁830、834。
〔註105〕參見《論語‧八佾》，見《論語注疏》卷3，頁27～28。
〔註106〕見《禮記注疏》卷52，頁887。
〔註107〕《孝經‧聖治章》，見《孝經注疏》卷5，頁36。

本身的職份以行事，悖禮犯上之事也無由發生；《禮記·明堂位》所謂「昔者周公朝諸侯于明堂之位……明堂也者，明諸侯之尊卑也」〔註108〕，正是這個意思，孔子所謂「天下有道」，也正是這種「禮樂征伐自天子出」的太平治世。〔註109〕

　　由單純的展現孝道為開端，到最後的治國平天下，祭禮實則隱含了一套完整的倫理治國的思想，而這個特質，應也是以孝治思想為核心的《孝經》，在眾多禮制中，特別強調祭禮的主要因素。

　　總而言之，就《孝經》而言，無論是喪禮、祭禮，或是其餘事奉父母時應注意的禮節，這些禮樂制度都是將人民的孝德外化為完全的德行，以進一步符合聖人統治天下的要求。《孝經》中禮樂制度的一切發用，其實皆是源於對雙親的敬愛，所以〈聖治章〉認為：「故不愛其親而愛他人者，謂之悖德；不敬其親而敬他人者，謂之悖禮」〔註110〕，愛親敬親本來就是孝道的精神，而聖人制禮作樂既以發明孝德為其立制之基礎，則孝德的愛敬精神自然也成為禮樂制度的根本精神，此即〈廣要道章〉所謂「禮者，敬而已矣」〔註111〕是也。由此看來，禮樂制度確為聖人施其德教的必要手段，是孝德落實的外在形式。

　　而《孝經》中聖人施行孝德教育的方式，除了上述內在的德性感化與兼融內在德性與外在德行的禮樂制度外，最後還有一種絕對的強制規範—刑罰制度。《孝經》論及刑罰之處並不多，但仍有一〈五刑章〉用以表示不孝之罪：〔註112〕

　　　　五刑之屬三千，而罪莫大於不孝。要君者無上，非聖人者無法，非
　　　　孝者無親。此大亂之道也。

〈五刑章〉指出：古代應當處以墨、劓、剕、宮、大辟五種刑的罪有三千種，其中最嚴重的罪是不孝；而以暴力威脅君長的人、非難聖人的人以及不孝順父母的人，則是造成天下大亂的罪魁禍首。〈五刑章〉雖未明言不孝者究竟該處以何種刑罰，但卻已直接判定不孝為所有罪行中最為嚴重的罪行。這種將不孝置為「極刑」的判決，其實是著眼於由不孝所造成對社會的影響所做的

〔註108〕見《禮記注疏》卷31，頁575～576。
〔註109〕《論語·季氏》，見《論語注疏》卷16，頁147。
〔註110〕見《孝經注疏》卷5，頁38。
〔註111〕見《孝經注疏》卷6，頁44。
〔註112〕見《孝經注疏》卷6，頁42。

判定。因爲，若順著《孝經》的論孝脈絡而審視此〈五刑章〉則可發現：所謂造成「大亂」的「要君者」、「非聖人者」與「非孝者」，雖然表現方式有異，在本質上卻都同樣是不孝的表現，簡朝亮即指出：〔註113〕

> 《經》方言不孝之罪，而以此三者參之，明此皆自不孝而來。不孝，則無可移之忠，由無親而無上，於是乎敢要君；不孝，則不道先王之法言而無法，於是乎敢非聖人；不孝，則不愛其親而無親，於是乎敢非孝。故曰：此大亂之道也。明其當爲莫大之罪也。

孝德在《孝經》中處於德性的根本地位，並統攝眾德，諸如忠順等德性皆是由孝德開展而來，做爲孝德不同面向的展現，所以如〈廣揚名章〉曰：「君子之事親孝，故忠可移於君」〔註114〕，不孝之人，自然無孝可移爲忠；而在規範卿大夫之孝的〈卿大夫章〉中，臣者的孝道內容之一即是「非先王之法言，不敢道」，不是先王所言、不合乎禮法的話皆不說，所謂「非法不言」也〔註115〕。而非難誹謗聖人先王的「非聖人者」，其實也就是不順服遵循聖人先王所言，以《孝經》對孝的定義來看，這當然就是不孝的表現了。〈紀孝行章〉亦曰：「居上而驕則亡，爲下而亂則刑，在醜而爭則兵。三者不除。雖日用三牲之養，猶爲不孝也」〔註116〕。由此可知，「要君」、「非聖人」、「非孝」基本上都是不孝之罪，而此三者爲天下大亂之道，所以說「五刑之屬三千，而罪莫大於不孝」。

然而，《孝經》主張以孝治天下，強調孝的教化作用，聖人之政是可「（其）教不肅而成，其政不嚴而治」〔註117〕的，但〈五刑章〉卻又提出君王爲政需要以刑律來嚴懲不孝的主張，這在理論上是有矛盾的。事實上，孝治在此暴露了它隱藏的弱點，即在理論上，孝爲德之本，也是社會秩序賴以成立的根本，但在實際的政治運作中，以德性來進行教化人民，並無法保證道德的絕對可能性。因此，訴諸刑罰，始能眞正確保社會尊卑貴賤有序。但反過來看，在刑罰的強勢作爲下，德治主義中最重要的道德、情感便又顯得軟弱無力；而更眞實的情況是：提出使用刑罰以懲不孝時，即把這些道德情感擱置在旁了。德與刑在性質上相異，甚至在立意上是彼此扞格的，但即便是在儒家的

〔註113〕參見簡朝亮《孝經集注述疏》，頁68，台北：世界書局，民51。
〔註114〕見《孝經注疏》卷7，頁47。
〔註115〕見《孝經注疏》卷2，頁23。
〔註116〕見《孝經注疏》卷6，頁42。
〔註117〕《孝經·聖治章》，見《孝經注疏》卷5，頁37。

德治主義中，因著實際政治運作的考量，故只是主從輕重有別，兩者仍是缺一不可的。施政以德，是從人心根本處立論；用政以刑，是從民行的防範處著意。兩者相反卻相成。而這種刑與德的相反相成，其實正是儒家禮樂刑政文化的精髓。〔註118〕如此，同屬德治範疇的孝治主義之所以亦倡言刑政的情形，亦是不難理解的了。呂維祺在論五刑時即指出：〔註119〕

> 或問：《孝經》以德教立訓，其言五刑者，何也？曰：雖有德教，不廢政刑。五刑正所以弼教也。古之聖王，明刑、祥刑、省刑，便是德教最真切懇至處。

刑之所以立，是用以輔弼教化之不足處，先王設刑而省刑，正好用以突顯君王在無可避免設刑的情況下，所採取的以仁德為主的施政態度。馬浮則於其〈孝經大義〉中更進一步分析〔註120〕：

> 刑亦是教，對德為言，相反而相成也……孝治之效，民用和睦，上下無怨，禮樂明備，則兵刑無所用之。故除戎器以戒不虞，畫衣裳而民不犯，是謂期於無刑。期之云者，明非可絕，但任德而不任刑耳……應知群經所示，刑德相望，有互存互奪兩門。互奪者，以德奪刑，則化行刑措，唯德無刑，奪刑俱盡。以刑奪德，則刑起樂亡，由於不德，亦奪德無餘。互存者，則刑以輔教，攝刑歸德，因德制刑，施刑為德。是以刑德得並存也……然《孝經》之旨，準此以談，在明宗中，是唯德無刑。在簡異中，則是施刑為德，亦是二門並用也。

刑罰其實是相對於德化而言的一種教化方式，德治主義在理論上能以德性感化天下，但在實際上仍需要設刑罰以防範感化未能奏效處。聖人為政任德不任刑，惟可「期於無刑」，但無法「絕刑」；《孝經》基本上仍是承繼先秦儒家的德治思想，故其根本主張是以任德為主，施刑亦是用來保證任德之效果，故謂「施刑為德」。不過，無論如何，雖然儒家在德治的大前提下主張輕刑，然而刑罰的設立與嚴格執行，實也揭穿了德治主義在實際用以治民時的貧瘠與困窘。

綜合上述所論，君王落實孝德教化的方式，首先先藉由德性典範以觸發人民內在的孝德；其次，利用禮樂制度將內在培養之孝德外化為符合社會規範及價值的德行；最後，再設立刑罰以確保道德實行的絕對可能性。就孝治

〔註118〕　參見陳少峰《中國倫理學史》，頁135～139，北京：北京大學出版社，1996。

〔註119〕　〈論五刑〉，（明）呂維祺《孝經或問》卷3，《叢書集成新編》冊25，頁390。

〔註120〕　〈孝經大義六・原刑〉，馬浮（馬一浮）《復性書院講錄》卷3，頁146～147。

思想而言，以上這三道手續，便是君王施行孝德教化時，本身必須具備的修爲及採取的行動。

（三）天子要求天下人行孝以配合孝治

前文已論證出孝治主義以君王爲實踐主體，故就整個孝治運作進程來說，是以君王施行德教爲主導力量的。然而，除了君王本身的作爲之外，自君王之下的國家的主要構成份子—其他的統治階層及其人民，其實也都需要配合著有相關的作爲。

1. 各階層人士應盡之孝行

扣緊君王以孝治天下的施政策略，天下人民在君王實施孝德教育的感化及規範下，首該表現出的是配合君王的教化而展現相應孝行。《孝經》在這種思考模式的引導下，遂於〈天子章〉之後，逐次分述社會各階層人士應盡的孝道內容及孝行表現，而分類的標準則是以政治上的職位爲主，於是，在〈天子章〉後，《孝經》有〈諸侯章〉、〈卿大夫章〉、〈士章〉、〈庶人章〉等四章，分述各階層配合著孝治主義而應盡的孝道內容；這些諸侯、卿大夫、士及庶人們的積極作爲，一方面是各人盡孝的展現，一方面也是對君王教孝的具體回應。這些孝道內容既是做爲配合孝治的目的而訂定，其內容自然也與各人的政治職份有密切關係。而自天子之下，最先論及的階層便是諸侯。

在封建制度中，諸侯是天子所分封的各國國君，是次於天子的統治階層，故〈諸侯章〉言諸侯之孝，即重於闡釋諸侯治國時應遵守的法度：〔註121〕

> 在上不驕，高而不危；制節謹度，滿而不溢。高而不危，所以長守貴也；滿而不溢，所以長守富也。富貴不離其身，然後能保其社稷，而和其民人。蓋諸侯之孝也。《詩》曰：「戰戰兢兢，如臨深淵，如履薄冰。」

諸侯是一國之君，於一國之中其位最尊，故諸侯治國要注意的是：身居高位而不驕傲，謹愼而敬重的行事，以維持其尊貴地位於不墜；要儉約節省，愼守法度，以長久保有財富。君王能夠穩固本身的尊貴與財富，便有足夠的權位與力量來安邦定國，如此，才能保住自己的國家，使自己的人民和睦相處，《孝經》認爲這正是諸侯的盡孝道的表現！而事實上，諸侯對天子有著貢賦和兵役的義務，諸侯不驕不溢以治國理政，正代表諸侯能恭謹朝中政事，如此，則其國豈有不治之理；一治平之國，豈有不豐饒富庶之理；惟有豐饒富

〔註121〕見《孝經注疏》卷2，頁22。

庶，諸侯也才有能力對天子盡貢賦納兵役，盡一諸侯該盡之職份。而一國之富貴，才眞爲諸侯欲守之富貴。這種「孝行」表現，表面上是與孝親等孝行無甚關聯，康學偉即指出：「（〈諸侯章〉）這段話看似不得要領，名爲諸侯之孝，卻又言不及孝，根本沒講諸侯如何奉親的問題，只要求不驕不溢以長守富貴、保其社稷、和其民人……諸侯的孝主要在於安分守時，以保持其地位，不可妄生他念，覬覦天子之位。這裏，維護天子權力的意思十分明顯，諸侯的『孝』，實際上就是『忠』」〔註122〕，各人恪盡自己的政治職份，本也是立身揚名以顯父母的孝行表現，所以諸侯之孝並不全然如康氏所言，是以盡全力以維護天子權力的。然而，不可否認的是，論孝行內容，卻完全著眼於政治職份範圍之闡述，康氏所謂諸侯的孝實際上是忠的說法，實也將《孝經》中所設定的諸侯孝道的本質很清晰的指認出來。

　　諸侯是天子分封至諸國的君王，對天子而言，是爲臣子；對所在國而言，是君王，其身分實兼有統治者與被統治者的雙重性質，相對於天子是爲臣下，相對於國人是君上，〈紀孝行章〉說：「事親者，居上不驕，爲下不亂」〔註123〕，居上不驕、爲下不亂，實際上就是敬重其職事、謹守其分際的表現，〈諸侯章〉中論諸侯守其富貴的根本要領、亦即諸侯孝道中最重要的根本精神—不驕不溢，便是這種敬重其職事的精神展現，呂維祺在其《孝經或問》中論諸侯之孝時指出：〔註124〕

　　　　富貴在諸侯爲最要緊，上承先業，下啓後裔，富貴可輕，社稷民人
　　　　可輕乎，且長守富貴者，在於不驕不溢，蓋就守富貴之根本言耳，
　　　　此正爲諸侯垂戒最親切。

換言之，諸侯秉持這種「戰戰兢兢，如臨深淵，如履薄冰」的精神妥善地治理國家，一方面是使其人民安居樂業，一方面則是完成天子託付予他的治國使命，而表現出對天子的忠誠與順服，這即是「居上不驕，爲下不亂」的表現，也是「事親者」該有的孝行。換言之，這裏的忠君表現，就《孝經》論孝的脈絡來說，其實還是不出行孝的範圍。而這種極具政治意涵的孝行內容，看似沾染太多非倫理的色彩，然而，這正是《孝經》在以孝治天下爲其中心意旨的論述前提下，論孝的必然發展。〔註125〕

〔註122〕參見康學偉《先秦孝道研究》，頁207～208。
〔註123〕見《孝經注疏》卷6，頁42。
〔註124〕〈論諸侯之孝〉，（明）呂維祺《孝經或問》卷2，《叢書集成新編》冊25，頁387。
〔註125〕《孝經》論各階層之孝道內容，必須置於孝治思想的脈絡下，才能得到正確

　　事實上，從〈天子章〉開始，上述這種論孝傾向便貫穿〈諸侯章〉、〈卿大夫章〉以至於〈士章〉，而成為《孝經》論孝的基調。諸侯的孝道是保有自身的富貴以治其國，安其人民。此即：諸侯對孝的體認，必須充分展現在他的治國政績上。同理可推，《孝經》在論卿大夫的孝道內容時，必然也是著重在闡述卿大夫如何盡其職份的：

　　　　非先王之法服不敢服，非先王之法言不敢道，非先王之德行不敢行。

　　　　是故非法不言，非道不行；口無擇言，身無擇行；言滿天下無口過，

　　　　行滿天下無怨惡。三者備矣，然後能守其宗廟，蓋卿、大夫之孝也。

　　　　《詩》云：「夙夜匪懈，以事一人」。〔註126〕

卿及大夫是地位次於諸侯的官吏，為輔佐天子處理天下事務的官員，各諸侯國內亦有卿大夫，不過位階比天子朝中的卿大夫低一等。《孝經》認為卿大夫的孝道在於能守其宗廟之祀，宗廟為祀先人之宮室，惟能保有己身之爵祿者，始能保有祭祀之身份並維持對其先人宗廟之該有的祭祀，古文《孝經》此句作：「然後能保其祿位而守其宗廟」〔註127〕，將文意做了更清晰的表達。而就輔佐君王治國的卿大夫而言，若要保有其爵祿，則必須恪遵先王訂定的禮法，謹守為臣的分際。至於恪守先王禮法，則可表現在對先王言行服制的追隨依從上，所謂「非先王之法服不敢服，非先王之法言不敢道，非先王之德行不敢行」也。《尚書·皋陶謨·孔傳》曰：「天子諸侯卿大夫士之服也，尊卑彩章各異，所以命有德」〔註128〕，服制既明尊卑貴賤之別，卿大夫服先王制定之服制，便是忠心臣服的外在表現；《孝經正義》亦疏曰：「云言『卿大夫遵守禮法，不敢僭上偪下』者。僭上謂服飾過制，僭擬於上也。偪下謂服飾儉固，偪迫於下也」〔註129〕，服制做為一種先王禮制的展現，卿大夫服其所當服，即是為臣應守的分際。

　　而對君王的忠心臣服，除了這種外在服儀禮制的遵循外，更重要的還是

而合理的理解與定位，後世許多學者以純倫理的角度對《孝經》論孝帶著濃厚政治色彩的情況給予猛烈的抨擊，其實都是未深刻的認識到《孝經》是以孝治天下為其根本立場及立論要旨，故這些批評看似有力，實際上對《孝經》而言卻都是失準的。

〔註126〕《孝經·卿大夫章》，見《孝經注疏》卷2，頁23～24。

〔註127〕見（漢）孔安國傳《古文孝經孔氏傳》，《叢書集成新編》冊25，頁347，台北：新文豐出版公司，民74。

〔註128〕「天命有德，五服五章哉」傳，見《尚書注疏》卷4，頁62。

〔註129〕即《孝經注疏》，引文在卷2，頁23。

內在的修爲必須符合先王言行的標準。培養符合先王禮法的言行最直接有效的方式，便是以君王所言所行爲典範而加以倣效，以先王制定的禮法爲其言行之準則，於是「非先王之法言不敢道，非先王之德行不敢行」，卿大夫所說的每一句話都合乎先王之禮法，所做的每一件事都等合道德標準，如此，便可「言滿天下無口過，行滿天下無怨惡」。言行都符合先王的禮法要求的臣子，自然會是一個盡心盡力事奉君王的臣子，〔註130〕卿大夫恪盡職守，以事其君，自然也能保有該有的爵祿，而守其宗廟，以祀先祖，這便是卿大夫所展現的孝行。

　　總而言之，〈卿大夫章〉認爲卿大夫的孝行內容是遵從先王制定的禮制法度，然後盡其心力，保其宗廟之祀，以「夙夜匪懈，以事一人」。《禮記・王制》曰：「宗廟有不順者爲不孝，不孝者君絀以爵；變禮易樂者爲不從，不從者君流；革制度衣服者爲畔，畔者君討」〔註131〕，宗廟不順、變禮易樂、改服易制者，皆是僭越犯上的舉動，故爲君王急欲征討革除的對象。〈卿大夫章〉中呈現出盡孝道的卿大夫形象，實際上都是謹言慎行地避開這些危及君王的舉動，以爲君王之順臣。而同樣的孝行特質，也同樣顯現在士的孝行內容中。

　　士是次於卿大夫的官員，其地位在大夫之下，庶人之上，是相當基層的政府官員。在論士人的孝行中，《孝經》認爲：

> 資於事父以事母而愛同。資於事父以事君而敬同。故母取其愛，而君取其敬，兼之者父也。故以孝事君則忠，以敬事長則順。忠順不失，以事其上，然後能保其祿位，而守其祭祀，蓋士之孝也。《詩》云：「夙興夜寐，無忝爾所生」。〔註132〕

很清楚的，士人之孝在於能保其祿位而守其祭祀，守其祭祀亦即諸侯之保其宗廟之意也，〔註133〕而保其祿位主要在於能以忠順之心事其君上；這份對君上的忠順之心則來自對父親的孝心，其內涵其正是前文一再重申的孝的本質—愛敬精神，惟〈士章〉在此將愛敬精神配上事父事母與事君的情感特質，而對孝進行更細緻的分別。

〔註130〕言行符合先王的禮法要求，並不意謂著對君王言行的全然認同與接受，《孝經》
　　　　中的〈事君章〉及〈諫諍章〉皆論及臣子勸諫君王之事，此待後文詳述。
〔註131〕見《禮記注疏》卷11，頁226。
〔註132〕《孝經・士章》，見《孝經注疏》卷2，頁24。
〔註133〕《禮記・王制》：「天子七廟，三昭三穆，與大祖之廟而七。諸侯五廟，二昭
　　　　二穆，與大祖之廟而五。大夫三廟，一昭一穆，與大祖之廟而三。士一廟。
　　　　庶人祭於寢。」（見《禮記注疏》卷11，頁241）

　　〈士章〉指出：事奉父親與母親在情感上的共通點在於親愛之心，事奉父親與事奉君王在心態上之共通處在於尊敬之意，而事奉父親是兼有這份親愛之心及尊敬之意的，〔註134〕以此愛敬之心去事奉父親，方爲完全之孝道。對君王長上而言，士人的忠誠順服是最重要的品德操守，而這種忠誠順服的態度則可由子女的孝行中移植過來，子女將對父親的愛敬之心轉而事奉君王長上，展現出的便是對君王長上的絕對忠順。

　　由此可推知：所謂的以孝事君，意謂著對待君王不僅要有上下尊卑間該有的敬重，更要有專屬於血親間才有的親愛情感。只是：事奉父親的愛敬是有著因血緣而產生的情感基礎，此愛敬之心來得自然且充沛；但士人之於君王，並無血緣上的連繫，〔註135〕不像諸侯或卿大夫有同姓與異姓之分，而其中同姓便是天子的宗室血親，〔註136〕與君王有血緣上的關聯。士人的孝行內容中所謂的「以孝事君則忠」，要求士人對君王盡孝，這毋寧是順理成章的將君王等同於父，要求士人視君如視父，所以，才能要求以事父之道事其君王。很明顯的，《孝經》在〈士章〉一章中，已經完全擺脫宗法制度中，因著君臣的血緣關係而造成政治與家族倫理的混同，而眞正將孝由親子間的倫理移轉換成對君王的政治倫理了，這是《孝經》論孝的一大突破，也是《孝經》論孝的特出之處。

　　〈事君章〉在描述臣子事君具體作爲後，引《詩經‧小雅‧隰桑》的詩句作結曰：「心乎愛矣，遐不謂矣，中心藏之，何日忘之」〔註137〕，也明白指出臣子事君不僅是要竭智盡忠，最重要的是要永遠保有對君王效命的熱忱，而這份永不衰竭的熱忱，事實上便是來自臣子視君如父所產生源源不絕的親

〔註134〕父母爲雙親，事之應無二異，然此言資於事父以事母而愛同，看似愛母原有不足之處，關於此點，呂維祺曾指出：「人子愛親之心，皆出天性，有何不足必待資取？葢言愛母之愛與愛父之愛雖一，而愛母之愛，世或有流于狎恩恃愛而不自覺者，惟事父之愛，便有嚴敬之意存于愛中，取此以事母，乃爲眞愛至愛耳。謂資于事父以事母，非謂資於愛父以愛母」（〈論士之孝〉，（明）呂維祺《孝經或問》卷2，《叢書集成新編》冊25，頁388）。

〔註135〕瞿同祖於其《中國封建社會——周代社會組織》中舉《管子‧大匡》及《論語‧雍也》之文爲證，說明舉士有兩種途徑，一是出於地方官吏之薦進，一是出於卿大夫的徵召。但無論是何種進途，士人皆非宗室貴族，與貴族無血親關係。

〔註136〕《孟子‧萬章下》孟子爲齊宣王論卿之時，即指出有貴戚之卿與異姓之卿。（見《孟子注疏》卷10下，頁188～189）

〔註137〕見《孝經注疏》卷8，頁52。

愛之情。而君王對臣子的意義，從此有了父親的涵義；如此一來，竭盡心力以愛敬君上，便如事親一樣是天經地義，不容質疑。「以孝事君則忠」的「忠」也不再是盡己之意，而專指事君的忠心而言，是一種純粹的政治情操，此亦即所謂的「移孝作忠」。這種變化孝道的本質而爲事君的忠道，在天子、諸侯及卿大夫階層，尚有血緣宗法關係以爲障蔽，模糊掩蓋了這種質變，但到了士人階層，便十分清晰地呈現出來了。這種孝的質變，其實也正突顯了《孝經》孝治主義的特色：先王欲以孝治天下而施行孝德教育，也設定各階層人士的行孝內容以做爲相應之孝治措施。而各人行孝內容除了消極地善事父母、以爲君之順民外，必然得有更積極的作爲以配合君王的政治運作，尤其是統治階層更需如此，而孝德便在這種前提之下，積極地往君王靠攏，最終變成事君的忠德。這種「移孝作忠」的倫理轉化，成爲諸侯、卿大夫及士這些兼具統治者與被統治者雙重身份者孝行內容最強烈的特徵。

在封建體制之下，繼諸侯、卿大夫、士之後，剩下的便是屬於完全被統治的平民階層了。平民因其身份權能只限於一己一家，故其孝行主要是以父母爲對象：

用天之道，分地之利，謹身節用，以養父母，此庶人之孝也。〔註138〕

庶人階層是一國中人數最多的階級，其中大致又可細分爲士民〔註139〕、農民、工人及商人四民，當然，在當時的農業社會中，農民是佔全人口數的絕對多數的，故〈庶人章〉論庶人之孝時，惟言庶人應「明天之道，分地之利」，即配合自然四時的節氣變化，按時耕作，並分辨土地的好壞肥瘠，善加利用，努力生產。農民雖處平民階級，然自天子諸侯以至於其餘庶民，皆靠他們的生產而活，故農民分地之利，各盡其宜，以盡力耕作，對整個國家社會的安定富庶而言，無疑是一股相當重要的力量。而專就庶人的孝道來說，努力完成自己的工作，並謹慎其行爲，節約一切花費用度，這些都是爲了要能好好的奉養父母親，使之衣食不虞匱乏，聲名不致受損。庶人之孝，雖以奉養父母爲最終目的，但各人各自善事父母，使家族和睦，也能起著維護社會安定和諧的作用，從統治者治國的角度看來，這樣的孝行無疑也有其政治層面上的貢獻，而有了政治倫理的價值。

〔註138〕《孝經·庶人章》，見《孝經注疏》卷3，頁27。

〔註139〕此士民並不同於上述的士人，事實上，這些士民是士的預備階級，致力於政事學問，以備諸侯卿大夫的擢用。故尚未有官祿，仍屬於被統治的平民階層。（瞿同祖《中國封建社會——周代社會組織》，頁221～223）。

在分層論述了天子以下的諸侯、卿大夫、士、庶人等各階層的孝行內容後，可以發現：各階層的孝道皆以其政治職份為主要內容，尤其是政治關係密切的統治階層，更是如此。無論是諸侯的長守富貴以保其社稷、卿大夫服先王之法服、道先王之法言、行先王之德行以守宗廟，或是士人以忠順事其上而保其祿位、守其祭祀，都是以政治表現做為主要的孝行表現的，而這也正是孝治主義下論孝的必然結果。

2. 天下人共通之孝行

而撇開以政治職份為分類標準所規範的各階層孝行，《孝經》也根據共通的人性、共同的道德標準來解釋、宣傳孝道，這是屬於孝的通論，是適用於所有人的共通孝行。而既然是以人性為出發點，則這些孝行便較能貼近孝之為孝的本然面目，能較扣緊親子的倫理關係而多言事親之事：

> 子曰：孝子之事親也，居則致其敬，養則致其樂，病則致其憂，喪
>
> 則致其哀，祭則致其嚴，五者備矣，然後能事親。〔註140〕

所謂〈紀孝行章〉，即是記載孝子在侍奉雙親時應當做到的具體事項，其內容包括日常家居時，要以誠敬的心看顧父母；在飲食生活的奉養時，要保持和悅愉快的心情去服事；父母生病時，要懷著憂慮的心去照料；父母過世了，要竭盡哀慟之情來料理後事；最後，在祭祀父母先人時，要以嚴肅的心情去追思先祖，並遵守禮法以祀之。身為子女，事奉父母至少要符合上列要求，才能算是盡了子女的責任。很明顯的，從平時敬養父母，到父母生病、死亡以至於祭祀的處理，這些孝行的內容都是對雙親身心的照料，是孝道在日常生活層面的落實，盡孝的目的簡單而明確，孝行的方式直接而可為，所以只要是為人子女，上自天子諸侯，下至平民百姓，這些都是可以且必須做到的孝行。而這些對事親的要求，其實在《論語》與《禮記》中都已有大量論述，《孝經》的觀點無疑是承繼了儒家事親的主張的。

但值得注意的是，儒家在論孝行時，十分重視為死者送終，在許多情況下，治喪也都被特別單獨提出，成為一件十分重要的人生大事，如孔子自言其庸行時，說：「出則事公卿，入則事父兄，喪事不敢不勉，不為酒困，何有於我哉」〔註141〕，即是將治喪特別提出而與其他重要的行事並列；又林放問禮之本，孔子將禮與喪對舉〔註142〕；孟子也表示：「養生者不足以當大事，惟

〔註140〕《孝經·紀孝行章》，見《孝經注疏》卷6，頁27。
〔註141〕《論語·子罕》，見《論語注疏》卷9，頁80。
〔註142〕《論語·八佾》：「林放問禮之本，子曰：『大哉問！禮與其奢也，寧儉；喪與

送死可以當大事」〔註143〕；《孝經》既是承襲了儒家論事親孝行的傳統觀念，自然也會特別重喪。〈紀孝行章〉中羅列了五種事親該注意的事項，仔細檢視這五者，嚴格說來，其實也都只是原則性的指導，旨在教導人民要以和悅謹慎的態度善事父母。然而，在這五者中，惟獨關於該如何「喪則致其哀，祭則致其嚴」，《孝經》倒另闢專章做一步的具體闡述：

> 子曰：孝子之喪親也，哭不偯，禮無容，言不文，服美不安，聞樂不樂，食旨不甘，此哀戚之情也。三日而食，教民無以死傷生，毀不滅性，此聖人之政也。喪不過三年，示民有終也。為之棺、槨、衣、衾而舉之，陳其簠簋而哀感之，擗踊哭泣，哀以送之；卜其宅兆，而安措之；為之宗廟，以鬼享之；春秋祭祀，以時思之。生事愛敬，死事哀感，生民之本盡矣，死生之義備矣，孝子之事親終矣。〔註144〕

〈喪親章〉認為：孝子在父母親喪亡時，哭得氣竭力哀，舉止行為失去了平時的端正禮儀，言語也沒有條理修飾，穿上華美的衣服，內心會感到不安，聽到美妙的音樂、吃到美味的食物，也都無法享受，這些異於平時的言行感觸，全是因為喪親而自然產生的哀傷表現。《禮記‧間傳》指出：「斬衰三日不食，齊衰二日不食……此哀之發於飲食者也」〔註145〕，喪親者因悲慟而無法有正常飲食，這是十分自然的現象。不過，哀傷過度也是不合宜的，聖人制喪禮，本來就是要尋求一個中庸之道，使人們透過合宜的管道發抒喪親時強烈的悲傷，以繼續往後的生活，並藉此維持社會的正常運作。所以，就維持生機最重要的飲食而言，聖人之教規定人民喪親三日後，就要恢復正常的飲食，切不可因此而以死傷生，毀身滅形，《禮記‧喪服四制》因此制禮曰：「三日而食，三月而沐，期而練，毀不滅性，不以死傷生也」〔註146〕，聖人制禮為政之旨，再清楚不過了。至於喪期方面，所謂「喪不過三年，示民有終也」，也是同樣的立意。孔子在批評宰我之論喪期時曰〔註147〕：

> 夫君子之居喪，食旨不甘，聞樂不樂，居處不安，故不為也……子生三年，然後免於父母之懷。夫三年之喪，天下之通喪也。

　　其易也，寧戚。』」（見《論語注疏》卷3，頁26）
〔註143〕《孟子‧離婁下》，見《孟子注疏》卷8上，頁144。
〔註144〕《孝經‧喪親章》，見《孝經注疏》卷9，頁55～56。
〔註145〕見《禮記注疏》卷57，頁955。
〔註146〕見《禮記注疏》卷63，頁1033。
〔註147〕《論語‧陽貨》，見《論語注疏》卷17，頁158。

《禮記‧三年問》亦曰：「夫三年之喪，天下之達喪也」〔註148〕，可見三年之喪，早已是天下之通喪，三年之喪，不可不服，然而，服喪超過三年亦不可。孔子責難宰我，是從服喪以表達哀思的面向來詮釋三年之期的必要，而《孝經》則是從社會運作、生命存續的角度，闡明三年之期的不可過。由其立論側重點的不同，可看出《孝經》之論喪禮不僅重其抒發哀戚之情，更兼重喪禮立制背後所建構的社會秩序。故孝子哭不偯、禮無容、言不文、服美不安、聞樂不樂、食旨不甘，雖是「喪則致其哀」最具體的情緒與言行的表現，然而，在理喪時還得要確實遵守禮制的規範，不要太過也不能有所不足，只有合禮地表現其哀慟，才能算是真正將「喪則致其哀」化為「事親」而展現出來。

　　而在悲慟情緒稍微平復之後，孝子即需打起精神，面對該處理的喪葬祭祀的事宜。於是，準備好棺槨等入斂用具，將祭祀的物品放置妥當，依禮將遺體入斂，接著才懷著悲痛的心情出殯送葬；至於安葬的墓穴、陵園，也要經過仔細的占卜挑選，以免日後墓地發生變故而干擾死者。安葬完之後，要將父母的神魂迎回宗廟，並供奉祀品，依時祭祀，以表達對父母的哀思。這一整套嚴謹細密的儀節，與儒家其他經典如《儀禮》《禮記》等，共同總結了古代喪祭的禮儀，而形成中國傳統的喪葬、祭祀思想和與之相應的制度。如何「祭則致其嚴」，這些祭祀先祖的具體規範，就是最佳的說明。

　　《孝經》於〈紀孝行章〉中羅列孝子五種事親的孝行，而〈喪親章〉中更進一步具體表述其中關於喪祭的禮儀及應注意的事項，足見《孝經》沿襲了儒家論禮的精要，認為事親不只是於其生時事之以禮，於其死後亦要葬之以禮、祭之以禮，將事親的範圍擴大到父母死後的、無限期的祭祀與追念，所謂「生事愛敬，死事哀感，生民之本盡矣，死生之義備矣，孝子之事親終矣」，這是為人子女在照料父母起居生活、陪伴父母渡過每段生命歷程時，必須抱持的態度和該盡的義務。而惟有如此，才是完整盡了事親的孝道，也才能算是一個懂得事親的人。儒家重視喪禮祭禮，多少也是由於喪祭禮對於社會的教化功能，曾子已明白表示：「慎終追遠，民德歸厚矣」〔註149〕，《孝經》論禮重喪祭，雖可視為是直接承襲儒家禮論的特質，但是，若扣緊整部《孝經》的立論宗旨與問題意識，《孝經》這種對喪祭的重視，似乎也是對儒家禮論一種有意識的擇取。

〔註148〕見《禮記注疏》卷58，頁962。
〔註149〕《論語‧學而》，見《論語注疏》卷1，頁7。

而關於通用的孝行部分，除了上述以照料父母飲食起居、身體安危爲主要內容的孝行之外，〈紀孝行章〉接著更引申地論到能做到合乎上述孝行作爲的事親者，在其他行爲方面的表現：〔註150〕

> 事親者，居上不驕，爲下不亂，在醜不爭。居上而驕則亡，爲下而
> 亂則刑，在醜而爭則兵。三者不除，雖日用三牲之養，猶爲不孝也。

人民的身份一旦跨出家庭，便是以其社會職事來定位，這當然又與政治有著密不可分的關係了。故若以政治職位來分，天下人不是在上位者，便是爲下位者，或者，是兼具兩種身份的中間統治階層，〈孝行章〉於是叮囑說，在社會之中身居高位者，千萬不可驕縱恣肆，太過驕傲自大足以招致敗亡；而爲人臣下者，也不該犯上作亂，爲非作歹也是會受到刑罰的；至於與同輩相處，則不可每事爭奪，否則就會容易動干戈而相互殘殺。爲人子女者該依據自己的社會身分而有所警惕，避免做出上述三種會危及己身生命安全、而讓父母擔心的行爲。如果太過驕恣、悖禮犯上或是專事爭奪而招致危險，讓父母無法安心，那麼，即使是用再好的食物供養父母，也是不孝。換言之，奉養父母不只要養其身，也要養其心，所謂養其心者，即是善盡自己的政治職份，遵循既定的規範，不驕不亂不爭，在現存體制下扮安分守己、盡忠職守，不管是何種身份、何種位階，皆不使父母憂心。這個部分的孝行，雖說是通論，適用於所有人，不過，已經較脫離了前述以家居生活爲主的孝行範圍，而又與天子、諸侯以至於庶人的五等之孝有較密切的關連了。

從上述所論不難發現到：從論天子之孝、諸侯之孝、卿大夫之孝、士之孝、庶人之孝，一直到〈孝行章〉之通論孝道，《孝經》其實都是反覆地從不同角度強調在這套政治體制下，個人謹守分際、恭順服從以配合政治運作的重要，而這些品德操守的培養也完全涵納到對父母盡孝的德目之下，《孝經》將侍奉父母的孝道與侍奉君王的臣道互相滲透而融合起來。然而，必須釐清的是，《孝經》雖強調順服父母、君上的重要，但它並不是提倡完全不加思考的愚孝愚忠：

> 曾子曰：「若夫慈愛、恭敬、安親、揚名，則聞命矣。敢問，子從父
> 之令，可謂孝乎？」子曰：「是何言與，是何言與！昔者，天子有爭
> 臣七人，雖無道，不失其天下；諸侯有爭臣五人，雖無道，不失其
> 國；大夫有爭臣三人，雖無道，不失其家；士有爭友，則身不離於

令名；父有爭子，則身不陷於不義。故當不義，則子不可以不爭於

父；臣不可以不爭於君；故當不義則爭之。從父之令，又焉得爲孝

乎？」〔註151〕

《孝經》透過孔子與曾子的問答，提醒爲人子女在順事父母時另一項需要的原則：當父親有不義的行爲時，爲人子女者應該直言勸阻，不可一味盲從。《孝經》認爲：古時天子身邊有直言勸諫的臣子，即使天子本身暴虐無道，也不致失天下；諸侯身旁有直言勸告的臣子，即使大夫本身不守臣道，也還不致於亡國；士人若結交能直言勸告的朋友，便能藉之隨時修正自己的言行，而保有好的聲名；同樣的，若父母有能直言勸諫的子女，就可避免犯下錯誤，以免做出不義的事情來。由此看來，直言勸諫是爲人子女的責任；可見事奉父母不但要以親愛爲其情感基礎，以尊敬爲其對待態度，更是要以理義爲其行事的依據及歸趨。在儒家一片順事父母、順事君王的聲浪中，〈諫諍章〉中強調的「從義不從令」的精神，毋寧是十分可貴的。這種精神，在先秦以孔孟爲主的傳統儒家中，雖可找到一些相似的成份，然而，這仍與《孝經》「不義則爭之」的據義力爭有著本質上的差異。孔子說：「事父母幾諫，見志不從，又敬不違，勞而不怨」〔註152〕，已經提示子女對父母的言行可以加以審視，並委婉勸諫父母，但若父母不接勸諫，子女內心雖然十分擔憂，但最終還是不得違逆父母；曾子則說得更仔細：

父母之行，若中道則從，若不中道則諫，諫而不用，行之如由己。

從而不諫，非孝也；諫而不從，亦非孝也。孝子之諫，達善而不敢

爭辨。〔註153〕

父母的行爲若合乎正道，子女便順從他們；若不合正道，子女則該進行勸諫；勸諫若不爲父母所取用，還是得照父母的意思去行事；因爲，孝子的勸諫，旨在表達善的道理，而不是力爭強辯；故一味盲從父母而不加勸諫是不孝，而勸諫之後父母不聽勸卻仍堅持己見，忤逆父母，這也是不孝。到了孟子，甚至更保守地認爲「父子之間不責善，責善則離，離則不祥莫大焉」〔註154〕，這與孔子「父爲子隱，子爲父隱，直在其中矣」〔註155〕都是相同的原則與考量。

〔註151〕《孝經・諫諍章》，見《孝經注疏》卷7，頁48。

〔註152〕《論語・里仁》，見《論語注疏》卷4，頁37。

〔註153〕《大戴禮記・曾子事父母》，見（清）王聘珍《大戴禮記解詁》卷4，頁86，北京：中華書局，1983.

〔註154〕《孟子・離婁上》，見《孟子注疏》卷7下，頁135。

〔註155〕《論語・子路》，見《論語注疏》卷13，頁118。

父子之間最重要的是基於血親的情感連繫，任何德目之培養都必須以不破壞此感情狀態爲其基本前提，這是以孔孟學派爲首的傳統儒家對父子諫諍的根本看法。然而到了荀子，對於諫諍一事，他已經轉而採取了較爲強硬的態度：

> 昔萬乘之國有爭臣四人，則封疆不削；千乘之國有爭臣三人，則社稷不危；百乘之家有爭臣二人，則宗廟不毀。父有爭子，不行無禮；士有爭友，不爲不義。故子從父，奚子孝？臣從君，奚臣貞？審其所以從之之謂孝，之謂貞也。〔註156〕

這段與《孝經・諫諍章》十分相似的文字，明確表示子事父、臣事君必須審其所以而後從之；國君有敢於直言勸諫的臣子，遂能修正自己的施政而保其國祚。父有直言勸諫的子女，遂能不行無禮。荀子雖未具體指示實際勸諫的方式爲何，但從被勸諫的人皆能不致淪於惡行而有惡果的情況來看，勸諫的人皆以達成勸諫目的爲最終目標，反觀孔孟曾子似乎求各人自盡其進諫責任與心意，若被勸的君王父母不聽勸，則爲人臣下子女者最後還是得屈服順從。相形之下，荀子對道義的重視是更甚於對親子私情的維護的，所以他也更明白地表示：

> 入孝出弟，人之小行也；上順下篤，人之中行也；從道不從君，從義不從父，人之大行也。若夫志以禮安，言以類使，則儒道畢矣，雖舜，不能加毫末於是矣。〔註157〕

荀子在其〈性惡篇〉中曾表示：「孝子之道，禮義之文理也」〔註158〕，孝子所盡的孝道，既是依禮義文理而成，故人子事親自然是當「從義不從父」的了；對於荀子而言，這種重義輕情才眞是孝的內涵，而這個思想成份也被《孝經》吸收，成爲《孝經》論孝的一個重要精神。

　　〈諫諍章〉中孔子回答曾子有關「子從父之令」的問題中，首先從君、諸侯之臨朝與士之交友皆有爭臣爭友等例說起，類推說明爲父者亦要爭子，這實際上是暗用列舉的方式再一次將君臣關係類比於父子關係，而模糊了兩者之間在關係本質上的不同分際。於是，子之事父，猶臣之事君；君有爭臣，父亦要有爭子；故當不義，臣不可不爭於君，子亦不可不爭於父。關於臣子侍奉君王的態度，在〈事君章〉有更明確的描述：〔註159〕

〔註156〕《荀子・子道》，見《荀子集解》卷20，頁530。
〔註157〕《荀子・子道》，見《荀子集解》卷20，頁529。
〔註158〕見《荀子集解》卷17，頁437。
〔註159〕見《孝經注疏》卷8，頁52。

> 君子之事上也，進思盡忠，退思補過，將順其美，匡救其惡，故上
> 下能相親也。

〈事君章〉指出：君子之侍奉君王，在朝廷之中要竭盡忠誠，謀劃國事；退居在家，心中所想的也是如何補救君王施政的過失。君王的政令若是正確，就遵照著執行；若君王的行爲有了偏差，便要設法制止，加以糾正；而這正是〈諫諍章〉中所言的「故當不義……臣不可以不爭於君」〔註160〕。總之，凡天下之爲人臣下者，對其君上皆有諫諍的責任；同樣的，凡天下之爲人子女者對其父親也有這種責任。但重要的是，臣子「退思補過」、「匡救其惡」的舉動，基本上也必須站在維護君主治國利益，惟有如此，君臣共同爲一個目標而努力，才是眞的「上下能相親也」。換句話說，扣緊《孝經》爲君主治天下而立論的孝治觀點來看，這個惟一可能引起父子之間衝突的「義」，必然也是以君王的利益爲其價值取向的。因爲，孝治主義主要是君王藉著孝德教育以及相關的施政以治天下，希望天下人皆能行孝以配合治國，其最後的目的不是成就個人的孝德孝行，而是成就君王治理天下的宏圖大業。極端來說，天下人的行孝只是一種手段，一種達到國治天下平的途徑。在這個行孝以治國的過程中，親子的情感關係無疑是被置於次要順位，君王治國的利益才是最優先的考量，所謂「故當不義則爭之」，爭之是爲了使君、父的行爲能符合更高層次的要求，那就是君王治國的要求。

　　總而言之，孝治主義具體的實施內容，除了天子本身盡孝以爲天下人行孝之典範，並落實孝德教育外，諸侯、卿大夫、士、庶人等各階層人士皆須有相應的孝行作爲，也是天子孝治內容十分重要的部分。而除了以日常家居生活爲孝行範圍的事親活動外，大部分的孝行也做爲天子孝治主義的一種積極回應，而帶有強烈的政治意味。由此看來，天子的孝治主義必也得嚴格要求天下眾人的配合，才得收其最佳成效。

〔註160〕見《孝經注疏》卷7，頁48。

第四章　《孝經》孝治思想之特色

　　孝治思想自孟子思想脫出，經過荀子思想的補強後，成熟於戰國末期。孝治主張之所以能在戰國亂世時，從儒家傳統的德治主義中，以孝為號誌，獨樹旗幟，並對後世的思想與制度產生相當深遠的影響，其論孝、論政治必有其獨特之處，而能從於當時其他眾多政治主張勝出，這便是《孝經》孝治思想的特色。

第一節　凸顯天子孝道之至上性

　　在上一章節中，我們歸納出《孝經》論孝的脈絡，是一方面從共同的人性立說，以共同的道德標準為孝德進行義界，將孝歸還於人性之所共然處，人人皆得實踐之。而另一方面，《孝經》又從天子孝治的角度，依封建社會的階層制度，將人依政治身份分為五等，分別詳述天子之孝、諸侯之孝、卿大夫之孝、士之孝及庶人之孝的具體內容。就前者來說，這樣的孝行內容，從居家時的躬身事親、居致其敬、養致其樂、病致其憂、喪致其哀、祭致其嚴，到各盡其社會職份，居上不驕、在下不亂、在醜不爭的恪守其為君為臣之分際，只要肯盡心力為之，皆力有所逮也，無不能踐履之事，此所謂「故自天子至於庶人，孝無終始，而患不及者，未之有也」〔註1〕是也。而就後者來說，雖然各階層該盡的孝道內容皆不相同，不過，盡孝之理則皆是立身行道、盡其職守以守祭祀、以奉父母，此即唐玄宗〈孝經序〉說：「雖五孝之用則別，而百行之源不殊」〔註2〕也，邢昺《孝經正義》更疏解曰：〔註3〕

〔註1〕《孝經·庶人章》，見《孝經注疏》卷3，頁27。
〔註2〕見《孝經注疏》，頁9。
〔註3〕即《孝經注疏》，引文在頁9。

> 五孝者，天子、諸侯、卿大夫、士、庶人五等所行之孝也。言此五
> 孝之用，雖尊卑不同，而孝爲百行之源，則其致一也。

《孝經》論孝，自天子至庶人雖因職份等差而有不同的孝行內容，然若就行
孝此點而言，則各人皆不過是盡一己之孝，並無高低尊卑之分；並且，重要
的是，各人所遵循之孝行原理亦只有一種，此即是〈開宗明義章〉所提示的
孝道：〔註4〕

> 身體髮膚，受之父母，不敢毀傷，孝之始也；立身、行道、揚名於
> 後世，以顯父母，孝之終也。夫孝，始於事親，中於事君，終於立
> 身。

謹言慎行，善加保養自己的身體，這是眾人行孝的開始；接著，修身養性，
行事遵守正道，建立功業以揚名於後世，使父母榮耀顯赫，這便是行孝最完
滿的境界了。所謂行孝的共同進程，是先從侍奉父母做起，進而移孝作忠，
效忠君王，而終能立身行道，卓然挺立於天地之間。普天之下，除了天子是
無君可事之外，其餘所有人欲盡孝道，皆是循此進程而展現他們的孝行；但
即便是天子，事親、行道及立身之事，亦是天子行孝的重要內容及要求。所
以，總的來看，〈開宗明義章〉所揭示的孝道，是全天下人可以共同奉行的孝
行內容。邢昺疏解此段經文時也表示：〔註5〕

> 夫爲人子者，先能全身而後能行其道也。夫行道者，謂先能事親，
> 而後能立其身。前言立身，〔末〕（未）示其跡，其跡始者，在於
> 內事其親也；中者，在於出事其主，忠孝皆備，揚名榮親，是終於
> 立身。

只要是天下爲人子者，不管是天子或者黔首，都要遵從這個在內事親、在外
事君的行孝原理來踐履孝道。故各人的孝行內容雖不盡相同，而其盡孝之原
理則一也，這是歷來許多學者論《孝經》五等之孝時不忘強調的特徵，如簡
朝亮於《讀書堂答問‧孝經》中即指出：「其分言五孝，尊卑之分雖有異，而
孝之理則無異而可互通也」〔註6〕。從這個角度來看，天子、諸侯雖然在政治
身份上高出庶人許多，但論起爲人子所應盡孝之義務，天子可是與萬民一樣
責無旁貸，都需全其身而行其道，就這一點上，高高在上天子與萬民眾庶都
有著相同的立足點，這是《孝經》論孝時最原初的特色。

〔註4〕見《孝經注疏》卷1，頁11。
〔註5〕即《孝經注疏》，引文在卷1，頁9。
〔註6〕附於前引簡朝亮《孝經集注述疏》後，頁32。

就孝道之實踐而言，天子至庶人皆遵從同一套孝行原理來盡孝，然而，必須留意的是，《孝經》的中心旨意是天子孝治天下，書中所論的孝道主要還是針對這個核心問題意識所做的回應，儘管各人盡孝的內容不同，其孝行主要目的還是朝著天子孝治的目標輻湊。所以，論《孝經》的孝道思想，須以孝治思想做為理解脈絡去釐析，始得其真正之內蘊。而若扣緊孝治思想以言天子以至於眾人的孝道，吾人實可更進一步發現：雖然每一階層的孝行原理皆一，但天子孝道的位階在理論上實是高於他人孝道的位階。

論天子之孝與他人之孝的差別，最明顯的莫過於行孝對象及功效範疇的不同。〈天子章〉中規定天子行孝首在「愛敬盡於事親」〔註7〕，其行孝對象先鎖定天子本人的父母，但孝敬雙親最重要的目的，則在之後的「德教加於百姓，刑於四海」〔註8〕，由此看來，天子行孝的主要目的是在成為四方之典範，以便依此推行教化；在這個意義上，天子行孝時所要考量的對象，已不單單是父母二人，而是涵蓋整個天下萬民的，而其行孝之功效也是普及全天下的；天下人行孝與否，全依賴天子行孝與否、推廣與否；〔註9〕〈天子章〉結尾時引《尚書·甫刑》「一人有慶，兆民賴之」〔註10〕作結，其實已為天子孝道的重要性與影響力做了最佳的註腳。

而自天子之下，從諸侯、卿大夫、士以至於庶人階級，各階級的行孝範圍，隨著位階的遞降而呈現逐漸縮小的趨勢：諸侯行孝旨在保其社稷、和其民人；卿大夫行孝則在守其宗廟；士人行孝則在順事其君，以保其祿位而守其祭祀；至於庶人，行孝只在謹身節用以養父母。很明顯的，各階層是以其政治職分為其行孝的範疇，故政治地位愈高，背負的政治權責愈重，其行孝的範疇便愈大，行孝影響所及也就愈深遠，反之亦然。換言之，就政治職權來說，天子掌管的範圍是全天下之萬事萬物，於是他以全天下為範圍的孝行內涵，較之他人，自然也是最為豐富寬廣的；說得更具體些，天子之孝行，不只可以成為他人效法學習之對象，其孝道之內蘊，更是可以涵蓋其他階層的孝道內容的；近人陳柱說得好：〔註11〕

〔註7〕見《孝經注疏》卷1，頁11。
〔註8〕見《孝經注疏》卷1，頁11。
〔註9〕這裡所謂的天下人，是指天子之外的所有人，包括同樣是統治者的諸侯卿大夫等階層。
〔註10〕見《孝經注疏》卷1，頁12。
〔註11〕參見陳柱《孝經要義》，頁30，上海：商務印書館，民25。

> 孝之分五等者，以人之職位不同而力之所及者有異也。如〈天子章〉
> 「愛敬盡於事親，而德教加於百姓，刑於四海。」士庶人之職位，
> 焉能爲之？然小固不可以兼大，而大則實可以包小，〈庶人章〉云：
> 「用天之道，分地之利，謹身節用，以養父母，此庶人之孝也。」
> 而職位高於庶人者，豈遂不當如此邪？蓋「用天之道，分地之利」，
> 若爲庶人之事，則庶人親行之而已。若爲一國之首領，則當教民以
> 生產之道，裕民所生產之財。雖不必己身躬爲之，而能用天之道，
> 分地之利，則一也。

天子之孝行爲天下之典範，意味著天下人在落實孝道時，必可從天子的孝行中取得可供遵循的準則、吸取可供發展的養份；反過來說，天子的孝行是天下人孝道的高度濃縮，而以更精煉而宏大的形式表現出來，如陳柱舉庶人「用天之道，分地之利」爲例，指出天子雖不致躬耕壟畝之中，但身爲統治萬民、掌理天下生計的統治者，天子必須教導人民依時耕作，分土地之良窳，以增加庶民的收益，而使天下富庶豐饒；換個角度來看，這何嘗不是天子「用天之道，分地之利」的表現？又如諸侯、卿大夫、士人孝行中有修德養性，保其祿位以守其祭祀，在〈孝治章〉中也指出天子以孝治天下，是必須修其敬德，以「有覺德行」而順四國的〔註12〕。由此可知，天子之孝，實可包涵其他階層人士的孝道的。

　　再者，自天子以至於庶人，雖然都是秉持同樣的孝行原理以盡孝，然而孝治主張是屬於政治統御之事，天下治平與否，有著十分現實的考量，而做爲治理天下的手段，「孝」在此已帶有相當功利的工具性意義，扣緊《孝經》欲以孝道順治天下的目的而言，何人的孝道實踐功效愈廣，影響力愈大，對治國平天下的貢獻愈多，其價值也自然愈高。而由上段的梳理可知，在所有實踐孝道的主體中，居於政治金字塔頂端的天子具備最深遠的影響力的；於是，天子的孝道在孝治主張的實際考量脈絡下，毋寧是有著至高無上的價值的；換言之，天子之孝在所有的孝道中是有其至上性的。唐宇元指出：「天子之孝的至上性，是體現天子是全國大族長的至上地位，體現國家統一和君主專制的絕對性。可以看出，《孝經》是把情感性的倫理，與政治性的國家統和君主專制統貫起來」〔註13〕，唐氏的說法是從封建社會及宗法制度著眼，說

〔註12〕見《孝經注疏》卷4，頁34引《詩經》語。
〔註13〕參見唐宇元《中國倫理思想史》，頁103，台北：文津出版社，民85。

明天子因著族長的身份，處於家族倫理的最高地位，故其孝道是有無可取代的至上性的。這樣的說法固然不錯，但是封建社會與宗法制度做爲《孝經》論述的基本時代背景，它從制度面上給予天子孝道的肯定只能是平面的、消極性的；而眞正能夠賦予天子之孝最高價值、最積極的肯定的，是《孝經》孝治主張中最現實的治世考量與要求；因爲天子盡孝可安邦定天下，故就孝治思想而言，天子之孝因著這份行孝的最大效益而具有實踐的優先性，而這種優先性也正好反過來強調了天子之孝的重要性和實施的必然性，成就了天子之孝至高無上的地位。曹元弼於其《孝經學》中認爲「天子之孝，人之所以參天地也；庶人之孝，人之所以異於禽獸也」〔註14〕，不但是從天子與他人孝行意義的根本差異上立論的，實則也暗示了天子孝道的效用與價值是遠高於其他階層的。

其實，早在《孝經》成書之前，天子之孝之大的思想，便已有些許萌芽的跡象。如孟子在論舜與瞽瞍之間的君臣父子關係時就曾表示：〔註15〕

孝子之至，莫大乎尊親；尊親之至，莫大乎以天下養。爲天子父，

尊之至也；以天下養，養之至也。

孟子認爲：孝子的極致，莫過於尊敬父母；而尊敬父母的極致表現，莫過於以善治天下的政績來光耀父母，以爲奉養。舜當上天子，讓瞽瞍成爲天子的父親，可說是尊敬之極；善治天下以奉養瞽瞍，可說是最高級的奉養了。這是孟子回應咸丘蒙之問舜爲天子，其父瞽瞍何以不能爲臣的答案，旨在說明天子之父不需爲臣的理由。雖然，孟子並未拿天子之孝與他人之孝做對比，但孟子提出愛敬父母的最高表現，是善治整個天下以爲奉養的實質內涵，讓父母享有最高的聲譽、最高的名望的說法，其實已指出這種以天下養父母的孝道，是最高等級的孝道。舉凡天下人之盡孝，亦單單只有天子才能坐擁天下，以天下養父母；換言之，孟子這段談論天子盡孝的言論，實已對天下人的孝道做了價值判斷，而以天子之孝爲天下人盡孝的最高表現。

不過，值得注意的是，同樣是肯定天子之孝的至上性，孟子肯定的原因著重在以天下的名份可以給予父母至高無上尊榮，〔註16〕而《孝經》則是應

〔註14〕參見（清）曹元弼《孝經學》卷2，頁624，收於《續修四庫全書》冊152。
〔註15〕《孟子・萬章上》，見《孟子注疏》卷9上，頁164。
〔註16〕孟子在此段引文之後，即引《詩》曰：「永言孝思，孝思維則」，似乎說明前段論天子之孝的意義重在成爲天下人敬親愛親的典範。然而，就此整章咸丘蒙與孟子的問答看來，整章的大旨是在論君臣父子大倫，故扣緊全篇的文意，

孝治之需而賦予天子之孝最高的位階；兩者對天子孝道的肯定雖一，而背後的支持因素卻各異。故嚴格說來，孟子這種提昇天子孝道的說法，並不能視爲《孝經》重視天子之孝的思想源頭。只能說，孟子從其他的角度碰觸到孝道價值的問題，而以天子之孝道爲孝道的最高表現罷了。

其實，更進一步來看，天子之孝既是在孝治思想的脈絡中才得其完全之價值，故當孝治思想尚未完全發展成熟時，天子之孝亦不能眞正得其如實至上的地位。孝治思想由孟子學說脫出成形，經過荀子思想的補強，才於戰國末期完全成熟於《孝經》一書，至此，各階層孝道價值的等差性也才透過《孝經》中成熟的孝治思想而得到完整的展現。換言之，從孝治思想來論孝道價值的等差性，可說是《孝經》獨特的見解；天子之孝至此終於得到了最高價值的認定，奠定了五等之孝中最無可替代的崇高地位。這是《孝經》孝治思想之論各階層孝道最重要的特色之一。〔註17〕這種對於天子之孝的高度肯定，與當時急爲世用的學術風氣，應有極密切的關聯，因爲，惟有將天子之孝提升到最高的理論高度，賦予最大的政治功效，才能鼓勵君王採用孝治主義以治國平天下；如此一來，也大大增加了孝治主義見用於世的可能性，而眞正具有實踐的機會。

〔註17〕 孟子之論天子的孝是孝之至者，仍是在強調天子是用天底下最大的奉養在侍奉雙親，故雖天子爲君，其父仍是以之爲子。（見《孟子注疏》卷9上，頁164）就實際的政治運作而言，既已確定天子之孝的重要性與至上性，那麼，如何確保天子必然會行其孝道，就是一個十分重要的政治課題。然而，在《孝經》中，這個重要的課題並沒有得到任何討論。但這其實是不難理解的，因爲就《孝經》的脈絡而言，這個問題是可以不成立的：天子是稟承天命而爲統治天下的人，自然該照著天理行事；而孝是「天之經，地之義」（參《孝經·三才章》，見《孝經注疏》卷3，頁28），故天子也是理所當然的會盡孝道，並且，只要依據《孝道》訂定的孝道內容，天子以孝治天下自是水到渠成之事。由此看來，《孝經》的理論對天子盡孝是毫無強制性與規範力的，正如胡平生所說：「《孝經》論『五孝』，態度迥然有異。講『天子之孝』，引《詩》『一人有慶，兆民賴之』，表達了對最高統治者的敬畏之情。它所說的『天子之孝』，其實只是一種祈願，並不是道德的規範」（《《孝經》是怎樣的一本書），頁34，見《孝經譯注》，北京：中華書局，1996），胡氏留意到《孝經》論五孝的態度有別，是很正確的觀察。此外，可以一提的是，《孝經》論各階層孝道的等差性，到後世又有了延續性的發展，如《孝經援神契》中論天子行孝是「天子孝，天龍負圖，地龜出〔書〕（土），天孽消滅，景雲出游」，而庶人行孝則是「澤林茂，浮珍舒，怪草秀，水出神魚」（收於安居香山、中村璋八輯《緯書集成》，引文在頁971，石家莊，河北人民出版社，1994），同樣是祥瑞，而天子行孝之徵象卻遠遠高過庶人行孝的效益，這種對天子庶人行孝進行高低位階排序的作法，無疑也是承續《孝經》中對五等之孝有不同評價的觀點的。

第二節　「孝」與「忠」的交互融滲

　　「孝」原是屬於家庭倫理的德目，但一如前文所述，《孝經》中心思想既是孝治思想，其主要的問題意識在於如何發揮孝德的政治力量以治理天下，故《孝經》並不是從純家庭倫理的角度來探討孝的根本問題，而是順著孝治主張的脈絡來建構孝的內涵。基於政治層面之考量來論孝德，這樣的孝德內涵必然沾染相當濃厚的政治意味，關於這點，從上一章節中論天子實施孝德教育是配合孝治的措施，以及天子、諸侯、卿大夫、士人的孝行內容幾乎等同於各自的政治職份的情況看來，已是不待贅言。而原屬於家庭倫理的孝德在這種政治目的的要求下，自然會產生政治性的質變，這種質變就是使孝順的對象由父母轉至君王，孝德一變而成對君王的忠德。孝德與忠德關係，經過《孝經》巧妙的揉合，自此有了複雜而密切的關係。

　　在春秋和戰國初期，統治階層的構成仍以宗法血緣關係為主要連結，此時所謂的忠德，尚未偏重於忠君，維繫宗族血緣關係的孝慈仍是社會的主要道德規範。在這種歷史條件之下，當私孝與公義發生矛盾時，多數人還是偏向服從於孝的。孔子曾針對此問題提出自己的意見：

　　　　葉公語孔子曰：「吾黨有直躬者，其父攘羊，而子證之。」孔子曰：

　　　　「吾黨之直者異於是。父為子隱，子為父隱，直在其中矣。」〔註18〕

葉公告訴孔子，有人犯了偷竊的罪，其子檢舉之，此舉可謂之直矣，孔子不以為然。孔子認為：父子之愛，根於天性，故父子相互為隱，直亦在其中矣。言下之意，是以為父子之間的孝慈相愛，是最根本需要維護的情理，社會上所謂的公理正義，亦應要以鞏固此最基本的人倫為目的，而非破壞離間之。孔子這種以家族間的親情倫理高過政治公共規範的言論與精神，後來也被孟子所承，並且有了更極致的發揮：

　　　　桃應問曰：「舜為天子，皋陶為士；瞽瞍殺人，則如之何？」孟子曰：

　　　　「執之而已矣。」「然則舜不禁與？」曰：「夫舜惡得而禁之，夫有

　　　　所受之也。」「然則舜如之何？」曰：「舜視棄天下猶棄敝蹝也。竊

　　　　負而逃，遵海濱而處，終身訢然，樂而忘天下。」〔註19〕

舜身為天子，是公權力的象徵，是天下人的典範，而其父犯法，不論是秉公執抑或是循私開恩，對舜而言，都是十分為難的選擇。桃應的問題無疑是十

〔註18〕　《論語·子路》，見《論語注疏》卷13，頁118。
〔註19〕　《孟子·盡心上》，見《孟子注疏》卷13下，頁240～241。

分尖銳的，因為，他把公義與私孝逼到最極端的境地，有公義便滅私孝，有私孝便無公義，二者只能存其一。但這種困境對孟子而言似乎是不成立的，孟子認為：保全父母，對父母盡孝，是為人子女盡孝最基本的作為。皋陶儘管可依其職責將犯了罪的瞽瞍逮捕起來，但對舜而言，放棄天子的職位，偷偷地救出父親，一起逃到別處，以安養父親天年，卻也是最理所當然的作法。很明顯的，在孟子看來，當公義與私孝起了衝突，即便是維持天下公理正義的天子，也該毫不猶豫地將孝置於首位而加以維護的。〔註20〕天子尚且如此，他人更不待言。在先秦傳統儒家的思想中，是沒有拋棄父母、委屈孝道以表現對國家忠心的觀念的；而在當時的歷史條件下，即便有忠德的出現，此時所謂的忠，指的也是對待所有的人要盡心竭力的普遍性道德要求，並非如後世慣用的專指忠於君而言。

到了戰國中期之後，各國為了爭霸，競相聘用異國之才，加以養士之風日盛，在在顯示封建宗法制度的搖墜崩裂，統治階層的構成已不再僅限於血緣關係，國君與臣子間的關係既缺乏血緣的連繫，企圖以孝來凝聚君臣的向心力的作法便無著力處，如何確保臣子能竭盡所能為君王效命，便成為一個重要的政治課題。而以恪盡職守、竭盡心力以待人處事為其內涵的忠德，就在這種時代契機下，一躍而成為君王對臣下的道德要求，而加以大力提倡。忠德至此已由戰國前期對一般人的忠，狹化而專指對君王盡心效力的政治操守了，而這個忠德的狹義解釋，也成為後世忠德所指涉的固定內涵了。

忠君之忠與對一般人的忠是有所區別的，做為一種對待所有人的普遍性的忠，建立在平等的相互對待關係之上，而忠君之忠則是建立在君尊臣卑的上下關係之上，是強調順從的德行。這種強調順從的基本特質與孝德是相通的，《禮記·祭統》所謂：「忠臣以事其君，孝子以事其親，其本一也」〔註21〕，指的正是這種順服的本質。但這個相同點，卻也是造成兩者衝突的根本因素。因為，就倫理類型而言，孝是屬於家庭倫理，而忠至此已成為政治倫理，雖然二者都同樣強調順從，但前者是要求順從於家族長者，後者卻是要求順服於國家君王；服從對象的不同，致使在履行這兩種德目時不可避免的將會產

〔註20〕 舜放棄天子的職位，或許也有對公義的照顧，這至少表示舜不私用天子的權勢來保全父親，但即便是基於這種考量，還是顯示了當公義與私義產生衝突時，仍是無法犧牲私孝來成就公義的。從這個角度看來，私孝的重要性還是高於公義的。

〔註21〕 見《禮記注疏》卷49，頁830。

生衝突。這種衝突，在封建社會宗法制度中尚不明顯，但在封建宗法制度的崩解的戰國末期，隨著君臣關係不再以血緣做為後盾，君權與父權、國族與家族的利益已不一時，忠君或孝親便形成極端尖銳的衝突。韓非曾十分犀利指出這種矛盾：

> 楚之有直躬，其父竊羊而謁之吏。令尹曰：「殺之！」以為直於君而曲於父，報而罪之。以是觀之，夫君之直臣，父之暴子也。魯人從君戰，三戰三北。仲尼問其故，對曰：「吾有老父，身死，莫之養也。」仲尼以為孝，舉而上之。以是觀之，夫父之孝子，君之背臣也。故令尹誅而楚姦不上聞，仲尼賞而魯民易降北，上下之利若是其異也。

〔註22〕

同樣是父親竊羊一事，孔子認同父子相隱的做法，這種認同的根本立場是認為父子親情是最基本也最需要維護的倫理價值。而韓非站在戰國中晚期的法家立場，從統治者的角度來考量整個事件，將私孝與公義之間的衝突絕對化，指出「夫君之直臣，父之暴子也」、「夫父之孝子，君之背臣也」，當君臣不以父子關係結合時，在生死存亡之際，就會自然衍生出許多道德困境：百姓若為君王效命，便要犧牲為雙親盡孝的機會；若為保全己身以善事父母，則又無法成為一個毫無保留、全心向君王盡忠之人；換言之，選擇盡忠便是非孝，選擇盡孝則又非忠；這二個德目的牴觸是十分明顯的。而隨著各國競相爭霸的情況愈烈，忠君與孝親之間的衝突逐漸成為一個普遍性的、日益嚴重的倫理問題。事實上，此時出現的某些思想言論，都已經開始針對這個時代性的倫理問題提出回應，試圖找出解決的方法。《禮記·祭義》中即曾引曾子所言曰：〔註23〕

> 身也者，父母之遺體也，行父母之遺體也，敢不敬乎？居處不莊，非孝也。事君不忠，非孝也。涖官不敬，非孝也。朋友不信，非孝也。戰陳無勇，非孝也。五者不遂，烖及於親，敢不敬乎？

《禮記·祭義》這段論孝的文字，將子女的身體視為父母遺留於後世之肉身，保護、珍愛這個「載體」，避免犯過使之遭受損害，也是對父母盡孝的一種方式。從身體髮膚受之父母、不敢毀傷的角度出發，將孝行的範圍擴大，涵納許多原是屬於盡忠的行為，如事君忠心、臨官恭謹、戰陳勇敢等，〈祭義〉指

〔註22〕　《韓非子·五蠹》，見（清）王先謙《韓非子集解》卷19，頁449，北京：中華書局，1998。
〔註23〕　見《禮記注疏》卷48，頁821。

出這些不但是忠君愛國的表現，同時也是孝德的展現。這種會通，將對國家盡忠視爲孝行，那麼，爲國君盡忠效命，就不會跟行孝產生矛盾了。

不過，更進一步來看，照〈祭義〉的敘述「事君不忠」、「蒞官不敬」、「戰陳無勇」是不孝，但是，表現孝道，卻不一定非得要在展現在這幾個面向不可，人們大可選擇其他向度的表現——如專心奉養父母來成就其孝道；換言之，忠心事君、盡力效命國事，並不成爲實踐孝道的必要條件。如此一來，忠德與孝德雖然在表面上得到調和，但實際上人民對君王的效忠仍是有保留餘地的，因爲就行孝而言，並不必然要有忠德的呈現，所以一旦有選擇的空間，人民仍然可以放棄事君報國的機會，而無礙於圓滿孝道的完成。就這點來說，《禮記‧祭義》對於忠德與孝德的會通，尚不完全。而成書於戰國末的《孝經》，便在這個初步的基礎上，這個倫理困境進行了理論上更根本的化解與建構。

《孝經》對忠孝衝突提出的根本解決之道，便是更積極地轉化孝的基本內涵，將忠君納入成爲盡孝必要且重要的內容，而這也正是《孝經》欲以孝道發揮政治功效的孝治主張中，必然會發展出的思想樣貌。〈廣揚名章〉中所謂「君子之事親孝，故忠可移於君」〔註24〕、〈士章〉中之謂「以孝事君則忠」〔註25〕，都明白地指出君子侍奉父母能盡孝道，便能將對父母的孝心，移作侍奉君王的忠心；換句話說，孝心與忠心的基本特質是相同的，這種特質，其實也正是前述所論忠孝之本皆一，即敬重順從是也，《孝經》正是在這個相同的基礎上，提出「君子之事親孝，故忠可移於君」的說法，而後世所謂「移孝作忠」，也是就這個意義上來說的。《孔傳》則更據此引申曰：「能孝於親，則必能忠於君矣。求忠臣必於孝子之門」〔註26〕，進而將行孝視爲盡忠的根本保證，認爲忠臣必爲孝子，而將忠與孝緊緊結合在一起。

有了這樣的理論鋪設，《孝經》又更進一步的將對君王的侍奉正式納入孝道的內容中，〈開宗明義章〉在闡述孝道的內容時，即明白表示：「夫孝，始於事親，中於事君，終於立身」〔註27〕，玄宗御注曰：「言行孝以事親爲始，事君爲中，忠孝道著，乃能揚名榮親，故曰終於立身也」〔註28〕。扣緊〈開

〔註24〕見《孝經注疏》卷7，頁47。
〔註25〕見《孝經注疏》卷2，頁24。
〔註26〕見（漢）孔安國傳《古文孝經孔氏傳》，《叢書集成新編》冊25，頁349。
〔註27〕見《孝經注疏》卷1，頁11。
〔註28〕見《孝經注疏》卷1，頁11。

宗明義章〉的上下文意脈絡來看，玄宗的注是不失原意的。在〈開宗明義章〉中，《孝經》認為「身體髮膚，受之父母，不敢毀傷」〔註29〕是孝道實踐的最基本的表現，而「立身行道，揚名於後世，以顯父母」〔註30〕，則是最理想、最高層次的孝行。事實上，就孝道的實踐過程而言，光是愛惜身體四肢以事父母，是無法直通孝道的最高境界的。從保全自身以親侍父母的孝之始層次，到立身行道、揚名後世以顯榮父母的孝之終境界，這之中勢必有段重要的過程以貫通終始，以當時的社會政治制度與價值觀來看，這個重要的中介過程，應當指的還是指各人的政治表現而言。

在君王體制之下，想要立身行道而揚名於天下，最主要的途徑還是向君王盡忠效命、受到朝廷的肯定、褒揚一途，所以，無論是諸侯、卿大夫以至於士、庶人，所謂完整的孝道，是在完善照料父母的生活起居，滿足父母的口體之養後，接著將侍奉父母的恭敬順服態度，轉向侍奉君王，以善盡自己的政治職分，扮好自己在政治社會中的角色，進而聞達於天下、顯揚父母的聲名。〈開宗明義章〉中論孝道時明白表示要「中於事君」，正指出侍奉君王是孝道實踐的重要過程，若要成就完滿的孝道，忠心事君是必要的作為；當然，事君的作為並不只限於謀取官職、展現政治才幹而已，一如前文所言，完成個人的政治職責，盡力扮演好統治者或被統治者的角色，以利政治社會的運作及君王的統治，其實也都是向君王盡忠的表現。故由此看來，忠君至此已正式成為孝道的必要內容之一了。《孝經》中〈諸侯章〉、〈卿大夫章〉、〈士章〉及〈庶人章〉中所規定的個人「孝行」之所以如此偏向政治職份，而帶有濃厚的政治色彩，正是延續了這種納忠君為孝行內涵的思想展現。

忠君若成為孝親的重要手段及必然過程，那麼，人民便不會面臨忠孝兩難的道德困境，因為在這個理論脈絡下，為君王效忠賣命，是孝親必須有的作為，換言之，它是另一種形式的孝親；這種看似自然而然地、以孝攝忠的作法，其實已在不露任何形跡的情況下，悄悄地將事父與事君的界限模糊起來，將君王國家的利益與父母家族的利益等同起來。君王的利益既等同於雙親的利益，那麼，事君與事親，何衝突之有？人民就算是因為效忠國事而犧牲生命，也是為了成就更高層次的孝道。忠君與孝親原先存在的衝突，在此已得到理論上根本的化解。

〔註29〕見《孝經注疏》卷1，頁11。
〔註30〕見《孝經注疏》卷1，頁11。

　　而從另一個角度來看，《孝經》中這種涵攝忠德的孝德，認爲忠君不但不會與孝親牴觸，還是孝親的必然作爲，其實正是從反面來保證忠君的必然性；盡孝的必要性不容置疑，忠君的必要性也跟著得到確認。換言之，提倡孝道，也就是提倡忠道。《孝經》以這種方式來處理忠德與孝德的衝突，不但化解了忠孝不能兩全的道德困境，也從盡孝的角度爲忠君找到了堅強的理論依據，進而爲君王的孝治主義奠定了必要的理論及情感基礎。

　　這種納忠入孝的思想，在先秦傳統儒家的論孝言論中可說是首創，它與孔子的「《書》云：『孝乎，惟孝友于兄弟。』施於有政，是亦爲政，奚其爲爲政」〔註31〕、有子的「其爲人也孝弟，而好犯上者鮮矣，不好犯上，而好作亂者，未之有也」〔註32〕、孟子的「聖人有憂之，使契爲司徒，教以人倫：父子有親，君臣有義」〔註33〕的言論，已經有了相當程度的躍升；而即便是忠君的思想，理應受當時法家影響頗深，但此處對君臣關係的論述認知，也與法家韓非「君臣之際，非父子之親也，計數之所出」〔註34〕的認知十分不同。可以這麼說：《孝經》的孝治思想，是在戰國末紛擾的政治局面中，站在儒家的立場，以孝出發，企圖建構一套可以回應當時政治問題的治世理論。此套孝治天下的政治理論，運用原屬家庭倫理的孝德來做爲理論的核心與主幹，則勢必無法避免地要對家庭倫理與政治倫理之間關係進行重新定義；換句話說，孝與忠的衝突，本來就是內含於孝治理論中，必然要解決的倫理問題。所以，《孝經》以儒家的思想爲體，考量當時天下對君王及政治事務的極端重視，遂發展出這種對忠德孝德獨特的理論會通。忠德與孝德的關係，經過《孝經》這般會通所建構的全新關係，不但爲《孝經》孝治思想的推行進行必要的定向工作，也深深的影響到後代對忠孝觀念的看法。康學偉認爲這種「中於事君」思想，標誌著「忠孝一本」思想的最終形成，〔註35〕後來成爲漢代以孝治天下的理論根據，是相當正確的說法。〔註36〕徐復觀在論《孝經》中「中於事君」的觀念時曾嚴厲批評道：〔註37〕

〔註31〕《論語・爲政》，見《論語注疏》卷2，頁19。
〔註32〕《論語・學而》，見《論語注疏》卷1，頁5。
〔註33〕《孟子・滕文公上》，見《孟子注疏》卷5下，頁98。
〔註34〕《韓非子・難一》，見（清）王先謙《韓非子集解》卷15，頁352。
〔註35〕此「忠孝一本」是指上述《禮記・祭統》中「忠臣以事其君，孝子以事其親，其本一也」的思想。
〔註36〕參見康學偉《先秦孝道研究》，頁206。
〔註37〕參見徐復觀〈中國孝道思想的形成、演變及其在歷史中的諸問題〉，收於其《中

　　《孝經》此一「中於事君」的說法，正提供了專制者以無限制的壓
制其人臣的理論上的根據，對知識分子發生了精神麻醉的作用。所
以這三句話，是儒家孝道被歪曲的大標誌，是假借孝道以助長專制
的總根源。

徐復觀認爲《孝經》把盡忠納入孝道，驅使臣子要視君如視父，如此一來，
君王便能站在仿父親的角度，將對兒子應盡孝道的期許移來要求臣下，便可
以以對兒子的要求來要求臣子，要求臣子要竭盡忠誠愛敬以事君王，不得有
二心。君王對臣子的控制力，在理論上已到達一個頂端，之後《忠經》的出
現，更是這種思想的集中表現。

　　《忠經》舊題東漢馬融撰，鄭玄注，〔註 38〕全書體例完全仿《孝經》而
成，分立十八章，在其〈原序〉中所謂：「《忠經》者，蓋出於《孝經》也」〔註
39〕，已明示《忠經》的創作旨趣與淵源都與《孝經》有著密切的關係。《忠經》
首章〈天地神明章〉即是仿《孝經・開宗明義章》而作，文中一開頭便將忠
德提昇到天地間至德至理的至高地位：〔註40〕

　　　昔在至理，上下一德，以徵天休，忠之道也。天之所覆，地之所載，

　　　人之所履，莫大乎忠。

天地之間，人倫的大要爲忠德，履之則吉，違之則凶，此亦〈證應章〉所言
「惟天監人，善惡必應。善莫大於作忠，惡莫大於不忠」〔註 41〕是也。既然
忠爲天地之大德，則天下人必得盡忠以順應天理。

　　而關於忠的義理和天下人盡忠的實際內容，《忠經》也都一一做了闡釋與
規範。如同《孝經》論五等之孝一般，《忠經》亦依次訂立了〈聖君章〉、〈冢
臣章〉、〈百工章〉、〈守宰章〉以及〈兆人章〉，分述各階層應盡的忠行。簡言
之，除了帝王的忠是保社稷、光祖考〔註42〕之外，其他如冢臣之忠，在於「任

〔註38〕　前人對此表示懷疑。《四庫總目》以此書《隋・志》以及《新、舊唐書》皆不
　　　　載，《宋・志》始載之，且正文和注如出一手等證據，故疑與馬融、鄭玄皆無
　　　　關係（《四庫全書總目》卷95），然而，姑且撇開時代的思潮不談，從《忠經》
　　　　是仿《孝經》的論述形式、內容而成的情況來看，《忠經》的忠君思想的確與
　　　　《孝經》裏重視忠德的思想傾向有著密切的關係。

〔註39〕　見《忠經》，《叢書集成新編》冊30，頁 636，台北：新文豐出版公司，民 74。

〔註40〕　見《忠經》，《叢書集成新編》冊30，頁 637。

〔註41〕　見《忠經》，《叢書集成新編》冊30，頁 639。

〔註42〕　《忠經・聖君章》，《叢書集成新編》冊30，頁 637。

賢以爲理，端委以自化」，並「尊其君」〔註43〕；百官之忠是不顧其身以利社
稷，上下用成以昭君德〔註44〕；守宰之忠是「在官惟明，莅事惟平，立身惟
清」，旨在「宣君德以弘大其化」〔註45〕；兆人之忠則在「祇承君之法度，行
孝悌於其家，服勤稼穡，以供王賦」〔註46〕；不論是哪一個階層，他們行忠
的目的都是朝向同一個目標輻湊，就是竭盡心力以忠於君上。而若從盡忠的
內容與效力來看，忠又可分爲兩類，一爲君子之忠，一爲小人之忠，兩者之
間的差別在於「君子盡忠則盡其心，小人盡忠則盡其力；盡力者則止其身，
盡心者則洪於遠」〔註47〕，但重要的是，君子盡忠與小人盡忠，其盡忠的對
象也都是君王；所以，總的來說，《忠經》裏所謂的忠德，指的主要都是指臣
民侍奉君王時的政治操守。《忠經》就是一部強化忠德意識的經書，主張各人
盡忠來能發揮它最大的治國功效：「固君臣，安社稷、感天地、動神明」〔註
48〕，而這也是《忠經》倡忠最終的目的。

　　由上可知，《忠經》是以較有系統的方式，總結了先秦以來傳統的忠道觀
念，在理論上將忠德提高到眾德之首，而對後世的忠道觀念做了必要的義界，
並起了一定程度的影響。而這種對忠道的高度肯定與重視，在思想脈絡上毋
寧是承襲著自《孝經》以來逐漸強調政治操守的發展趨勢的。《孝經》納忠入
孝，從孝道的角度爲忠道的存在以及實行提供了必要的理論基礎；到了《忠
經》，忠德不但已經從本身建立起根本的存在價值，更反客爲主，成爲統攝眾
德的最高德目；換言之，眾德目非忠無以成其全：

　　夫忠而能仁，則國德彰。忠而能知，則國政舉。忠而能勇，則國難清。

　　故雖有其能，必由忠而成也。仁而不忠，則私其恩，知而不忠，則文

　　其詐，勇而不忠，則易其亂，是雖有其能，以不忠而敗也。〔註49〕

「故雖有其能，必由忠而成也」，眾德皆需忠德的輔成才顯其完備，也因此，
忠德的培養與踐履便有其不可遑讓的優先性；而在這個論忠的思想脈絡下，
連人們源自天性、最自然的孝養，也必先之以忠：

〔註43〕　《忠經·冢臣章》，《叢書集成新編》冊30，頁637。
〔註44〕　《忠經·百工章》，《叢書集成新編》冊30，頁637。
〔註45〕　《忠經·守宰章》，《叢書集成新編》冊30，頁638。
〔註46〕　《忠經·兆人章》，《叢書集成新編》冊30，頁638。
〔註47〕　《忠經·盡忠章》，《叢書集成新編》冊30，頁639。
〔註48〕　《忠經·天地神明章》，《叢書集成新編》冊30，頁637。
〔註49〕　《忠經·辨忠章》，《叢書集成新編》冊30，頁639。

　　　夫惟孝者必貴於忠，忠苟不行，所率猶非道，是以忠不及之而失其
　　　守，匪惟危身，辱其親也。故君子行其孝必先以忠。竭其忠，則福
　　　祿至矣。故得盡愛敬之心，以養其親，施及於人，此之謂保孝行也。
　　　《詩》云：「孝子不匱，永錫爾類。」〔註50〕

《孝經》認為孝是始於事親、中於事君而終於立身，尤其，「君子之事親孝，
故忠可移於君」〔註51〕（〈廣揚名章〉），可見孝德為忠德之先行，忠德為孝德
之延伸。《忠經》基本上也是認同忠孝兩者的密切關係，只是《忠經》直接略
過躬身事親的部分，而強調忠道的優先性，主張竭盡事君之忠心，便能得其
福祿，如此，才能算是盡了愛敬之心而養其親，所以「孝者必貴于忠」、「君
子行其孝必先以忠」。如果不行忠道，怠忽個人的政治職守，那麼，不僅會招
致刑罰而危及自身，更會使雙親聲名受辱。使父母受辱，焉得為孝？

　　由此看來，《忠經》與《孝經》皆認定忠德與孝德二者有著十分密切的關
係，《孝經》將忠道設定為孝道的必要內容，認為對君王盡忠是完成圓滿孝道
的必備條件之一；而《忠經》雖也同樣主張孝德需要忠德的輔成，但不同的
是：《忠經》明白《孝經》是站在孝治的立場上，從孝的角度強調忠德的重要
性，而將孝與忠做了大幅度的結合後，《忠經》便立基於此，進而旁出發展出
側重忠的思想。《忠經·原序》說到：〔註52〕

　　　仲尼說孝者所以事君之義，則知孝者俟忠而成之……孝既有經，忠
　　　則猶闕，故述仲尼之說，作《忠經》焉……夫定卑高以章目，引《詩》
　　　《書》以明綱，吾師於古，曷敢徒然，其或異同者，變易之宜也。
　　　或對之以象其意，或遷之以就其類，或損之以簡其文，或益之以備
　　　其事，以忠應孝……陳事君之要道，始於立德，終於成功，此《忠
　　　經》之義也。

《忠經》認為《孝經》主旨雖在論孝，書中卻「敦事君之義」，這就蘊含了「孝
者俟忠而成」之理，故《忠經》便從此處承接，延續《孝經》提昇忠德的力
道，繼續將忠德做更進一步的發揮與闡揚。《忠經》之成書，正代表著由《孝
經》以來，對「忠孝一本」的思想另一個發展高峰。其「以忠應孝」的思想，
毋寧受到《孝經》「中於事君」思想的激勵，超越《孝經》從孝的角度給予忠

〔註50〕　《忠經·保孝行章》，《叢書集成新編》冊30，頁638。
〔註51〕　見《孝經注疏》卷7，頁47。
〔註52〕　見馬融〈忠經序〉，《忠經》，《叢書集成新編》冊30，頁636。

德肯定，而直接爲忠德建立了自身的存在價值，提昇它的理論高度。〔註53〕

忠孝關係的混同，是中國政治長久以來，最難以跳脫的倫理糾結。《孝經》因著孝治思想的必然發展，而對忠德與孝德進行必要的融合。而這個對忠孝關係的新界定，不僅在理論上解決了當時孝德與忠德互爲衝突的道德困境，更對後世重忠的思想以及忠孝關係起了相當關鍵的定向作用。由此看來，《孝經》孝治思想的這個特質，實具有重要的歷史作用與地位。後世君王大力提倡《孝經》，甚而標榜以孝治天下，毋寧也是著眼於這種以孝攝忠的孝道所能發揮的忠君效用的。

〔註53〕《忠經》在後世並未如《孝經》般受到相當的重視，呂維祺在《孝經或問》中認爲：「孔子萬世帝王之師，其作《孝經》爲萬世帝王法，馬融乃敢僭擬之乎？據融之意，謂眾善咸起於忠，故〈孝行章〉曰：君子行孝，必先以忠，竭其忠，則福祿至。然則隱居之士，終不得言孝乎？必先以忠，與中於事君之旨悖矣。且《孝經》立訓，言事君者，不一而足，第十七章更詳言之，融不贅乎？至《忠經》中謂引夫子之言，而多參臆撰，試比而觀之，無論其文字猥鄙，其意義亦索然無餘味」（〈論孝經不宜與忠經並稱〉，（明）呂維祺《孝經或問》卷3，《叢書集成新編》冊25，頁392），呂氏以撰作者名份來論兩書之價值，未具足夠的說服力；然而其評《忠經》之論孝行必以忠爲先在理論上的缺憾，卻是很中肯的。而筆者以爲，《忠經》之未能被後世所重的最主要原因，應是《孝經》雖然從孝的角度去涵納忠德，間接給予忠德理論上的支撐，然而，對這種後天形成的政治操守而言，《孝經》以具備人性天理基礎的孝德來肯定忠德的存在，並且賦予忠德實施的必然性與價值，實較《忠經》給了忠道更爲自然而堅強有力的理論基礎；況且，一如呂氏所言，《孝經》之言事君是「不一而足」，《忠經》雖然對忠德有較豐富而細緻的內容描述，但其大旨亦皆不出《孝經》論忠君的要義；除此之外，單方面強調忠德的《忠經》，反倒更像是法家的言論，故在表面上提倡儒家爲正統統治思想的歷代君王，又如何會從官方的立場給予《忠經》更多的重視？《忠經》之不見重於世，良有以也。

結　論

　　《孝經》是中國談論孝道最重要的典籍，它透過歷代君王的推崇與提倡，不但深深影響了數千年來中國人對孝道的認識，也影響了中國古代政治思想及政治制度的發展。但是，這一部歷來備受重視、並影響中華民族極為深遠的的經典，卻承受著兩極化的評價，有譽之為立身治國之大典，亦有貶之為矯揉膚泛之雜作；而造成對《孝經》歷史評價如此不一的原因，主要是後世在對《孝經》基本撰作背景的認定有所歧義的情況下，對《孝經》一書的立論要旨與核心思想產生不同認知所致。

　　《孝經》，顧名思義，是論述孝道的專著，但書中所述孝道的內涵，除了少數通論孝行的部分外，其餘大多數的篇章都與君王治國有著極為密切的關聯。《孝經》這種以政治考量為主要論述依據的論孝方式，其實已突顯《孝經》一書的中心要旨，並不是單純地在家庭領域中探討親子之間的倫理關係或道德規範，而是企圖以孝德發揮政治功效，達到民用和睦、天下得治的政治目標；這樣的企圖，以《孝經》本身的用語來說，可名之為「孝治思想」的表現；換言之，《孝經》一書的核心思想是謂孝治主義。而《孝經》既以孝治天下為其核心思想，如此，則《孝經》便是在孝治天下的目標前提下，建構其孝道思想的內涵，這樣的孝道思想，勢必沾染相當濃厚的政治色彩；後世有少數學者以純倫理角度來批駁《孝經》論孝之富涵濃厚政治意味，無疑是忽略《孝經》宣揚孝道的真正宗旨的。一味以純家庭倫理的標準來審視《孝經》，並給予貶抑批判，這種批判其實是失準的。

　　《孝經》之以孝治為其中心思想，其實已為大多數研究《孝經》的學者多所留意，但學界對《孝經》一書性質的界定，一般仍是將之歸為儒家的倫

理性著作，以及強調此書中的孝道倫理是著重在政治向度的發揮。然而，經過本論文的討論，筆者認為：《孝經》之以孝治思想為其核心思想，實際上是以治理天下為其主要問題意識的，書中所論孝道皆是立基於此問題意識而開展出來的內容，故《孝經》之論孝不但已經跳脫純倫理的範疇，而有跨入政治領域的傾向，更精確的說法應該是：《孝經》之撰作，原本即是以統治階層（尤其是君王）為主要論述對象，以治國平天下為唯一目標，而擇定孝德為治世要道所建構出的一部政治性著作；書中的孝治理論，正是在這種立意之下所提出的一套完整的政治理論。

自春秋末期以至於戰國，禮崩樂壞，世道日益衰亂，當此之時，各家各派皆極思治世之方，因而產生許多不同的治世主張，《孝經》也是作者處於戰國末期的時代氛圍下，所提出用以回應時代問題的一套治世理論。

《孝經》的作者認識到：西周時宗法制度的「親親」精神，已藉由封建制度的政治力量而深入周王室，並進而影響由周王室所統治的天下，成為周朝的時代精神；雖然從戰國以來，封建制度逐漸崩潰，世卿世祿之制不復存在，但由宗法所維繫的家族制度，卻因著民間家族之日趨強大，轉而保存某一部分於民間社會中；而這份對家族倫理的重視與依賴，遂由此深入民間，成為一種普遍的社會意識。而在封建制度崩潰的同時，人民的地位與力量，基於政治的考量，也終於初步受到統治階級的正視。在一個重視人民家族倫理的環境中，提倡以家族倫理來治國於是成為可能。《孝經》作者正是著眼於此，以宗法制度中「親親」精神為其根本依據，在戰國末年提出以孝德來治理天下的主張，企圖在當時逐漸正視平民階層的趨勢中，透過發揮當時平民家族宗法化的特質，加強民間社會對宗法倫理的認同，進而由下而上地培養出一種政治共識，以達到天下治平的政治目標。

必須注意到的是：《孝經》作者之所以擇定孝道以發揮政治功用，除了這個外在的時代契機外，尚有內在思想上的淵源與傳承脈絡。從《尚書》、《詩經》中的思想言論中，吾人可發現：早期孝德與政治已有著十分密切的關聯。孝德具備政治屬性，就意味著孝德隱含足以安家定邦的可能性。然而，這個蘊涵政治力量的思想因子，在西周並未得到完全的成長，一直要到孟子，才在其學說中稍見孝治思想萌發的端倪；隨後，在面臨封建制度全面崩潰、強秦兼併六國之情勢迫近的情況下，它吸收了荀子重君隆禮的思想成份以為發展，始完成一套以原始儒家精神為根柢、而能滿足當時一統天下之需求的政

治理論。由孔孟思想發展延伸而來的初期孝治主張，在荀子政論中得到了新的轉化與補強，而終於在戰國末期這個特定的時代契機下，發展成熟為孝治思想。

而在闡明《孝經》孝治思想之所以產生的外緣條件與思想淵源後，便可進一步談到孝治思想的實質內涵，這包括孝治思想的理論基礎及實際運作的具體步驟，而《孝經》孝治思想的理論基礎大致可從人性論及天道論兩方面來談。在人性論方面，《孝經》認為父子相互產生慈愛與孝敬之情，是再自然不過的人性流露，換句話說，人性本然蘊涵孝慈等德性，人性既蘊涵德性，則意謂人性是具備先天的善性的，這是屬於性善論的基本觀點，由此看來，《孝經》孝治思想是立論於性善論之上的。〔註1〕

其次，在天道論方面，《孝經》認為人性是稟受天地之性而來，人性既為善，則天地之性必然也是善性的；由此也可得知，《孝經》中的天是具有價值意涵的天，而不是自然意義的天。人性既根源於天性，則根源於人性的孝道則可視為是天道的自然展現。所以，《孝經》進而認定孝道是天之經地之義，將孝道的根源推而歸於最高的天道。而在這個意義上，內含於人性中的孝德，便因此與天地有了某種內在的同質性與聯結性，而被提升至天經地義的高度。君王欲治理天下，必須掌握這種人性與天道相通相應的特質，因為，《孝經》中的天道不單單只是人性的根源，它尚能與人事相感相應。在《孝經》孝治思想中的天，其實已隱含能透過感應人事的良窳而懲惡揚善，降下災異或福祉，展現左右人事的力量。換言之，這種天道所具備的隨順人道彰明與否而降下災禍福祉的感應能力，是《孝經》孝治效用的絕對保障。如此看來，明王推行孝治，不但在動機上有了人性論的支撐，在最終的效用上亦有了上天的保障。在這種人性論及天道論的理論基礎上，《孝經》孝治思想在理論上亦終於得其成立之合理性，以及成效卓越之必然性。而在理論基礎皆鋪設完成之後，孝治思想的主體部分，即其理論的具體內容及步驟，便可據此順理成章地開出。

〔註1〕　各家派之政治主張，皆是選擇自己認為最有效的治世手段以為旗幟，從這個角度看來，《孝經》作者著眼於周末民間的親親精神上而倡言以孝德治國，其實也意謂著《孝經》作者認為孝德是當時最有效、最根本的治世手段。而這樣的認知之所以成為可能，其必要的前提便是認為表現親親精神的孝德，是人類與生俱來、最無可逃遁的自然情感，故比起其他的德性或法律，孝德才能從人性的最根本處，發揮最強大的政治功能，由此看來，性善是《孝經》發展孝治思想最理所當然也最必須具備的基本觀點。

　　孝治是君王以孝治天下之謂，君王要以孝治天下，則首先要成爲人民行孝的典範，故具體落實孝治的第一個步驟，首在要求君王盡孝，以爲人民仿傚之對象。事實上，君王盡孝，不但可以成爲人民行孝之典範，具有引領民眾的作用外，還有一個深層的象徵意義是：君王在奉養父母、善事父母的同時，也可從中體會天地如父母般孕生萬物生民的奧秘與原則，若君王明白這種宇宙運行衍生的原則，以及天地無私涵蘊孳養萬物的用心，便可進而將這種無私的態度與仁心，應用在政治上，轉移成治民的根本態度，以臨萬民。孝治主義之要求君王盡孝，正是希望君王能透過敬愛父母的孝行實踐，以體認孝行中的愛敬精神及孝治的眞正力量，並更進一步地秉持這種愛敬的態度來施行孝德教化，將之具體化爲眞正的政治措施，以治天下，而這也正是落實孝治思想的第二個步驟。

　　論及君王實施的孝德教化，可從其孝德教化之內容及施行方式兩方面來看。在內容方面，君王實施孝德教化的內容是孝悌親愛等德行，旨在根據人民對雙親的自然情感，引導出內含於人性中的孝悌敬愛，而以合乎當時社會規範形式的行爲表現出來。至於君王教化人民的方式，則可包括內在感發與外在規範二個面向；其中，外在規範又涵蓋禮樂制度與刑罰。基於性善論的立場，君王落實孝德教化首重德性典範的感化，來觸發人民內在的孝德；其次，再利用禮樂制度將內在培養之孝德外化爲符合社會規範及價值的德行；最後，才是設立刑罰以確保道德實行的絕對可能性。就孝治思想而言，以上這三道手續，就是君王施行孝德教化時，本身必須具備的修爲及採取的行動。

　　如此看來，孝治以君王施行孝德教化爲主導力量，而這種首重德性感發的施政方式，還需要眾人受到感發後的跟隨、效法或配合以爲呼應，這些具體的行動累加的總和，才是眞正的政治效果。扣緊君王以孝治天下的施政策略，《孝經》也進一步規範了天下萬民在君王實施孝德教育的感化後，所該表現出以配合君王教化的相應的孝行。而在孝治天下的政治目標主導下，天下萬民的孝道皆以其政治職份爲主要內容，尤其是與天子政治關係密切的統治階層，更是如此。無論是諸侯的長守富貴以保其社稷、卿大夫的服先王之法服、道先王之法言、行先王之德行以守宗廟，或是士人的以忠順事其上而保其祿位、守其祭祀，都是以政治表現爲其主要的孝行表現。換句話說，從論天子之孝、諸侯之孝、卿大夫之孝、士之孝、庶人之孝，一直到〈孝行章〉之通論孝道，《孝經》其實都是反覆地從不同角度強調在這套政治體制下，個

人謹守分際、恭順服從以配合政治運作的重要。當然，這些品德操守的培養是完全收攝到對父母盡孝的德目之下，在此，《孝經》將事父母的孝道與事奉君王的臣道互相滲透而融合起來了。而孝治思想的具體落實，就透過君王的施政，以及公、卿、大夫及士民眾庶的相應孝行，兩相配合而達到最完滿的政治功效。

　　而做爲戰國末年的一種治世主張，《孝經》孝治思想雖在當時並未受到統治階層太多的重視，不過，自漢代開始，孝治思想卻一躍成爲君王治世所標舉的最鮮明的旗幟，《孝經》也因此躍上儒家經典之列，受到極高的尊崇。史家稱「漢以孝治天下」，漢代對孝道政治功能的重視及應用無疑是空前的：除了自惠帝之後，皇帝諡號皆冠「孝」字以示對孝的重視外，在實際的政治社會中，一方面將《孝經》列爲全國上下（尤其是太子）的通行教科本，據以實施孝德教育，另一方面也以這樣的孝德教育來取士，《後漢書・荀爽傳》提到「漢制使天下誦《孝經》，選吏舉孝廉」〔註 2〕的制度，更成爲漢代重要的仕進途徑之一。六朝時，各朝皇帝都對《孝經》進行注解、講授；而隋唐亦皆以《孝經》頒行天下；宋代時，眞宗詔令邢昺撰《孝經義疏》，並親撰《孝經》詩；明代時，明太祖以爲：《孝經》是帝王治天下之大經大法；而到了清代，順治皇帝曾親注《孝經》，雍正時將《孝經》的重要注解集成《孝經集注》行世，咸豐時，詔令科舉皆加試《孝經》。《孝經》受到歷代君王尊崇與提倡的程度，讓《孝經》在歷史上具有重要而特殊的地位及意義。

　　細究《孝經》在後世受到各代君王高舉及推崇的原因，實與《孝經》孝治思想特質有著十分密切的關係。首先，孝治思想強調天子之孝行是天下人之典範，這意味著天下人在落實孝道時，必先從天子的孝行中取得可供遵循的準則；換言之，天子的孝行是天下人孝道的高度濃縮及昇華，而以更精煉宏大的形式表現出來，因此在所有人的孝行中，天子之孝具備最高的價值與優位性。孝治思想這種對天子行孝的最高肯定，其實正是從另一個角度肯定最高統治者無可取代的權威地位，《孝經》之所以受到後世君王的喜愛，這無疑是個重要的潛在因素。不過，就君王從統治的角度來提倡《孝經》，《孝經》孝治思想最重要的價值，還在於它將原屬於家庭倫理的孝德，一變而成對君王的忠德。

　　在封建宗法制度面臨崩解的戰國末期，隨著君臣關係不再以血緣做爲後

〔註 2〕見《後漢書》卷 62，頁 2051。

盾，君權與父權、國族與家族的利益已不再完全相同時，在許多情形下，忠君與孝親無可避免地會產生嚴重的衝突。面對這種兩難的道德困境，《孝經》在在孝治思想的主導下，積極轉化孝道的基本內涵，以孝攝忠，將忠君納入行孝的範疇，並且成為更高層次的孝道內涵，如此一來，向君盡忠不但不會與孝親牴觸，還可成就更完滿的孝道。盡孝的必要性不容置疑，忠君的必要性在此也跟著得到確認；換言之，提倡孝道，就是提倡忠道；講求忠道，也是成全孝道。《孝經》孝治思想以這種方式來處理忠德與孝德的衝突，不但化解了忠孝不能兩全的道德困境，也從盡孝的角度為忠君的必然性找到了堅強的理論依據，進而為君王的孝治主義奠定了必要的理論及情感基礎，《孝經》之能受到歷代君王的極端重視，良有以也。

既然孝治思想為治世的政治主張，那吾人在論及孝治思想之評價時，便不可不更進一步探討此政治主張落實的實際成效。《孝經》孝治思想雖以宗法制度中「親親」精神為其根本依據，企圖透過發揮當時平民家族宗法化的特質，加強民間社會對宗法倫理的認同，進而由下而上培養出一種政治共識，以達到天下治平的政治目標，但事實上，就實際效益而言，在各國皆欲於短期內富國強兵的戰國末世，《孝經》這種由血緣溫情為出發點的政治主張其實並無太多實現的可能性：

首先，以《孝經》描繪的政治藍圖而言，需要一個完整封建宗法制的社會才得以發揮完全的孝治效用的；又或者，至少是要一個大一統的環境，這種強調上下階級秩序性的的統治方式才能施展得開。然自春秋末期以來，真正具備政治影響力的各國政權之組成，已非原始的宗法封建體制，整個世局也愈來愈動蕩，《孝經》孝治思想之落實，在先天上已缺乏執政者積極採用的背景與動機；而就外在客觀的政治環境條件而言，透過血緣溫情以求得政治社會之和諧治平，其成果縱使可行之久遠，在施行當下卻無法收一時之效；在戰國那種劍拔弩張、各國急欲強盛的情勢下，對統治者而言，採行孝治主張以治國平天下，不但曠日費時，更有遠水求不了近火之慮，法家思想之所以能在戰國時期大放異彩，也正因為法家學說為一救世之急之學說，能在短期間內使國家達到一種暫時富強的狀態，而符合君王在亂世中治國之需求。所以嚴格說來，孝治主義或許是昇平之時君王治天下之要道，但卻非亂世之中君王得天下的利器。如此看來，孝治主張在戰國末世被各國君王採用的可能性是微乎其微；然而，《孝經》的作者卻仍在此時提出孝治主義，很明顯的，

其動機與用意似乎並不僅僅著眼於當下實際的政治效用，其背後應是有更深
一層的考量與堅持。而經由本論文的討論，筆者以為：《孝經》作者在戰國末
世提出以孝治天下的主張，無疑是以興復以孔孟為主的傳統儒家思想為其志
向的。

　　在戰國的亂世中，各家各派別皆欲針對當世的政治問題而提出治世之
方，法家的主張，正可做為當時急功近利的思潮代表；而儒家在面對如此之
世變時所提出的回應中，是以荀子的學說為最主要的代表的。而值得注意的
是，儒家在面對戰國的政治問題時，雖有荀子以性惡論為基礎提出禮治主義
以為回應，然荀子之倡禮治，實是措意於禮制中利於強勢統治的外在規範力
的，這與孔孟強調德治仁政的思想內涵實已有了不同的趨向。而反觀《孝經》
作者，他身處在這種大環境中，沒有理由不知道現實政治的需求，也沒有理
由不感受到現實政治的壓力；然而，他卻在這個法家思想盛行的時代中，從
儒家的立場出發，打著孔孟傳統儒家的旗幟，於大儒荀子的禮治主義之外，
另外提出在實際效益上弱於禮治、法治，以致於可能無法馬上應用於當世的
孝治主義。從儒家思想的發展脈絡看來，這種以性善論為基礎，遠紹傳統儒
家所堅持的德治精神，並進而吸收了若干荀子甚或法家思想以為對當世政局
妥協的孝治主義，實是儒家德治主義在戰國末期而因應時代變化所產生的新
發展〔註3〕，從這個意義上來說，孝治思想是德治主義在戰國時代的延續；換
言之，孝治思想是以另一種型態再現儒家傳統的德治思想。不難想見，《孝經》
作者對傳統儒家的德治思想是懷有一份深刻的眷戀、與立基於這份情感上所
產生的捍衛的使命感的，也因此，他才會在法家思想如此強勢的時代中無畏
地堅持傳統儒家的德治思想。或者，更有可能的情況是，《孝經》作者也深知
孝治思想為治天下之良方，遂在戰國末已隱然形成的一種對大一統世代來臨
的期待氛圍中，頗具先見地提出孝治主義。但無論如何，重要的是，孝治思
想在此所具備的特殊的歷史地位與對儒家德治思想所做出的貢獻，實已賦予

〔註3〕　就歷史的橫切面來說，孝治主義相較於當時法家的法治主義或儒家荀子的禮
　　　　治主義，實不具備會為各國君王採行的優先性，換言之，孝治主義在當世實
　　　　具備是較少的可行性的；但就歷史的縱向發展來看，孔孟仁政德治的思想，
　　　　透過《孝經》吸收了荀子重君隆禮的思想成份而成為孝治思想，這個思想的
　　　　轉化毋寧是傳統儒家的德治主義為因應當世政治問題而做的努力，故相較於
　　　　原始的德治主義，這種努力使得孝治主義具備更多的適用於當世的可能性。
　　　　前文曾多處指出孝治思想具備可行性，則是指後者而言。

它在儒家政治思想中獨特的地位與無可取代的價值。

最後，必須補充說明的是：《孝經》孝治思想在戰國末世成形，它主要是以周朝的封建宗法社會爲論述的基本架構，而期望再現周初的理想政治；這種政治思想，無疑具有相當強烈的時代性。然而，後世君王之重視《孝經》，並非同樣以恢復周代封建宗法政治爲職志的。他們是各自在不同的政治體制中，從孝治理論中擇取利於統治的思想成份加以發揮，以助於當下的治世。有些學者注意到後世君王利用《孝經》強調人民忠君的特質來強化專制統治的意識，遂往回推說《孝經》孝治思想有維護專制之嫌云云，進而論定《孝經》只是爲專制政權壓迫人民的工具，是專制統治的幫凶，平心而論，這並非《孝經》所該擔負的罪名，因爲這種後世的發展，實非以解決周末政治問題爲主要思量的《孝經》孝治思想所能預測規範。吾人今日研究《孝經》，必須從上述政治思想的角度，明白政治思想本然具備的強烈時代性，才能明白孝治思想在後代不同政治制度中的發展，以及所造成的眞正影響。而也惟有深刻體認到此點，才能還原《孝經》孝治思想一個眞實的歷史地位，而給予最公允的歷史評價。

參考書目

一、《孝經》文本、注釋、研究專著

1. （漢）孔安國傳《古文孝經孔氏傳》,《叢書集成新編》冊 25,台北：新文豐出版公司,民 74。

2. （唐）唐玄宗御注;（宋）邢昺疏《孝經注疏》,十三經注疏本,台北：藝文印書館,民 78。

3. （周）魏文侯,《孝經傳》一卷,《玉函山房輯佚書》第 3 冊,台北：文海出版社,民 56。

4. （魏）王肅,《孝經王氏解》一卷,《玉函山房輯佚書》第 3 冊,台北：文海出版社,民 56。

5. （梁）皇侃,《孝經皇氏義疏》一卷,《玉函山房輯佚書》第 3 冊,台北：文海出版社,民 56。

6. （宋）司馬光,《孝經指解》,《景印文淵閣四庫全書》第 182 冊,台北：台灣商務印書館,民 72。

7. （宋）朱熹,《孝經刊誤》,《景印文淵閣四庫全書》第 182 冊,台北：台灣商務印書館,民 72。

8. （元）董鼎,《孝經大義》,《景印文淵閣四庫全書》第 182 冊,台北：台灣商務印書館,民 72。

9. （明）黃道周,《孝經集傳》,《景印文淵閣四庫全書》第 182 冊,台北：台灣商務印書館,民 72。

10. （明）呂維祺《孝經或問》,《叢書集成新編》冊 25,台北：新文豐出版公司,民 74。

11. （清）毛奇齡,《孝經問》,《景印文淵閣四庫全書》第 182 冊,台北：台灣商務印書館,民 72。

12. （清）簡朝亮《孝經集注述疏》,台北：世界書局,民 51。

13.（清）曹元弼《孝經學》,《續修四庫全書》冊 152,上海:上海古籍出版社,1995。

14. 陳鐵凡,《孝經鄭注校證》,台北:國立編譯館,民 76。

15. 蔡汝堃,《孝經通考》,台北:台灣商務印書館,民 56。

16. 王正己〈孝經今考〉,《古史辨》第 4 冊,頁 141〜175,台北:藍燈文化,民 76。

17. 黃得時,《孝經今註今譯》,台北:台灣商務印書館,民 78 三版。

18. 賴炎元、黃俊郎,《孝經讀本》,台北:三民書局,民 85 再版。

19. 胡平生,《孝經譯注》,北京:中華書局,1996。

20. 陳柱,《孝經要義》,上海:商務印書館,民 25。

21. 宮曉衛,《孝經——人倫的至理》,上海古籍出版社,1997。

22. 林宇牧,《孝經新解》,台北:國家出版社,民 86。

23. 楊鴻銘,《孝經之文學》,台北:文史哲出版社,民 73。

24.《孝經援神契》,(日）安居香山、中村璋八輯《緯書集成》中冊,頁 951〜994,石家莊,河北人民出版社,1994。

25.（日）佐藤廣治〈孝經考〉,江俠菴編譯《先秦經籍考》中冊,頁 133〜161,台北:河洛圖書出版社,民 64

二、其他經籍及注疏

1.（漢）孔安國傳;（唐）孔穎達疏《尚書注疏》,十三經注疏本,台北:藝文印書館,民 78

2.（漢）毛亨傳;（漢）鄭玄箋;（唐）孔穎達疏《毛詩注疏》,十三經注疏本,台北:藝文印書館,民 78。

3.（漢）鄭玄撰;（唐）孔穎達疏《禮記注疏》,十三經注疏本,台北:藝文印書館,民 78。

4.（魏）何晏集解;（宋）邢昺疏《論語注疏》,十三經注疏本,台北:藝文印書館,民 78。

5.（漢）趙岐注;（宋）孫奭疏《孟子注疏》,十三經注疏本,台北:藝文印書館,民 78。

6.（宋）朱熹《四書章句集註》,北京:中華書局,1983。

7.（宋）朱熹著,黎靖德編,《朱子語類》,台北:正中書局。

8.（清）王聘珍《大戴禮記解詁》,北京:中華書局,1983。

9.（清）陳立《白虎通疏證》,北京:中華書局,1994。

10.（清）汪中《經義知新記》,《叢書集成新編》冊 10,台北:新文豐出版

公司，民 74。

11. 馬浮（馬一浮）《復性書院講錄》，濟南：山東人民出版社，1998。

12. （劉宋）范曄撰；（唐）李賢等注《後漢書》，北京：中華書局，1973。

13. （唐）魏徵等《隋書》，北京：中華書局，1982。

14. （後晉）劉昫等《舊唐書》，北京：中華書局，1975。

15. （宋）歐陽修、宋祁《新唐書》，北京：中華書局，1975。

16. （元）脫脫等《宋史》，北京：中華書局，1977。

17. 趙爾巽等《清史稿》，北京：中華書局，1977。

18. （漢）劉向《戰國策》，台北：里仁書局，民 79。

19. 《明會要》，台北：世界書局，民 49。

20. （清）朱彝尊《經義考》，《景印文淵閣四庫全書》冊 679，台北：台灣商
務印書館，民 72

21. （清）王先謙《荀子集解》，北京：中華書局，1988。

22. （清）王先謙《韓非子集解》，北京：中華書局，1998。

23. 許維遹《呂氏春秋集釋》，台北：世界書局，民 51。

24. （漢）馬融著；（漢）鄭玄注《忠經》，《叢書集成新編》冊 30，台北：新
文豐出版公司，民 74。

25. （清）顧炎武《原抄本日知錄》，台北：台灣明倫書局，民 68。

26. （清）陳澧《東塾讀書記》，台北：商務印書館，民 64。

27. （宋）朱熹《晦菴集》，《景印文淵閣四庫全書》冊 1145，台北：台灣商務
印書館，民 72。

28. （明）王褘《王忠文集》，《叢書集成新編》冊 75，台北：新文豐出版公
司，民 74。

29. （清）阮元《揅經室全集》，《叢書集成新編》冊 69，台北：新文豐出版
公司，民 74。

30. （清）王國維，《觀堂集林》，台北：藝文印書館，民 47。

三、哲學、思想及史學專著

1. 勞思光，《新編中國哲學史》，台北：三民書局，民 84 增訂八版。

2. 馮友蘭，《中國學哲學史新編》，藍燈文化事業股份有限公司，民 80。

3. 唐君毅，《中國哲學原論——原道篇，貳》，台北：台灣學生書局，民 75
全集校訂版。

4. 徐復觀，《兩漢思想史——周秦漢政治社會結構之研究》，台北：台灣學
生書局，民 74。

5. 焦國成，《中國倫理學通論》上冊，山西：山西教育出版社，1997。

6. 梁啓超，《先秦政治思想史》，北京：東方出版社，1996。

7. 蕭公權，《中國政治思想史》，台北：中國文化大學出版部，民71新二版。

8. 任德厚，《政治學》，台北：三民書局，民81。

9. 徐復觀，《中國人性論史——先秦篇》，台北：台灣商務印書館，民58。

10. 徐復觀，《儒家政治思想與民主自由人權》，台北：學生書局，民77再版。

11. 呂思勉，《先秦學術概論》，收於《民國叢書》第四編，上海書店，1992。

12. 王志躍，《先秦儒學史概論》，台北：文津出版社，民83。

13. 劉宗賢、謝祥皓，《中國儒學》，台北：水牛出版社，民84。

14. 顧兆駿，《儒家倫理思想》，台北：正中書局，民56。

15. 余家菊，《中國倫理思想》，台北：臺灣商務印書館，民61。

16. 劉眞，《儒家倫理思想述要》，台北正中書局，民76。

17. 李書有，《中國儒家倫理思想發展史》，江蘇古籍出版社，1992。

18. 陳少峰，《中國倫理學史》，北京：北京大學出版社，1996。

19. 唐宇元，《中國倫理思想史》，台北：文津出版社，民85。

20. 陳來，《古代宗教與倫理——儒家思想的根源》，北京：三聯出版社，1996。

21. 吳自甦，《社會思想與倫理大義》，台北：國彰出版，民76。

22. 張德勝，《儒家倫理與秩序情結——中國思想的社會學詮釋》，台北：巨流圖書公司，民78。

23. 劉長林，《中國系統思維》，北京：中國社會科學出版社，1990。

24. 康學偉，《先秦孝道研究》，台北：文津出版社，民81。

25. 林安弘，《儒家孝道思想研究》，台北：文津出版社，民81。

26. 寧業高、寧業泉、寧業龍，《中國孝文化漫談》，北京：中央民族大學出版社，1995。

27. 林安梧，《儒學與中國傳統社會之哲學省察——以血緣性縱貫軸爲核心的理解與詮釋》，上海：學林出版社，1998。

28. 謝謙《中國古代宗教與禮樂文化》，四川人民出版社，1996。

29. 杜正勝，《周代城邦》，台北：聯經出版事業公司，民70修訂再版。

30. 許倬雲，《西周史》，台北：聯經出版事業公司，民73。

31. 瞿同祖，《中國法律與中國社會》，台北：里仁書局，民73。

32. 瞿同祖，《中國封建社會——周代社會組織》，台北：里仁書局，民73。

33. 蔡仁厚，《孔孟荀哲學》，台北：臺灣學生書局，民73。

34. 吳康，《孔孟荀哲學》，台北：商務印書館，民56。

35. 黃俊傑，《孟荀思想史論》，台北：東大圖書公司，民 80。

36. 黃俊傑，《孟子思想的歷史發展》，台北：中研院文哲所，民 84。

37. 李明輝，《孟子思想的哲學探討》，台北：中研院文哲所，民 84。

38. 李滌生，《荀子集釋》，台北：臺灣學生書局，民 70 修訂再版。

39. 《中國哲學大辭典》，北京：中國社會科學出版社，1994。

40. 韋政通《中國哲學辭典》，台北：水牛出版社，民 77。

四、論文集論文及學位論文

1. 王正己，〈孝經今考〉，《古史辨》第四冊，藍燈文化事業股份有限公司，民 76。

2. 《孝道與孝行研討會論文》，台北：中華文化復興運動推行委員會，民 72。

3. 周予同，〈孝經新論〉，〈經典研究——孝經學與爾雅學〉，朱維錚編，《周予同經學史論著選集》，上海人民出版社，1996。

4. 謝幼偉《中西哲學論文集》，香港：新亞研究所，民 58。

5. 徐復觀，〈中國孝道思想的形成、演變，及其在歷史中的諸問題〉，《中國思想史論集》，台北：學生書局，民 63。

6. 徐復觀，〈孟子政治思想的基本結構及人治與法治問題〉，台北：學生書局，民 63。

7. 韓格理（Gary G, Hamilton），〈父權制、世襲制與孝道：中國與西歐的比較〉，張維安、陳介玄、翟本瑞譯，《中國社會與經濟》，台北：聯經出版事業公司，民 79。

8. 尹建章、蕭月賢，〈孔孟的忠孝思想及其產生與意義〉，《先秦儒家與現代社會》，中州古籍出版社，1992。

9. 謝瀧見，《儒家的孝道》，中國文化學院哲研所碩士論文，民 60。

10. 陳于若，《孝經語法研究》，台灣大學中文所碩士論文，民 62。

11. 吳蓮慶，《孝道》，中國文化學院哲研所碩士論文，民 67。

12. 石致華，《儒家孝道思想研究》，輔仁大學哲研所碩士論文，民 71。

13. 鄭志慧，《儒家孝道思想研究——秦漢之際及其前期》，輔仁大學中文所碩士論文，民 73。

14. 趙鏡中，《儒家「環境倫理」思想研究》，輔仁大學哲研所碩士論民，民 80。

15. 閭隆庭，《大小戴記與荀子關係之探索》，政治大學中研所碩士論文，民 65。

16. 周伯戡《先秦兩漢忠孝觀念的發展》，台灣大學歷史學研究所碩士論文，民國 66 年。

五、期刊論文

1. 楊亮功，〈中國家族制度與儒家倫理思想〉，《食貨月刊》復刊 11 卷 4 期，頁 149～160，民 70 年 7 月。

2. 陶希聖，〈楊著「中國家族制與儒家倫理思想」跋〉，同上期刊，頁 160～166。

3. 馬森，〈家族倫理的政治化──釋《孝經》〉，《國魂》第 553 期，頁 74～77，民 80 年 12 月。

4. 葉蓬，〈傳統儒家道德義務思想研究〉，《孔子研究》1997 年 2 期，頁 45～53。

5. 陳鴻森，〈續修《四庫全書總目提要》孝經類辨證〉，《中央研究院歷史語言研究所集刊》，69 卷 2 期，1998 年 1 月，中央研究院歷史語言研究所出版。

6. 蕭群忠，〈孝道觀之儒釋道關係論〉，《孔孟月刊》36 卷 8 期，1998 年 4 月。

7. 史次耘，〈孝經述要〉，《學術季刊》，6 卷 3 期，頁 108～133，民 47 年 3 月。

8. 于大成，〈說孝經〉，《孔孟月刊》，13 卷 11 期，頁 10～14，民 64 年 7 月。

9. 李鍌，〈孝經疏證〉，《師大學報》，12 期，頁 181～294，民 56 年 6 月。

10. 金振峰，〈孝經及其思想之研究〉，《勸益學報》，4 期，頁 313～350，民 75 年 11 月。

11. 陳訓章，〈孝經及其孝道觀〉，《孔孟月刊》，25 卷 11 期，頁 6～18，民 76 年 7 月。

12. 方師鐸，〈漢初的孝經博士及孝經教育〉，《孔孟月刊》，7 卷 12 期，頁 15～17，民 58 年 7 月。

13. 黃中業，〈孝經的作者、成書年代及其流傳〉，《史學集刊》，81 年 3 期，頁 7～12，民 81 年 8 月。

14. 吳哲夫，〈中日孝經書緣〉，《中華學苑》，第 37 期，頁 63～77，民 77 年 10 月。

15. 何廣棪，〈晚近孝經研究論文彙目〉，《中國書目季刊》，第 23 卷 4 期，頁 91～97，民 79 年 3 月。

16. 葛榮晉，〈孝的二重性及社會價值〉，《孔子研究》，1991 年 2 期，頁 25～32，1991 年 6 月。

17. 查昌國〈西周「孝」義淺探〉，《中國史研究》，1993 年第 2 期。